Das deutsche Feuerversicherungswesen

von

Dr. E. Freiherr von Liebig,
Regierungsrat im Kaiserlichen Aufsichtsamt für Privatversicherung
und Dozent an der Handelshochschule Berlin.

Berlin 1911.
J. Guttentag, Verlagsbuchhandlung,
G. m. b. H.

Vorwort.

Es gibt zwar in der deutschen Versicherungsliteratur zahlreiche, einzelne Fragen des Feuerversicherungswesens behandelnde Arbeiten, unter denen das eben erschienene Werk Hennes „Einführung in die Beurteilung der Gefahren bei der Feuerversicherung von Fabriken und gewerblichen Anlagen“, Berlin 1910 einen ganz hervorragenden Platz einnimmt, an einer eingehenderen systematischen Darstellung des gesamten deutschen Feuerversicherungswesens hat es jedoch bis heute völlig gefehlt.

Die nachstehende Arbeit ist der erste Versuch hierzu. Wie alle Versuche bedarf auch er der Nachsicht derer, die das Buch in die Hand nehmen, um sich über die Größe, die Bedeutung und den Betrieb unserer deutschen Feuerversicherung zu unterrichten. Der Zeitpunkt für die Herausgabe dieser Arbeit schien mir gerade jetzt als besonders geeignet, wo die zu einem vorläufigen Abschluß gekommene Versicherungsgesetzgebung einen gewissen Beharrungszustand der Verhältnisse erhoffen läßt.

Berlin, Januar 1911.

Dr. von Liebig.

Inhaltsverzeichnis.

Abkürzungen.

AfP. = Kaiserliches Aufsichtsamt für Privatversicherung.
VAG. = Reichsgesetz über die privaten Versicherungsunternehmungen vom 12. Mai 1901.
VVG. = Reichsgesetz über den Versicherungsvertrag vom 30. Mai 1908.

I. Kapitel.

Geschichtlicher Überblick.

Über das Vorhandensein des Versicherungsgedankens im Altertum überhaupt, insbesondere über das Bestehen versicherungsähnlicher Einrichtungen, die einen Ersatz der durch Feuer verursachten Schäden bezweckten, sind von verschiedenen Schriftstellern [1]) mehr oder minder spekulative Erörterungen angestellt worden. Einen Beweis für das Vorkommen wirklicher Versicherungen in jenen Zeiten hat jedoch meines Erachtens keiner erbracht.

Gefahr und Not waren von jeher die Elemente, welche die Menschen zum gemeinsamen Kampfe vereinigten und zusammenschlossen.

Der natürliche Zusammenhalt der engeren und weiteren Familie erwies sich schon in den frühesten Zeiten als unzureichend, so daß wir bereits aus der heidnisch-germanischen Epoche Mitteilungen über weitergreifende Zusammenschlüsse, beruhend auf der Stammeszugehörigkeit, zum gegenseitigen Schutze in allen Notlagen des Lebens geschichtlich überliefert erhalten.

---

[1]) Dr. Otto von Boenigk: Zur Geschichte der Feuerversicherung in Ehrenzweigs Assekuranz Jahrbuch 1894, III. S. 3f. und 1895, III. S. 3f. Dr. A. F. Elsner: Zur Geschichte des Versicherungswesens, Archiv I. S. 1f. Große in Ehrenzweigs Assekuranz Jahrbuch 1895, II. S. 4. F. Plaß: Geschichte der Assekuranz und der Hanseatischen Seeversicherungsbörsen, Hamburg 1902, S. 9. Ehrenberg: Studien zur Entwickelungsgeschichte der Versicherung in der Zeitschrift für die gesamte Versicherungswissenschaft 1901 und 1902.

Aus diesen genossenschaftlichen Vereinigungen entwickelten sich die das ganze Mittelalter beherrschenden Gilden [1].

Während nun angenommen werden darf, daß zuerst hauptsächlich das persönliche Schutzbedürfnis das einigende Moment war, äußerte sich später auch hier der alles durchdringende Einfluß des Christentums.

Infolgedessen wurden die Grundzüge der Gilde nach der christlich-religiösen Seite hin ausgebildet, indem das Gebot der Nächstenliebe, die charitative Betätigung gegenüber den Armen und Brüdern, die durch Unglücksfälle wie Brand, Schiffbruch das Ihrige verloren hatten, in den Vordergrund gestellt, ja die einzelnen Gildemitglieder sogar durch einen Treueid [2]) zum gegenseitigen Beistande verpflichtet wurden.

Im Laufe der Entwickelung gaben oft bestimmt hervorgetretene Bedürfnisse den Anlaß zur Gründung neuer Gilden, die alsdann nach der Seite dieser Bedürfnisse hin besonders ausgebildet wurden, ohne daß jedoch die allgemeinen Gemeinschaftszwecke übersehen wurden. „Hieraus entstanden bei vielen Gilden genauere Vorschriften über die Art und Weise der Unterstützung und über den Umfang, in welchem sie bei einzelnen besonderen, die Person oder das Eigentum treffenden Unglücksfällen gewährt werden sollte. So wurde namentlich häufig vereinbart, daß die Gesamtheit einem durch Schiffbruch, Wassersnot, Feuersbrunst, Diebstahl oder Raub beschädigten Genossen einen bestimmten Ersatz zu leisten habe. Hierfür mußten regelmäßige Beiträge der Einzelnen in Anspruch genommen werden, und da dies eine genauere Regelung erforderlich machte, trat oft bei derartigen Vereinen die vermögensrechtliche Seite vornehmlich hervor [3]).“

So wird uns berichtet [4]), daß in dem isländischen Gesetz-

---

[1]) Dr. Wilhelm Eduard Wilda: Das Gildewesen im Mittelalter. Halle 1831. Gierke: Deutsches Genossenschaftsrecht, Berlin 1868, Bd. I. S. 223 f. Dr. Max Pappenheim: Die altdänischen Schutzgilden. Breslau 1885. Hegel: Städte und Gilden der germanischen Völker im Mittelalter. Leipzig 1891.

[2]) Vgl. Verordnung Karl des Großen zu den Gesetzen der Longobarden vom Jahre 779 bei Wilda: a. a. O. S. 40.

[3]) Gierke: a. a. O. Bd. I S. 229.

[4]) Dahlmann: Dänische Geschichte 1852 Bd. II S. 281 f.

buche vom Jahre 1118, die Graugans genannt, sich schon eine Vorsorge für Ersatz des durch Viehsterben und Feuer verursachten Schadens vorfindet. Darnach haben Vereinigungen (Hrepps) bestanden, deren Mitglieder sich verpflichteten, dem durch einen Brand heimgesuchten Genossen drei Häuser (Gemächer) zu ersetzen: die Stube, das Feuerhaus (Küche) und die Vorratskammer, in welcher die Frauen die Speise anrichten. Hat einer dazu noch eine Schlafkammer, so soll er auf dem Frühlingsting angeben, ob er das Feuerhaus oder die Schlafkammer versichern will. Wenn zu jemandes Wohnung noch ein Bethaus oder eine Kirche gehörte, so soll auch diese versichert sein. Beim Hausbrande wurde zugleich der Verlust an Kleidern und täglichen Nahrungsvorräten ersetzt, nichts jedoch von Waren und Schmuck. Der Schaden wurde nur zur Hälfte vergütet, und es war vorgeschrieben, daß die Hreppsgenossen nicht gehalten seien, demselben Manne dreimal Ersatz zu leisten.

In dieser Ausführlichkeit finden wir jedoch die Bestimmungen über die Unterstützungen in gewissen Fällen des Unglücks oder der Not nur äußerst selten. In der Regel war die Unterstützungspflicht allgemein geregelt.

Mit der stetigen Veränderung der politischen und sozialen Verhältnisse mußten sich naturgemäß auch die Zwecke und Ziele der Gilden verschieben. Mit der zunehmenden Entwicklung des Städtewesens schälten sich die Kaufmanns- und Handwerksgilden heraus und je mehr der kirchlich-religiöse Zweck der Gilden wegfiel, um so mehr trat der allgemein menschenfreundliche und gesellige hervor.

Unter Beibehaltung ihres alten Namens und vieler an die alten Zwecke erinnernder Gebräuche fingen die Gilden im Laufe des XV. Jahrhunderts an, sich neuen Zielen zuzuwenden, von denen in erster Linie die Übung in der Handhabung der Waffen, namentlich der Schutzwaffen (Schützengilden) und die Unterstützung der durch einen Brand heimgesuchten Gildegenossen (Brandgilden) zu nennen sind. Vielfach finden wir beide Zwecke in ein und derselben Gilde vereint. Diesen Umwandlungsprozeß sehen wir hauptsächlich in den nördlichen Teilen Deutschlands sich vollziehen, während wir im übrigen Deutschland einen derartigen Vorgang nicht beobachten können.

Im Herzogtum Schleswig entstanden bereits im Jahre

1446 die Brandgilde der Dorfschaften Norderstapel und Süderstapel;
1521 die Brandgilde der Dorfschaften Bergenhusum und Wohlde;
1537 die Süderauer Dorfgilde;
1600 die Brandgilde der Dorfschaft Ervede;
1603 die Brandgilde der Dorfschaft Drage;

im Herzogtum Holstein

1442 die Preetzer Brand- und Schützengilde;
1473 die Itzehoer Liebfrauengilde;
1515 die Brand- und Totengilde in Eiderstedt bei Bordesholm;
1541 die Dodenkoper Gilde in der Wilstermarsch und die Kremper Schützengilde;
1550 die Große Herzhorner Brandgilde;
1572 die Seestermüher Brandgilde;
1578 die Neumünstersche Brand- und Totengilde;
1585 die Neuendorfer Gilde;
1592 die Kollmarsche Brandgilde;
1597 die Sommerlander Gilde usw.[1]).

Während wir solche Brandgilden bis zum Anfange des XVII. Jahrhunderts nur in den Herzogtümern Schleswig-Holstein nachweisen können, verbreiteten sie sich im Laufe des XVII. Jahrhunderts auch auf preußischem, hamburgischem, mecklenburgischem, oldenburgischem und hannoverschem Gebiet.

In Preußen entstanden namentlich in den Landgemeinden der Weichselniederung derartige Vereinigungen, so im Jahre 1617 die Marienburger und im Jahre 1623 die Groß-Werdersche oder die Tiegenhofsche Brandordnung, ferner im Jahre 1637 die

---

[1]) Weitere Angaben siehe bei Julius Kähler: Die Gilden in den holsteinischen Elbmarschen. Inaug.-Diss. Leipzig 1904. Dr. A. Wübbena: Beitrag zur Statistik der Brandgilden in der Provinz Schleswig-Holstein. Arbeiten der Landwirtschaftskammer für die Provinz Schleswig-Holstein, Heft 5, Kiel 1901. Oskar Simon: Die Entwickelung des Immobiliar-Feuerversicherungswesens in Preußen bis zum Jahre 1866, Annalen des Deutschen Reichs 1888. P. Chr. Hansen: Schleswig-Holstein, seine Wohlfahrtsbestrebungen und gemeinnützigen Einrichtungen, Kiel 1882 (Artikel: F. von Rohde). Maaß, Ludw. Dr.: Die Brandgilden, insbesondere in Schleswig-Holstein, Stuttgart 1910.

Nehrungsche Brand- und Feuerordnung, im Jahre 1640 die Brandordnung für den kleinen Marienburger Werder, ferner die Brandordnung für die Dörfer Wickerau, Nogatau, Hoppenau im Elbinger Kreise; im Jahre 1642 die Koblingsche Brandordnung usw.[1]).

Im Hannoverschen wurde im Jahre 1672 in Lüdingworth und 1679 in Groden eine Feuergilde gegründet. Besonders zahlreich waren in Hamburg und auf hamburgischem Gebiete solche Vereinigungen. So wurde im Jahre 1591 in Hamburg ein sogenannter „Feuerkontrakt" von einhundert Eigentümern von Brauhäusern zu dem Zwecke, ihr Grundeigentum gemeinsam und wechselseitig gegen Feuersgefahr zu versichern, aufgestellt; in den Jahren 1593 und 1597 traten zwei andere Genossenschaften dieser Art in Hamburg zusammen[2]), 1624 bildete sich die Winterhuder und die Hamm-Barmbecker Feuergilde, ferner die Feuerordnung für die im Hamburg-Lübecker Kondominate belegenen Vierlande und das Dorf Geesthacht, 1647 wurde in Hamburg der „Feuerkontrakt wegen 107 Häusern und Hofstädten, so fürnehmen Herren und Hausleuten in Billwärder, Ausschlag, Tatenberg, Ham und Horn gehörig" errichtet usw. Als die Stadt Hamburg im Jahre 1676 an die Errichtung einer „General-Feuer-Kassa" ging, fand sie allein in Hamburg innerhalb der Ringmauern 46 solcher kleiner „Kontrakte" vor.

Wenn wir nun einen Augenblick in der Darstellung der geschichtlichen Entwicklung des deutschen Feuerversicherungswesens innehalten und uns fragen, in welcher Weise diese Unterstützungsvereinigungen für den Fall eines Brandschadens (Gilden, Kontrakte) ihre Zwecke erfüllten, so läßt sich dies natürlich nur ganz allgemein beantworten, da ja fast jede dieser Institutionen ihre Besonderheiten aufwies.

---

[1]) Näheres hierüber siehe L. Jacobi: Ein Beitrag zur Geschichte und Statistik der Feuerversicherung im preußischen Staate. Zeitschrift des Kgl. Preuß. Statistischen Bureaus 1862 Nr. 6 und 1863 Nr. 4 und 8. v. Hülsen: Über die Geschichte, den Umfang und die Bedeutung des öffentlichen Feuerversicherungswesens. Zeitschrift des Kgl. Statistischen Bureaus 1867 Nr. 10 bis 12.

[2]) Sammlung von Materialien, betreffend die Entwickelung der Gesetzgebung über die Versicherung des verbrennlichen unbeweglichen Eigentums in Hamburg 1897.

In den ersten Zeiten bestand die Unterstützung eines Brandbeschädigten vorwiegend in Naturalien für den Wiederaufbau des zerstörten Hauses und die Neueinrichtung des Hausstandes und zwar nicht nur in Materialien, wie Stroh, Holz, Steine usw., sondern auch in Leistung von Fuhren, Reinigung der Brandstätte, Lieferung von Leinwand, Bettfedern, Getreide, Fleisch, Viehfutter usw., daneben ging wohl auch hier und da noch eine geringe Geldunterstützung einher. Die Leistungen und Ansprüche waren in der Regel abgestuft, je nachdem ein Gildemitglied ein Vollhufner, Halbhufner, Drittel- und Viertelhufner, ein Knecht (unverheirateter Bruder eines Hufners, der bei diesem auf dem Hofe wohnte und ihm Dienste leistete), oder ein Kätner war. Die Höhe des erlittenen Brandschadens war anfänglich in der Regel kein Maßstab für die Leistungen der Gildegenossen; sie erfolgten vielmehr ohne Rücksicht auf die Größe des eingetretenen Schadens. In den Städten ging man allmählich mehr zu Geldleistungen über, während auf dem platten Lande sich die Unterstützung in Naturalien längere Zeit erhielt. Mit der allmählichen Einführung von Geldleistungen stuften sich die Beitragssätze der einzelnen Mitglieder nach der Höhe ihrer Einzeichnungen (Versicherung) ab. Eine Aufsicht oder Kontrolle über die Angemessenheit der Einzeichnung bestand nicht. Außerdem stand es jedem frei, seine Gebäude und Mobilien in so vielen Gilden zu versichern, als ihm beliebte[1]). Diese Verhältnisse riefen naturgemäß häufig Spekulationsbrände hervor und führten zu einer äußerst laxen Beobachtung der ohnehin nur spärlich in den Gilderegeln getroffenen feuerpolizeilichen Vorschriften.

Diese Übelstände und die sonstigen Unvollkommenheiten der Feuergilden, die sich namentlich in Schleswig-Holstein

---

[1]) Näheres siehe Kähler: a. a. O. S. 71f., ferner D. Detlefsen: Geschichte der Elbmarschen Bd. I S. 396f. und 401f., woselbst die Gilderegeln der Itzehoer Liebfrauengilde (1543) und der Süderauerdorfer Gilde (1547) veröffentlicht sind; siehe ferner die Rolle der großen Herzhorner Brandgilde (1650) von Detlefsen: Gymnasialprogramm Glückstadt 1902; auch Matthießen: Die adligen Marschgüter Seestermühe, Groß- und Klein-Kollmar, S. 212f. und 240f., woselbst die Regeln der Seestermüher (1572) und der Kollmarer (1592) Brandgilde abgedruckt sind.

im Laufe der Zeit außerordentlich vermehrt hatten, gaben dem König Christian VI. von Dänemark Veranlassung zu einer Verordnung vom 7. Dezember 1739[1]), durch welche die Immobiliargilden in Schleswig-Holstein aufgelöst wurden.

In dieser Verordnung wird den Brandgilden zum Vorwurf gemacht, „daß sie Löscheinrichtungen gar nicht oder nur ungenügend kennten, daß die Häuser meistens zu hoch und vielfach in mehreren Gilden versichert seien, so daß die Mitglieder durch das schwere Gildegeld sehr gedrückt, ja gänzlich ruiniert würden; die Gildefeiern trügen ferner dazu bei, die Mitglieder zu einem ausschweifenden Lebenswandel zu veranlassen, weil diese Zusammenkünfte meistens auf Saufen und Schwelgen hinausliefen. Da die Gilden also ihren Zweck doch nicht erfüllten, sondern im Gegenteil schädlich wirkten, sollten sie hierdurch aufgehoben sein". So verschwanden denn von dieser Zeit an die meisten (einige wenige Ausnahmen waren zugelassen worden) Immobiliargilden in Schleswig-Holstein. Größtenteils aber wandelten sie sich in Mobiliarfeuergilden um, da sich die Verordnung auf solche nicht bezog.

Während wir nun in den nördlichen Strichen Deutschlands die Menschen nicht nur in den Städten, sondern auch auf dem platten Lande schon frühzeitig zur Selbsthilfe für die Fälle eines Brandunglücks greifen sehen, finden wir in den übrigen Teilen Deutschlands keinerlei organisierte Zusammenschlüsse zu einer derartigen Vorsorge und gegenseitigen Unterstützung. Die Folge hiervon war, daß ein Brandunglück in der Regel zum völligen Ruin der davon Betroffenen führte. Diese waren alsdann auf das Mitleid und die freiwillige Unterstützung der Freunde und Nachbarn angewiesen und fielen größtenteils der Gemeinde und der durch die Kirche gepflegten Wohltätigkeit zur Last. Gemeinde oder Kirche stellten nun den Abgebrannten Zeugnisse über das ihnen widerfahrene Brandunglück aus, sogenannte Brandbriefe, und schickten sie damit in das Land, ja selbst in andere Länder auf den „Brandbettel".

„Allein dieses Mittel erwies sich nicht nur als schädlich,

[1]) Siehe Dr. W. Dursthoff: Die Entstehung, Entwicklung und Reform der Oldenburgischen Brandkasse, Oldenburg 1904.

sondern zugleich als unzureichend. Denn es gab Anlaß, die Länder mit ganzen Herden von Bettlern und, da die Brandbriefe so oft gemißbraucht und verfälscht wurden, von liederlichem Gesindel zu erfüllen und so den ordentlichen Einwohnern eine unbeschreibliche Last auf den Hals zu bürden, die Werke der Barmherzigkeit an Unwürdige zu verschwenden, dem Müßiggange Nahrung zu geben und eine Menge untüchtiger Untertanen zu machen[1])."

Eine andere Art der Beihilfe war die Anordnung von Kirchenkollekten. „Allein diese waren ebenfalls ein schlechtes Mittel, wobei sich verschiedene Bedenklichkeiten in Ansehung der Härte, der Menschen, des Unterschleifes der Sammler und unzulänglichen Beitrags äußerten und diese Anstalt unnütz machten[2])."

Auch sogenannte „Feuerlotterien" wurden häufig veranstaltet, deren Überschuß nach Abzug der Gewinnste und der damit verbundenen notwendigen Kosten zum Ersatze der Brandbeschädigungen benutzt wurde[3]).

Vielfach traten auch die Landesherren (so namentlich in Bayern) mit Vorschüssen zum Wiederaufbau der abgebrannten Häuser ein, die sie sich von dem Lande mittels einer nach dem Grundsteuerfuße auferlegten Brandsteuer zurückerstatten ließen, wobei sie gewöhnlich noch Gewinn hatten, indem die Brandsteuer in der Regel höher ausgeschrieben wurde[4]). Gleichzeitig wurden hierbei die betreffenden Beschädigten für eine Reihe von Jahren von Abgaben befreit, außerdem wurde aus den landesherrlichen Forsten sogenanntes „Gnadenholz" zum Bauen bewilligt usw.

Aber all diese Maßregeln waren nicht geeignet, in wirksamer Weise der durch solche Unglücksfälle entstandenen Not zu

---

[1]) P. J. Marberger: Von dem Unfug des täglich überhandnehmenden Brandbettels. Ph. Gäng: Von Versicherungsanstalten wider Feuerschäden und ihrem Nutzen im allgemeinen, Salzburg 1792.

[2]) J. G. Krünitz: Ökonomisch-technologische Enzyklopädie, Berlin 1786 S. 159. Artikel: Feuerassekuranzanstalten.

[3]) Vgl. Krünitz: a. a. O. S. 160 f; Marberger: a. a. O. S. 15; Gäng: a. a. O. S. 50 f.

[4]) Biedermann: Deutschland im 18. Jahrhundert 1854 Bd. I S. 384.

steuern. Schon im Anfange des XVII. Jahrhunderts finden wir deshalb Vorschläge zur Beseitigung dieses Notstandes und seiner Folgen. So machte der Publizist Georg Obrecht in seinen Schriften[1]) den Vorschlag des Versicherungszwanges. Er empfahl, es möchten immer je zwanzig Ortschaften zusammenstehen und die Bewohner jener Ortschaften sollten im Falle eines unverschuldeten Brandereignisses einen oder zwei Reichstaler zahlen, aus welchen Beiträgen dem Beschädigten der Schaden ersetzt werden sollte. Ein etwaiger Überschuß sollte in das aerarium sanctum fließen, aus welchem alsdann in den Fällen, in denen die Beiträge der Mitglieder zur Deckung des Schadens nicht ausreichten, Zuschüsse gegeben werden sollten. Auch eine erzieherische Wirkung erhoffte sich Obrecht nebenbei mit seinen Vorschlägen, indem er annahm, daß die Verpflichtung der Beisteuer die Leute vorsichtiger mit Feuer und Licht machen werde[2]).

Ja sogar den Vorschlag einer gewerbsmäßigen Feuerversicherung, allerdings in der Hand des Landesherrn, finden wir aus jener Zeit vor. An den Hof des Grafen Anton Günther von Oldenburg-Delmenhorst kam nämlich im Jahre 1609 ein Hamburger namens Wilhelm Stiell und erbot sich ihm gegen das Versprechen tiefster Verschwiegenheit einen Vorschlag zu machen, der für den Grafen selbst, wie für seine Untertanen, von höchstem Vorteile sein werde. Der Stiellsche Vorschlag ging nun dahin, es sollen die Hausbesitzer ihre Häuser taxieren und von je hundert Taler Wertes einen Taler an die Kasse des Regenten zahlen, wogegen sich dieser verpflichten solle, ihnen im Falle eines Brandunglücks, mit Ausnahme eines solchen zu Kriegszeiten, den Betrag zum Wiederaufbau zu bezahlen, den sie als Wert hatten einschreiben lassen. Stiell zweifelte nicht daran, „wan ein überschlag gemacht werden könnte, wie viele heuser innerhalb dreißig Jahren durch

---

[1]) Georg Obrecht: Ein politisch Bedenken und Diskurs von Verbesserung Land und Leute, Anrichtung guter Polizey usw. Straßburg 1609 und Constitutio von notwendiger und nützlicher Anstellung eines aerarii sancti, Straßburg 1610.

[2]) F. Makowiczka: Artikel „Versicherungsanstalten" im deutschen Staatswörterbuch von Dr. Bluntschli und Dr. Brater XI. Bd. 1870 S. 1 flg.

feuersbrunst verdorben, es würde der Schade bei weiten sich nicht so hoch erstrecken, als wohl die Hebung in solcher geraumen Zeit hätte austragen können".

Dieser Vorschlag bezweckte also nichts mehr und nichts weniger als die Errichtung einer landesherrlichen Feuerversicherung gegen eine feste Prämie von zehn pro mille, wobei auch schon der Gedanke einer Klassifizierung der Risiken auftrat („es sollten vorerst nur etliche und gewisse Häuser zugelassen und admittiret werden"). Es tauchte, soviel bekannt, hier zum ersten Male, der Gedanke an eine gewerbmäßige Feuerversicherung — wenn auch in der Hand des Landesherrn — auf. Religiöse Bedenken aber („es möchte eine Versicherung gegen Feuer ein Eingriff in die Rechte der göttlichen Vorsehung sein") hielten den Grafen Günther ab, den Vorschlag Stiells zur Ausführung zu bringen[1]).

Auch der Vorschlag des Philosophen Leibniz zur Errichtung einer Staatsversicherungsanstalt bedarf hier der Erwähnung[2]).

Inzwischen zogen die Schrecken des Dreißigjährigen Krieges über Deutschland, Verarmung des ganzen Landes, Verwilderung der Sitten, ein unerhörtes Anwachsen von Gesindel und Mordbrennern mit sich bringend. Handel und Wandel waren auf Jahrzehnte brachgelegt, das gegenseitige Vertrauen und damit jeder Kredit war verschwunden. Dürftig und unergiebig flossen die Steuerquellen in die landesherrlichen Kassen und jeder Steuerausfall wurde doppelt und dreifach empfunden. Der „Brandbettel" war in jener Zeit der Verwilderung zu einer wahren Landplage geworden. Kein Wunder, wenn die Landesherrn darauf sannen, diesen Verhältnissen Einhalt zu tun.

Ein Vorgang, der sich im Jahre 1676 in Hamburg abspielte, führte sie auf den rechten Weg. Als die unaufhörlichen, zum Teil sehr bedeutenden Feuersbrünste, die während des ganzen siebzehnten Jahrhunderts die Stadt Hamburg heimsuchten, den Privatassoziationen so bedeutende Opfer auf-

---

[1]) Näheres siehe: Johann Beckmann: Beiträge zur Geschichte der Erfindungen, Hamburg 1782, Bd. I S. 219 f. Dursthoff: a. a. O. S. 13 flg.

[2]) v. Leibniz: Über Assekuranzen in Klopps Leibniz Werke Hannover 1872.

erlegten, daß die durch die gegenseitige Übernahme der Gefahr den einzelnen zugedachte Hilfe — wegen der meist nur hundert Erben (Eigentümer) in den einzelnen Associationen umfassenden Interessentenzahl — in ihr Gegenteil umschlug und zu einer großen Belästigung der Mehrzahl wurde, proponierte der Rat der Stadt der Bürgerschaft im Jahre 1676 die Aufhebung der bestehenden Privatfeuerkassen und die Vereinigung derselben zu e i n e r Generalfeuerkasse. Die Bürgerschaft trat im Konvent vom 21. September 1676 der Ratsproposition bei und so konnten am Schlusse des Jahres nicht nur die erste Generalfeuerkasseordnung, sondern auch eine revidierte Feuerordnung ins Leben treten.

Nach der ersteren wurden die sämtlichen Vorstände der bisherigen Kassen angewiesen „Rechnung und Reliqua" zu tun und ihre übrigen Gelder in die gemeine Kasse zu legen. Die Eigentümer sollten schuldig sein, ein Quart Risiko ihrer Erben (Besitztum) selbst zu laufen und ihre Häuser oder Erben auf eine gewisse Summa, jedoch die Prinzipalisten nicht über 15 000 M einzeichnen zu lassen und von jedem eingeschriebenen 1000 M der gemeinen Kasse anfänglich 1 M Lüb. zu erlegen. Ferner sollten die Interessenten zur Unterhaltung der gemeinen Kassa alle Jahre von jedem eingezeichneten 1000 M nur 4 Schillinge einzubringen schuldig sein. Wenn einer ein Haus kauft, ererbt oder von neuem erbaut, sollte derselbe gehalten sein, dasselbige auf seinen Namen in der Feuerordnung schreiben zu lassen und dafür der Kassa einen und einen halben Reichstaler zu bezahlen. Daferne aber einer ein Haus würde kaufen, ererben oder von neuem erbauen und solches innerhalb sechs Monaten auf seinen Namen in der Feuerordnung nicht würde schreiben lassen, sollte derselbige im Unglücksfall von Feuersbrunst aus der Feuerordnungskassa sich nichts zu getrösten haben. Im Falle eines Brandes, durch den das Haus gänzlich in Asche gelegt wurde, sollte der Eigentümer binnen vier Wochen den Betrag, zu dem er eingeschrieben ist, erhalten und sollte dieser hiernach auch wirklich zum Bau angewendet werden. Im Falle einer teilweisen Beschädigung durch Feuer sollte der Schaden taxiert und gleichfalls bezahlt werden. Ebenso sollten die zu dem gemeinen Besten während eines Brandes abgebrochenen Häuser den abgebrannten gleichgeachtet werden. Im Falle der Unzulänglichkeit der Kassa sollten die Interessenten schuldig sein, von jenen eingezeichneten 1000 M soviel die Not erfordert und damit der Schade wieder gebessert werden kann, es sei 4, 8, 12 Schillinge oder mehr innerhalb vierzehn Tagen zu bezahlen [1]).

Dieser Vorgang der Errichtung einer staatlichen Feuerversicherung erschien Friedrich Wilhelm, dem großen Kurfürsten, als ein geeignetes Mittel „zur retablierung des zerfallenen Handels und Wandels" und „sonderlich zur introduktion von Credit in unsere Lande", und so erließ er unter dem 12. Mai 1685 ein Reskript an die Bürgermeister und Ratsmannen seiner Residenzstädte Berlin, Köln und Friedrichswerda, in welchem er ihnen die Errichtung einer Feuerkassenordnung vorschlug [2]).

Die Antwort auf den kurfürstlichen Erlaß war jedoch eine ablehnende, so daß Friedrich Wilhelm die Sache auf sich beruhen ließ. Erst sein Nachfolger, König Friedrich I., nahm die Frage der Organisation des Feuerversicherungswesens und zwar in großem Maßstabe wieder auf. Unter dem 26. Januar 1701 erging die „Feuerordnung auf dem Lande in der Chur- und Mark Brandenburg" nebst Deklaration vom 12. Oktober 1701 [3]). Hiernach sollten für den Fall eines großen Brandunglücks, bei welchem nicht nur ein einziges Gebäude, sondern eine Mehrzahl von Höfen oder ein ganzes Dorf abbrennt, Feuersozietäten gebildet werden, welche je sechs bis zehn Dörfer umfaßten; die Hilfeleistung sollte sich nicht nur auf den Gebäudeschaden, sondern auch auf Naturalbeiträge (Stroh usw.) erstrecken. Schon nach wenigen Jahren wurde ein Feuerkassenreglement (15. Oktober 1705) für alle preußischen Länder mit freiwilligem Beitritt, sowohl Gebäude, als auch bewegliche, lebende und tote Habe umfassend, erlassen.

---

[1]) Sammlung von Materialien, betr. die Entwickelung der Gesetzgebung über die Versicherung des verbrennlichen unbeweglichen Eigentums in Hamburg 1897, S. 2 ff. und S. 523.

[2]) Simon: a. a. O. S. 66 f.

[3]) Näheres Simon: a. a. O. S. 69 f.; siehe auch Mylius: Corpus Constitutionum Marchicarum Teil V Abt. II Kap. II S. 169 f.

Dieses Reglement wurde jedoch bald einer Revision unterzogen, deren Ergebnis das Generalfeuerkassenreglement vom 1. Juni 1706 war.

Die grundsätzliche Änderung dieses Reglements gegen das frühere war die Einführung des Versicherungszwanges für Gebäude. Für Mobilien war freiwilliger Beitritt vorgesehen. Der Beitrag war bereits ein fester. 3 Groschen auf 100 Taler = 1 vom Tausend.

Aber auch in dieser veränderten Gestalt gelangte das Projekt nicht zur Ausführung. Nach jahrelangen fruchtlosen Versuchen sah sich der König veranlaßt, am 17. Januar 1711 die Feuerkasse wieder aufzuheben. Was jedoch der König nicht auf dem Wege einer allgemeinen, sein ganzes Land umspannenden Einrichtung erreichen konnte, das gelang ihm auf einem anderen Wege: Er regte die Errichtung kleinerer Kassen für einen Kreis, Distrikt oder eine Stadt an und fand mit diesen Vorschlägen mehr Verständnis bei seinen Untertanen. Den Anfang machte die Stadt Berlin mit dem „Reglement wegen der in Berlin aufgerichteten Sozietät zur Ersetzung eines entstehenden Feuerschadens“ vom 29. Dezember 1718, welches bis zum 1. Mai 1794 in Geltung geblieben ist. In rascher Folge verbreiteten sich derartige kleinere Sozietäten über die ganzen preußischen Lande, zuerst in den Städten und späterhin auch auf dem platten Lande, je nachdem ständische oder andere öffentlich-rechtliche Verhältnisse einen Zusammenschluß wünschenswert erscheinen ließen. So wurde beispielsweise im Jahre 1719 die Feuersozietät für die Städte der Kur- und Neumark errichtet, aus der sich späterhin die Städtefeuersozietät der Provinz Brandenburg entwickelte.

Im Jahre 1721 wurde die Magdeburgische Städtefeuersozietät, im Jahre 1722 die Feuersozietät der Stadt Stettin, ebenso die Feuersozietät für die Städte des Herzogtums Cleve und der Grafschaft Mark errichtet.

Das Jahr 1723 brachte ein Reglement, nach dem für die sämtlichen kleinen Städte Preußens Sozietäten gebildet wurden. Etwas später (1738, 1742, 1755 usw.) folgten die Sozietäten für das platte Land nach. Die Unterstützung bestand in einer Naturalhilfe durch Hand- und Spanndienste, durch Lieferung von

Stroh, Saat- und Brotkorn, durch Bestellung der Äcker usw. Von 1755 an erfolgte die Hilfeleistung in Geldbeträgen und zwar zuerst im Herzogtum Magdeburg.

Diesem in Preußen gegebenen Beispiele folgten in der zweiten Hälfte des XVIII. Jahrhunderts die übrigen deutschen weltlichen und geistlichen Landesherren nach, indem sie meistens für ihr Gebiet eine einheitliche öffentliche Feuerversicherungsanstalt errichteten, so daß im Laufe des XVIII. Jahrhunderts nahezu ganz Deutschland des Schutzes der Immobiliarversicherung teilhaftig wurde[1]).

Den finanzpolitischen und polizeilichen Erwägungen, denen die allgemeine Errichtung von Feuersozietäten entsprungen war — der eigentliche wirtschaftliche Gedanke der Versicherung wurde zweifellos bei ihrer Begründung noch nicht mit klarem Bewußtsein erfaßt —, entsprechend, wurden diese Einrichtungen sämtlich mit dem Versicherungszwang ausgestattet, so daß kein Hausbesitzer sich dieser „Wohltat" entziehen konnte. Die betreffenden Erwägungen bestanden in erster Linie darin, eine steuerkräftige oder „prästationsfähige" Bevölkerung zu erhalten. Sonach hatte man nur ein Interesse daran, einen Zwang auf den steuerpflichtigen Teil der Bevölkerung auszuüben, weshalb auch den von der Steuerpflicht befreiten Personen der Zwangsbeitritt zu den Sozietäten nachgelassen war. In zweiter und dritter Linie war es den Landesherren hierbei um die Hebung des Grundkredits, die Hintanhaltung der Abwanderung nach Feuersbrünsten (deshalb auch die

---

[1]) Näheres über die geschichtliche Entwicklung der preußischen Sozietäten siehe Anlage zur amtlichen Begründung des Entwurfs eines preußischen Gesetzes betr. die öffentlichen Feuerversicherungsanstalten. Bezüglich der geschichtlichen Entwicklung der außerpreußischen öffentlichen Anstalten siehe Jahrbuch für die öffentlichen Versicherungsanstalten in Deutschland 1910 (IV. Jahrgang), Kiel 1910. Ferner Dr. W. Dursthoff: a. a. O. Die bayrischen öffentlichen Landesanstalten für Brand-, Hagel- und Viehversicherung, München 1899; Dr. Felix Klang-Egger: Die genetische Entwicklung der Immobiliar-Feuerversicherung in Bayern, München 1898; Dr. Propping: Die nassauische Brandversicherungsanstalt 1907. Eine erschöpfende Aufzählung der preußischen Sozietäten findet sich bei v. Hülsen: a. a. O. S. 324f.

Festsetzung der Wiederaufbauverpflichtung)[1]) und um die Beseitigung des zu einer wahren Landplage gewordenen Brandbettels zu tun. Diesen angestrebten Zwecken wurde der eingeführte Immobiliarversicherungszwang in ausreichender Weise gerecht, so daß sich das Bedürfnis nach einer Erweiterung des Versicherungszwanges oder nach der Einführung einer Versicherungsgelegenheit auch für Mobilien nicht geltend machte.

Zudem spielte in jener Zeit der Mobiliarbesitz bei dem wenig entwickelten Stande der Landwirtschaft, der Industrie, des Handels und des Gewerbes, dann bei der Einfachheit der damaligen Lebenshaltung in Deutschland nur eine untergeordnete Rolle, während dagegen dem Immobiliarbesitz eine noch höhere Bedeutung als heute zukam. Außerdem erschienen damals die technischen Schwierigkeiten der Einführung der Mobiliarversicherung fast unüberwindlich.

Bergius[2]) hält die Schwierigkeiten der Mobiliarversicherung für so groß, daß er an der Möglichkeit einer solchen überhaupt zweifeln müsse; Krügelstein[3]) hält die Versicherung von Mobilien für schwieriger, weil dieselben „abgenützt, verschleißt, gerettet und vertuscht" werden können; Gäng[4]) sagt hierüber, daß, wenn man auch Gerätschaften und dergleichen zu versichern gestattete, zu viele Gefährden dabei gespielt werden könnten, die man selten entdecken würde. Der Reiz dazu läge einem jeden zu nahe und die Gefahr entdeckt zu werden wäre zu entfernt. Der veränderte Wert der Mobilien, die Veränderung selbst, der sie stets unterliegen, die Ungewißheit, ob sie wirklich vor der Feuersbrunst noch vorrätig waren oder nicht, die so leicht möglichen Unterschleife in Ansehung derselben und dergleichen Umstände mehr würden die Angabe des Werts bei dem Institute und die danach einzurichtende Vergütung höchst schwer und unsicher machen.

---

[1]) Siehe auch Dr. Wilhelm Schäfer: Vergangenheit, Gegenwart und Zukunft der Feuerversicherung in Deutschland, Hannover 1910.

[2]) Bergius: Polizei- und Kameralmagazin III. Frankfurt a. M. 1767.

[3]) Krügelstein, Joh. Fr.: Vollständiges System der Feuerpolizeiwissenschaft, Leipzig 1798—1800, S. 82.

[4]) Gäng: a. a. O. S. 127 und 139.

(Diese damals berechtigten Bedenken wurden durch die von den Privat-Feuerversicherungsgesellschaften eingeführte „Schadenmaxime“[1]) in glänzender Weise beseitigt.)

Die Mobiliarversicherung führte deshalb auch während des ganzen XVIII. Jahrhunderts ein sehr bescheidenes Dasein. Wenn wir von einigen verunglückten Versuchen, der Mobiliarversicherung den Boden zu bereiten, absehen — hierunter sind die oben erwähnten Reglements des preußischen Königs Friedrichs I. vom 15. Oktober 1705 und 1. Juni 1706, sowie ein in Württemberg im Jahre 1726 gemachter Versuch der Gründung einer gegenseitigen Privatversicherungsgesellschaft zu zählen — so finden wir eine Mobiliarfeuerversicherung in der ersten Hälfte des XVIII. Jahrhunderts in Deutschland nur in den schleswig-holsteinischen Gilden, die sich, wie oben ausgeführt, nach der Unterdrückung der Immobiliarversicherungsgilden durch König Christian VI. der Mobiliarversicherung zuwandten, und in einigen wenigen amtsbrüderlichen, zünftigen oder bürgerschaftlichen Verbänden, so namentlich von Predigern, Schullehrern und Schulbedienten[2]). Aus der zweiten Hälfte des XVIII. Jahrhunderts ist uns ein einziger Versuch bekannt, eine Mobiliarversicherungsanstalt unter staatlicher Verwaltung ins Leben zu rufen. Es ist dies die Angliederung einer Mobiliarversicherung an die seit 1729 bestehende sächsische Immobiliarbrandkasse durch den Herzog Friedrich August von Sachsen im Jahre 1784. Jedoch bereits im Jahre 1818 fand die Kasse wegen völliger Teilnahmslosigkeit der Bevölkerung ihr Ende.

Auf einem anderen Boden, nämlich dem des privaten Unternehmungsgeistes des deutschen Kaufmannsstandes, befruchtet allerdings durch englische Einflüsse, fand die Mobiliarfeuerversicherung ihre Pflanzstätte. In England waren bereits in der ersten Hälfte des XVIII. Jahrhunderts eine Reihe von Aktiengesellschaften (Sun Fire Office 1710, Royal Exchange 1720,

---

[1]) Siehe Näheres: Denkschrift betr. den öffentlichen und Privatbetrieb in der Feuerversicherung, Gotha 1884 S. 45f.

[2]) Näheres siehe Jacobi: a. a. O. S. 82 und Hülsen: a. a. O. Vgl. den Artikel: Die Mobiliar-Feuerversicherung im XVIII. Jahrhundert in der Zeitschrift für Versicherungswesen Jahrgang 1908 Nr. 17, 22, 26 bis 32.

London Assurance Corporation 1720) entstanden, welche neben der Immobiliarversicherung auch die Versicherung von Mobilien betrieben. Mit England stand der Hamburger Kaufmann im regsten Handelsverkehr. Wie heute wurde auch damals der junge Kaufmann nach London geschickt. Seine dort erworbenen Kenntnisse der Welthandelseinrichtungen mußte er wieder in den Dienst seines väterlichen Unternehmens stellen. Aus ihrer englischen Lehr- und Lernzeit der Versicherung von „Kaufmannschaften" kundig, versuchten Hamburger Kaufleute die englische Mobiliar-Feuerversicherung in ihre Vaterstadt einzuführen und diese dadurch von ausländischen Unternehmungen unabhängig zu machen, „wo zuweilen Fälle kommen, daß Unerfahrenheit in der Sprache, der dortigen Gesetze, Gewohnheiten und Denkungsart uns allen Ersatz verlustig machte oder doch nicht den Ersatz reichte, den wir zu bedingen glaubten und den wir uns bedungen hätten, wenn wir die Sprache des Kontraktes verstanden und er nach deutschen Gesetzen und Gewohnheiten hätte erfüllt werden müssen".

So wurde im Jahre 1765 in Hamburg die „Erste Hamburger Assekuranzkompagnie für Seerisiko und Feuersgefahr" in der Form einer Aktiengesellschaft gegründet [1]). Die Kompagnie nahm jedoch nur die Feuerversicherung in Hamburg auf. In gleicher Weise übernahm auch die vierte Assekuranzkompagnie von 1772, vom Jahre 1774 an Versicherung gegen Feuersgefahr.

Zu ungleich größerer Bedeutung entwickelte sich die in Hamburg 1779 gegründete fünfte Assekuranzkompagnie, die ihren Geschäftsbetrieb nicht auf die Umgebung ihres Sitzes beschränkte, sondern bereits im Jahre 1791 Agenturen in Lübeck, Bremen, Leipzig, Magdeburg, Amsterdam, Bordeaux usw. unterhielt. Auch in Lübeck wurde bereits im Jahre 1784 die zweite Assekuranzkompagnie für Seerisiko, Türken- und Feuersgefahr gegründet, eine Gesellschaft, die jedoch lediglich eine lokale Bedeutung hatte.

„Fast zu gleicher Zeit, als Hamburgs Kaufmannschaft nach englischem Muster die Mobiliarversicherung einrichtete, war

[1]) Näheres siehe Plaß: a. a. O. S. 156f. und S. 562f.

auch in Berliner Kaufmannskreisen der Gedanke an eine solche Gründung entstanden, der seine Verwirklichung im Jahre 1770 durch die Erweiterung des Geschäftskreises der im Jahre 1765 ausschließlich für Zwecke der Seeversicherung errichteten Assekuranzkompagnie zu Berlin fand." Aber bereits nach fünfundzwanzigjährigem Bestehen wurde sie im Jahre 1791 wegen zu geringer Beteiligung der kaufmännischen Kreise, für die sie hauptsächlich bestimmt war, aufgelöst [1]).

Einen mächtigen Einfluß auf die weitere Entwickelung der Mobiliarfeuerversicherung in Deutschland übte die im Jahre 1782 gegründete englische Kompagnie „Phönix Fire Assurance" aus, die schon im Jahre 1786 in Hamburg eine Niederlassung errichtete und von dieser aus ihre Geschäfte im Laufe der Jahre über ganz Deutschland ausbreitete. Diese Gesellschaft, die bereits auf die hundertjährige Erfahrung ihrer englischen Schwestergesellschaften bauen konnte, war die Lehrmeisterin für die deutsche Kaufmannswelt in der Feuerassekuranz. Wenn auch die nächstfolgenden zwei Gesellschaften, die hier erwähnt werden müssen, nicht die Gesellschafts*form* von der englischen Kompagnie entnahmen, sondern auf dem Prinzip der Gegenseitigkeit gegründet wurden, so war doch die ganze Art des Geschäftsbetriebs und die Technik (vor allem die bereits durchgebildete Klassifikation der einzelnen Risiken) der englischen Gesellschaft für die neuen Gründungen vorbildlich. Nach dem von dem bekannten Assekuranzschriftsteller J. G. Büsch [2]) gutgeheißenen Plane des Kaufmanns Georg Elert Bieber, trat am 1. Oktober 1795 die „Assoziation Hamburgischer Einwohner zur Versicherung gegen Feuersgefahr" in Wirksamkeit und übte ihre segensreiche Tätigkeit bis zum Jahre 1842 aus, in welchem ihr der große Hamburger Brand, der 1749 Häuser einäscherte und allein die Generalfeuerkasse mit über 37 Millionen Krt. Mark belastete, ein Ende bereitete.

---

[1]) Siehe Zeitschrift für Versicherungswesen 1908 Nr. 31: „Die Mobiliarversicherung im XVIII. Jahrhundert."

[2]) J. G. Büsch: Allgemeine Übersicht des Assekuranzwesens als Grundlage zu einer unbefangenen Beurteilung von G. E. Biebers Plan zur Errichtung einer für Hamburg möglichst vorteilhaften Versicherungskompagnie gegen Feuersgefahr. Hamburg 1795.

Nach dem Muster der Hamburger Kompagnie wurde alsbald im benachbarten Bremen im Jahre 1800 die „Assoziation Bremischer Einwohner“ ins Leben gerufen, die sich anfangs der fünfziger Jahre des vorigen Jahrhunderts freiwillig auflöste, indem sie ihre ansehnlichen Mittel unter die Gesellschaftsmitglieder verteilte.

Mit dem Beginne des XIX. Jahrhunderts können wir bereits von einer Einbürgerung des Mobiliarfeuerversicherungswesens in Deutschland sprechen, die sich durch eine immer mehr anwachsende Gründungstätigkeit auf dem Gebiete der Feuerversicherung in allen Teilen Deutschlands bemerkbar machte. Ausschlaggebend für die Gründung von deutschen Gesellschaften war vor allem die mit dem zunehmenden Interesse für die Mobiliarversicherung einhergehende Empfindung deutscher Männer, daß es unverantwortlich sei, jährlich große Beträge (die Prämien der hauptsächlich in Deutschland arbeitenden Phönixkompagnie waren übermäßig hohe) für Versicherung ins Ausland fließen zu lassen, um die dortigen Kaufleute damit zu bereichern, und dafür noch dazu im Schadenfalle mit allerhand Schwierigkeiten kämpfen zu müssen [1]).

So wurde im Jahre 1800 von der im Jahre 1797 gegründeten Mecklenburgischen Hagelschaden-Versicherungsgesellschaft zu Neubrandenburg der Betrieb der Mobiliarfeuerversicherung aufgenommen. Im Jahre 1812 wurde in Berlin die Berlinische Feuerversicherungsanstalt, im Jahre 1819 die Leipziger Feuerversicherungsanstalt in Leipzig [2]) gegründet. Diese beiden Gesellschaften waren als Erwerbsgesellschaften auf dem Aktienprinzip errichtet. Ihnen folgte der Zeit nach im Jahre 1820 unter der Führung von E. W. Arnoldi die „großartigste, wichtigste und einflußreichste“ aller Gegenseitigkeitsanstalten auf dem Gebiete der Feuerversicherung: die Feuerversicherungsbank für Deutschland in Gotha.

---

[1]) Denkschrift zur Feier des hundertjährigen Bestehens der „Mecklenburgischen Hagel- und Feuerversicherungsgesellschaft zu Neubrandenburg“ von Praefke, 1897 S. 65. Ferner Dr. Julius Hopf: Ernst Wilhelm Arnoldi und seine Schöpfung die Feuerversicherungsbank für Deutschland, Gotha 1878, S. 29 und 32 f.

[2]) Die Leipziger Feuerversicherungsanstalt in Leipzig. Ihre Gründung und Entwickelung 1819—1900.

Hierauf entstanden im Jahre 1822 die Vaterländische Feuerversicherungsaktiengesellschaft in Elberfeld[1]), im Jahre 1825 die Aachener (nachmals Aachener und Münchener) Feuerversicherungsgesellschaft[2]), im Jahre 1826 die Schwedter Hagel- und Feuerversicherungsgesellschaft auf Gegenseitigkeit in Schwedt (Oder) und der Lübecker Feuerversicherungsverein, im Jahre 1828 die Württembergische Privatfeuerversicherung auf Gegenseitigkeit in Stuttgart[3]), die Väterländische Feuerversicherungssozietät in Rostock und die Ostfriesische Mobiliarfeuerversicherungsanstalt in Norden, und im Jahre 1830 der Feuerassekuranzverein auf Gegenseitigkeit in Altona[4]). So sehen wir denn bereits im ersten Drittel des XIX. Jahrhunderts Deutschland mit einem Netze von kräftigen, soliden und mächtig aufstrebenden deutschen Gesellschaften von verschiedener Organisationsform überspannt, denen sich noch eine Anzahl ausländischer, vorwiegend österreichischer, englischer, französischer und belgischer Gesellschaften hinzugesellten[5]).

In den meisten deutschen Staaten konnten sich diese Gesellschaften lediglich der Pflege der M o b i l i a r feuerversicherungsgeschäfts widmen, da, wie wir oben gesehen haben, das Immobiliarfeuerversicherungswesen vorwiegend von staatlich geleiteten, öffentlichen Feuerversicherungsanstalten, die mit Beitrittszwang ausgestattet waren, gepflegt wurde.

Die seitens der deutschen Privatfeuerversicherungsgesellschaften von ihren englischen Lehrmeistern übernommene ausgebildete Technik, inbesondere die einer gerechten Prämienbemessung Rechnung tragende Klassifikation der Risiken, verfehlte nicht, ihren nachhaltigen Eindruck auf die damals rein schematisch

---

[1]) Denkschrift zur Feier der 75jährigen Tätigkeit der Vaterländischen Feuerversicherungs-Aktengesellschaft in Elberfeld 1898.

[2]) Denkschrift zur Jubelfeier des 75jährigen Bestehens der Gesellschaft 1825—1900.

[3]) Denkschrift zur Feier des 75jährigen Bestehens der Württembergischen Privatfeuerversicherung auf Gegenseitigkeit in Stuttgart 1903.

[4]) Denkschrift zur Feier des 75jährigen Bestehens des Feuerassekuranzvereins a. G. in Altona 1905.

[5]) Siehe auch Denkschrift über die Frage der Mobiliarfeuerversicherung in Bayern. Dem Landtage vorgelegt 1910. Kapitel I. Entwickelung der Mobiliarversicherung in Bayern.

und bureaukratisch verwalteten öffentlichen Feuerversicherungsanstalten zu machen, und führte namentlich in Preußen in den dreißiger Jahren des vorigen Jahrhunderts zu einer einschneidenden Reorganisation der Sozietäten, die in erster Linie in der Annahme des bis dahin nicht beobachteten Klassifikationsprinzips bestand, im weiteren Verlaufe in einer Zusammenlegung der unzähligen kleinen und kleinsten Sozietätengebilde in leistungs- und tragfähigere Verbände und endlich in der Aufhebung des Versicherungszwanges für die große Mehrzahl der preußischen Sozietäten. Nur einige wenige städtisch verwaltete preußische Sozietäten behielten den Zwangscharakter bei (Berlin, Königsberg, Stettin, Breslau, Elbing, Thorn, Stralsund), während bei den außerpreußischen öffentlichen Anstalten die Reform sich lediglich auf eine mehr oder minder vollständige Annahme des Klassifikationssystems erstreckte, der Zwangscharakter der öffentlichen Anstalten dagegen beibehalten wurde[1]).

Diese Freigabe der Immobiliarversicherung in Preußen führte zu einem erbitterten Konkurrenzkampfe zwischen öffentlichen und privaten Versicherungsanstalten, bei dem in den ersten Jahrzehnten die öffentlichen Anstalten den beweglicheren, an alle Verhältnisse sich leichter anschmiegenden Privatanstalten zu unterliegen drohten, bis sich die ersteren zu einer weiteren Reform, namentlich bezüglich einer eingehenderen Klassifikation, und zu einer weiteren Zusammenlegung der Sozietäten in meistens provinziale Anstalten sowie zu einer Änderung ihrer vielfach veralteten Reglements entschlossen. Zu ihrer weiteren Kräftigung und gewissermaßen zum Ausgleiche für den ihnen seinerzeit genommenen Zwangscharakter wurde ihnen anfangs der sechziger Jahre des vorigen Jahrhunderts die Aufnahme der Mobi-

---

[1]) Vgl. Dr. Bruno Schmidt: Der Versuch der Fürsten Hardenberg, die öffentlichen Feuerversicherungssozietäten zu reformieren. Zeitschrift für die gesamte Versicherungswissenschaft X. Jahrgang 1. Heft S. 78 f.; ferner: Zur Geschichte der Reform der öffentlichen Feuersozietäten in den Jahren 1829—1837 in den Mitteilungen für die öffentlichen Feuerversicherungsanstalten, Jahrgang 1883 S. 125 f. Siehe auch H. von Knebel-Doeberitz: Das Feuerversicherungswesen in Preußen, Berlin 1903.

liarfeuerversicherung gestattet, von welcher Erlaubnis im Laufe der Jahrzehnte von der großen Mehrzahl der Sozietäten Gebrauch gemacht wurde. Bei den Sozietäten, die den Zwangscharakter behielten, wurde dagegen die Mobiliarfeuerversicherung nicht zugelassen. Nebenbei mag hier bemerkt werden, daß außer den preußischen Sozietäten nur noch eine öffentliche Versicherungsanstalt die Mobiliarversicherung neben der Immobiliarversicherung betreibt, nämlich die Herzogliche Landesbrandversicherungsanstalt zu Gotha, und zwar seit dem Jahre 1873.

Inzwischen wuchs die Zahl der privaten Gesellschaften, sowohl der Aktien- als der Gegenseitigkeitsanstalten, die Technik der Privatgesellschaften wurde immer mehr verfeinert, namentlich unter dem Einflusse des Leiters der im Jahre 1844 gegründeten Magdeburger Feuerversicherungs-Gesellschaft, Joh. Christian Friedrich Knoblauch, dessen hervorragende Verdienste um die Fortbildung der modernen Feuerversicherungstechnik hier erwähnt werden müssen[1]). Durch die Tätigkeit von dreierlei, im gegenseitigen scharfen Konkurrenzkampfe stehenden Organisationsformen der Feuerversicherung wurde das gesamte deutsche Feuerversicherungswesen auf eine Höhe der inneren Vollkommenheit und Güte gebracht, wie sie, soweit unsere Kenntnis reicht, in keinem anderen Kulturstaate besteht. Es kam wohl auch in Deutschland im Laufe der Jahrzehnte zu einzelnen Zusammenbrüchen von Feuerversicherungsgesellschaften, sowohl von Aktiengesellschaften, wie von Gegenseitigkeitsgesellschaften[2]); jedoch kann man wohl sagen, daß sich diese immerhin vereinzelt gebliebenen Fälle meistens ohne Schädigung für die Versicherten erledigten, indem eine leistungsfähige Gesellschaft den Bestand der notleidend gewordenen Kompagnie übernahm, so daß nur die Aktionäre oder Garanten einen Verlust erlitten.

In den siebziger und achtziger Jahren des vorigen Jahrhunderts loderte der Gegensatz zwischen öffentlichen und

---

[1]) Vgl. R. Berndt: Die Magdeburger Feuerversicherungsgesellschaft im Spiegel einer 50jährigen Vergangenheit. Magdeburg 1894.

[2]) Näheres siehe Vereinsblatt für deutsches Versicherungswesen 1877 S. 362f.

privaten Feuerversicherungsgesellschaften noch einmal auf, belebt namentlich durch den streitbaren Vorstand der Vereinigung der öffentlichen Feuerversicherungsanstalten, Generaldirektor Karl von Hülsen[1]), und zugespitzt auf die Frage der Verstaatlichung der gesamten Feuerversicherung, eine Frage, welcher der damalige leitende Staatsmann von Bismarck nicht unsympathisch gegenüberstand. Aber auch diese Flut ebbte mit dem Ausgange der achtziger Jahre — von Hülsen war im Jahre 1888 gestorben — ab, und seit dieser Zeit arbeiten private und öffentliche Anstalten verhältnismäßig friedlich, sich gegenseitig im Konkurrenzkampf befruchtend, nebeneinander.

Das im Jahre 1901 nach jahrzehntelanger Vorbereitung zum Abschluß gekommene Gesetz über die Beaufsichtigung der privaten Versicherungsunternehmungen im Zusammenhalt mit dem Gesetz über den Versicherungsvertrag vom 30. Mai 1908, bedeutet einen wichtigen Markstein in der Geschichte des privaten Feuerversicherungswesens, der sein Gegenstück in dem preußischen Gesetz, betreffend die öffentlichen Feuerversicherungsanstalten, vom 25. Juli 1910 erhielt.

34 deutsche Aktiengesellschaften,

20 größere Versicherungsvereine auf Gegenseitigkeit,

26 ausländische Gesellschaften[2]),

50 öffentliche Feuerversicherungsanstalten[3]), sowie eine Unzahl von kleineren, lokalen Verbänden und Berufs- und Standesvereinigungen betreiben zur Zeit in Deutschland die Feuerversicherung, so daß man wohl sagen kann, daß für alle Verhältnisse in Deutschland, seien es industrielle, gewerbliche, landwirtschaftliche, städtische oder ländliche, hinreichender Feuerversicherungsschutz dargeboten wird.

---

[1]) Vgl. insbesondere v. Hülsen und H. Brämer: Die öffentlichen Feuerversicherungsanstalten in Deutschland und ihre rechtliche Stellung gegenüber den Privat-Feuerversicherungs-Gesellschaften. Ergänzungsheft zur Zeitschrift des Kgl. Preuß. Statistischen Bureaus 1874.

[2]) Siehe Versicherungs-Statistik für 1908 über die unter Reichsaufsicht stehenden Unternehmungen. Herausgegeben vom AfP.

[3]) Siehe Anlage II zum Berichte der VIII. Kommission über die Entwürfe eines Gesetzes über den Versicherungsvertrag usw. Nr. 22 der Drucksachen des Reichstags.

II. Kapitel.

Die Verstaatlichung der Feuer=versicherung.

Bei einer derartig befriedigenden Ausgestaltung der Feuerversicherungsverhältnisse in Deutschland, wie wir sie in ihrem geschichtlichen Aufbau im vorigen Kapitel kennen gelernt haben, und bei der trotz aller Verschiedenheit der Organisationsform bestehenden Übereinstimmung der Feuerversicherungsanstalten und -unternehmungen in ihren letzten Zielen, muß es wundernehmen, daß in keinem Staatswesen ein derartiger fortgesetzter und heftiger Kampf der Meinungen über die beste Lösung der Feuerversicherungsfrage geherrscht hat und leider, trotz Einführung des VAG. und des VVG., noch herrscht, wie gerade in Deutschland. Während wir im Verlaufe des 19. Jahrhunderts das private Feuerversicherungswesen zu einem bedeutenden Faktor unseres gesamten Wirtschaftslebens, zu einer kräftigen Stütze unseres kommerziellen und industriellen Aufblühens sich entwickeln sehen und den außerordentlichen Einfluß desselben auf die dringend notwendige Reorganisation des gesamten öffentlichen Feuerversicherungswesens beobachten können, werden wir zugleich Zeugen eines erbitterten Kampfes zwischen Verfechtern des öffentlichen und solchen des privaten Feuerversicherungsbetriebs. Man kann, wenn man von den Anhängern des öffentlichen Betriebs der Versicherung spricht, mit vollem Rechte den öffentlichen Betrieb der Feuerversicherung in den Vordergrund stellen; denn um diesen drehte und dreht sich in der Hauptsache der Kampf. Die anderen großen Versicherungszweige haben dabei eine mehr oder minder unbedeutende Rolle gespielt. Ganz außer Betracht geblieben ist die Transportversicherung, schon wegen des ihr innewohnenden internationalen Charakters und ihres eigenartigen kaufmännisch-technischen Betriebs; wenig kam auch die Lebensversicherung in Frage, da schon die ungünstigen Erfahrungen, die man in England und Frankreich mit dem staatlichen Betriebe dieses Versicherungszweigs gemacht hat, sehr zur Vorsicht mahnten. Auch die Hagelversicherung ist hier kaum zu erwähnen. So blieb allein das Feld der Feuerversicherung auf dem die Kämpfer sich mit ihren Waffen gegenübertraten.

Dieser Kampf um die Verstaatlichung der Feuerversicherung hat auch seine geschichtlichen Gründe.

Als man zuerst über die Aufgaben des Staates auf volkswirtschaftlichem Gebiete nachsann, da ließ man sich von dem Gedanken leiten, daß die gesamte Gestaltung der ökonomisch-politischen Zustände in den Händen des Staates ruhen müsse, daß das wirtschaftliche Leben ein Produkt der Regierungskunst sei. Die Bemühungen der Staatsgewalt im XVII. und XVIII. Jahrhundert, also in den Zeiten des sogenannten Merkantilismus, der vielfach berüchtigten Industriereglements und der überall gegenwärtigen Wirtschaftspolizei, waren nicht so unberechtigt wie sie heute vielen scheinen. Jener weitgehenden Staatsintervention auf wirtschaftlichem Gebiete ist die Berechtigung und ihr Nutzen für j e n e Zeiten nicht abzusprechen. Gegen das Ende des XVIII. Jahrhunderts erfolgte ein völliger Umschwung der europäischen Denkweise. Es entwickelte sich jene kritisch-revolutionäre Periode, zuerst auf philosophischem, dann auf politischem und wirtschaftlichem Gebiete. Alle Regierungsmaßregeln, welche in das ökonomische Leben der Völker eingriffen, wurden verworfen, der Ruf nach unbeschränkter Handels-, Verkehrs- und Gewerbefreiheit erscholl, und die Regierungen trugen ihm durch ihre Gesetzgebung Rechnung. Die Folge war ein ungeahnter Aufschwung auf volkswirtschaftlichem Gebiete. Daß diese extreme Umkehr in den Anschauungen und in der Gesetzgebung auch manche Mißstände auf den verschiedensten Gebieten des Wirtschaftslebens zur Folge hatte, ist nur zu erklärlich. Deshalb hörte man auf den verschiedensten Gebieten den Ruf nach Staatshilfe. So auch auf dem

Gebiete des privaten Feuerversicherungswesens. Ihren ersten literarischen Ausdruck von Bedeutung fand diese Bewegung in der bekannten, im vorigen Kapitel bereits angeführten Streitschrift des Generaldirektors der Landfeuersozietät des preußischen Herzogtums Sachsen Karl von Hülsen[1]), in welcher den Privatfeuerversicherungsgesellschaften ihre wirklichen und vermeintlichen Sünden vorgehalten und „die Vorzüge" des öffentlichen Feuerversicherungswesens hervorgehoben wurden. Nur ein ganz kleiner Probeausschnitt aus den Ausführungen von Hülsens mag hier aufgeführt werden, um zu zeigen, wie einseitig von ihm die ganze Sachlage aufgefaßt wurde:

„Der Hauptzweck der Feuerversicherungs-Aktiengesellschaften", sagt er, „ist unzweifelhaft der, ihren Aktionären, Direktoren usw. möglichst hohe Gewinne zu verschaffen. Der Versicherungsbetrieb und die Gewährung von Schutz gegen Brandverlust ist lediglich Mittel zu diesem Zwecke und nicht, wie bei den Gegenseitigkeitsanstalten (gemeint sind natürlich nicht die privaten, die sogenannten „egoistischen", sondern die öffentlichen Gegenseitigkeitsanstalten), Endzweck. Dieser Umstand wäre an sich gleichgültig, wenn die Gesellschaften trotzdem den wirtschaftlichen Aufgaben des Feuerversicherungswesens und dem Versicherungsbedürfnisse Genüge leisteten. Das ist jedoch nicht der Fall. Wir bestreiten nicht, daß sie indirekt auch Gemeinnütziges leisten und haben dies schon früher ausdrücklich anerkannt. Allein es liegt in ihrer Natur begründet, daß sie das Feld ihrer Tätigkeit nur so weit ausdehnen, als es Gewinn verspricht, daß sie dagegen alles von sich fern halten, was ihrem Erwerbszwecke nicht dient, also gerade diejenigen Kreise, welche des Versicherungsschutzes am meisten bedürfen, und daß sie, unbekümmert um die Interessen der einzelnen Länder und Landesteile, der größeren und kleineren Gemeinwesen — wenn es sein muß, selbst im Widerspruche mit diesen Interessen — alle Hindernisse, die ihrem Zwecke entgegenstehen, aus dem Wege zu räumen bestrebt sein müssen."

[1]) Die öffentlichen Feuerversicherungsanstalten in Deutschland und ihre rechtliche Stellung gegenüber den privaten Feuerversicherungsgesellschaften.

Wie ganz anders klingt das Urteil eines der besten Kenner des privaten Feuerversicherungswesens der damaligen Zeit, des langjährigen Referenten für Versicherungswesen im Preußischen Ministerium des Innern, Geheimrats L. Jacobi[1]), der doch gewiß als über den Parteien stehend angesehen werden muß: „Da (nämlich bei den privaten Feuerversicherungsgesellschaften) bewährte sich die Erfahrung, daß der wohlgeleitete Eigennutz sich gemeinnütziger erweisen kann als der auf Zwecke der Wohltätigkeit gerichtete Gemeinsinn. Denn nunmehr bemühte sich die Gewerbetätigkeit überall, die Vorsicht der Feuerassekuranz wachzurufen und zu befestigen, auf alle Weise den Bedürfnissen des Publikums entgegenzukommen, rationelle Grundsätze für den Betrieb der Feuerversicherung festzustellen und eben dadurch die Versicherung zum mindesten Kostenpreise anzubieten".

Nicht mit klaren, deutlichen Worten wurde der Gedanke der Verstaatlichung des Feuerversicherungswesens anfänglich ins Volk getragen, sondern, wie v. Hülsen es tat, durch Angriffe auf die Privat-Feuerversicherung, denen die Vorzüge des öffentlichen Feuerversicherungswesens gegenübergestellt wurden.

Mit nackten Worten wurde die Idee der Verstaatlichung der Feuerversicherung zum ersten Male von dem sozialdemokratischen Reichstagsabgeordneten Rittinghausen im Juli 1877 auf einer Volksversammlung in Köln a. Rh. in die Diskussion geworfen, indem er eine Petition an den Reichstag bezüglich der Übernahme der Feuerversicherung auf das Reich in Vorschlag brachte[2]).

Als im Jahre 1879 der damalige Reichskanzler Fürst Bismarck durch ein Rundschreiben vom 4. August die verbündeten Regierungen aufforderte, sich über die Dringlichkeit einer reichsgesetzlichen Regelung des Versicherungswesens sowie über einzelne dabei in Frage kommende Punkte zu

---

[1]) L. Jacobi: Beiträge zur Gesetzgebung über das Versicherungswesen im allgemeinen und das Feuerversicherungswesen insbesondere. Berlin 1869.

[2]) Siehe „Zukunft" I. Jahrgang 1877/78. S. 272.

äußern[1]), da griff, obwohl in diesem Rundschreiben „mit keiner noch so versteckten Andeutung auf eine etwa im Hintergrunde stehende Absicht, den Versicherungsbetrieb der privatwirtschaftlichen Tätigkeit zu entziehen, hingewiesen wurde“[2]), in den Kreisen der Privatversicherer doch die Besorgnis Platz, als solle das Rundschreiben die Einleitung zu einer schließlichen Verstaatlichung bilden. „Der Grund dieser Sorgen war der, daß man dem Reichskanzler, dem energischen Freunde der Verstaatlichung der Privateisenbahnen und Vertreter des Reichseisenbahnprojekts, dem Anhänger des Tabakmonopols, dem Staatsmann des Schutzzolls nach diesen seinen offen vorliegenden wirtschaftlichen Plänen und Taten, wie nach seinem ganzen Charakter auch eine solche neue „Extravaganz reaktionärer Wirtschaftspolitik, einen solchen neuen Eingriff in die wirtschaftliche Verkehrsfreiheit wohl zutraute[3]).“ Hierzu kam, daß man durch die systematische Angriffsarbeit seitens der preußischen öffentlichen Sozietäten beunruhigt und gereizt war, so daß hieraus eine teilweise recht unschöne Preßfehde über das Für und Wider der Verstaatlichung des Versicherungswesens überhaupt, insbesondere des Feuerversicherungswesens entstand, die durch wissenschaftliche Arbeiten, insbesondere durch den bekannten Kathedersozialisten Adolf Wagner genährt wurde[4]).

Besonders gut veranschaulicht wird die Kampfesstimmung und Kampfesweise der damaligen Zeit in der im Jahre 1884 erschienenen „Denkschrift, betreffend den öffentlichen und Privatbetrieb in der Feuerversicherung“, welche den Direktor der Feuerversicherungsbank für Deutschland zu Gotha, Dr.

---

[1]) Siehe Vereinsblatt für deutsches Versicherungswesen 1879 Nr. 11 und 12 S. 372 f.

[2]) Dr. Julius Hopf: Aufgaben der Gesetzgebung im Gebiete der Feuerversicherung Berlin 1880 S. 25.

[3]) Adolf Wagner: Der Staat und das Versicherungswesen. Tübingen 1881 S. 2.

[4]) Die um jene Zeit entstandene diesbezügliche, ziemlich umfangreiche Literatur siehe Schönbergs Handbuch der politischen Ökonomie Bd. II, Teil 2, 4. Aufl. Tübingen 1898 (Artikel „Versicherungswesen“). Siehe auch: Dr. F. Lübstorff: Öffentlicher Betrieb und Privatbetrieb der Feuerversicherung Jena 1910. S. 1 ff.

Julius Hopf, zum Verfasser hat und welche sich durch eine wohltuende Mäßigung auszeichnet. „Was aber immer so lauten Widerspruch herausfordert, das ist der Gebrauch, der von dem Rechte der freien Kritik gemacht wird. Ein großer Teil des Wirtschaftslebens bewegt sich in dem Wettstreit um die beste Befriedigung menschlicher Bedürfnisse und findet darin den mächtigsten Hebel des Fortschritts. Das Anpreisen der eigenen Leistung und die Selbsterhöhung ihres Wertes gegenüber dem fremden Angebot ist davon kaum zu trennen. Wo aber fände man dabei ein ähnliches Maß von Verbitterung und Gehässigkeit, wie neuerdings in dem Kampfe der öffentlichen gegen die Privatindustrie der Feuerversicherung. Der lange geführte und heute zugunsten des Staates entschiedene Streit über die Verfassung des Eisenbahnwesens, sachlich von ganz anderen Gesichtspunkten beherrscht, aber doch eine analoge Parteistellung einschließend, hat nicht entfernt etwas Ähnliches zutage gefördert. Der Hinweis, daß auch die Presse der Gegenseite oft mit wenig Schonung verfährt, genügt schlechthin nicht zur Deckung. Dieselbe ist ebensowenig identisch mit dem gesamten Privatbetrieb, wie diejenige der Sozietäten mit dem öffentlichen. Und vor allem sollte doch nie aus den Augen gesetzt werden, daß der öffentliche Charakter, aus dem so hohe Ansprüche hergeleitet werden, auch in besonderem Maße die Pflicht zur Wahrhaftigkeit und Gerechtigkeit auferlegt. Wenn aber fort und fort der privatwirtschaftliche Großbetrieb als nur vom nackten Eigennutze beseelt und jeden Sinnes für die gemeine Wohlfahrt bar gebrandmarkt wird, wenn gegen ihn Verdächtigungen erhoben werden, die mit der persönlichen Ehrenhaftigkeit der Leiter und Vertreter von Privatunternehmungen nicht mehr vereinbar sind, und die doch sofort verstummen müßten, sobald sie unter die Verpflichtung zur individuellen Vertretung und Beweisführung gestellt würden, so sind das die Waffen eines Angriffs, der dem Gegner von vornherein die Achtung versagen will, eines Kampfes, der nicht mehr auf sachlichem Boden und nicht um sachliche Ziele geführt wird" (S. 16 ff. a. a. O.).

So wogte der Kampf in den achtziger Jahren des vorigen Jahrhunderts mit großer Erbitterung hin und her, alle möglichen

Versuche[1]) der preußischen Sozietäten, wenigstens den verloren gegangenen Versicherungszwang für Immobiliarfeuerversicherung wiederzuerlangen, schlugen fehl, und erst nach dem 1888 eingetretenen Tode von Hülsens flaute die Bewegung wieder ab, ohne jedoch bis heute gänzlich von der Tagesordnung zu verschwinden.

Bald in diesem, bald in jenem Parlamente der einzelnen Bundesstaaten werden immer wieder von den Anhängern der Verstaatlichung dahingehende Anträge gestellt, so zwar, daß die einzelnen Regierungen schwere Mühe haben, ihren bis jetzt im allgemeinen widerstrebenden Standpunkt durch Ausarbeitung eingehender Denkschriften über diese Frage durchzusetzen.

In Bayern, woselbst die gesamte Immobiliarversicherung seit über einem Jahrhundert in den Händen einer Monopolstaatsanstalt ruht, die diesen Betrieb seit der in den siebziger Jahren des vorigen Jahrhunderts namentlich durch Jodlbauer beeinflußten Reorganisation in anerkannt mustergültiger Weise führt, ist seit dem Jahr 1884 die Frage der Errichtung einer staatlichen Mobiliarversicherungsanstalt nicht zur Ruhe gekommen[2]). Eine Hauptrolle in der Begründung der auf Errichtung einer öffentlichen Mobiliarversicherungsanstalt abzielenden Anträge spielt die Behauptung, „daß sich die Stellung des Versicherungsnehmers durch den Zusammenschluß der Gesellschaften verschlechtert habe, daß die Prämien der Privatgesellschaften zu hohe seien und daß den Bedürfnissen der Landwirtschaft durch die allgemeinen Versicherungsbedingungen nicht genügend Rechnung getragen werde“.

Der letzte auf Errichtung einer staatlich geleiteten Mobi-

---

[1]) Vgl. Petition des uckermärkischen Bauervereins an den preußischen Landtag vom 1. Juli 1886. Siehe ferner Dr. Otto Ziegler: Denkschrift zum 25jährigen Bestehen des Verbandes deutscher Privatfeuerversicherungsgesellschaften Berlin 1897, S. 17 f.

[2]) Vgl. die von der Kgl. Staatsregierung dem Landtag im Jahre 1910 vorgelegte Denkschrift über die Frage der Mobiliarfeuerversicherung in Bayern S. 78 ff.

liar-Brandversicherungsanstalt gerichtete Antrag Dr. Jäger-Dillingen, Dr. Pichler und Genossen wurde von dem Berichterstatter Dr. Jäger in einer ausführlichen Denkschrift vom 4. Juni 1908 (Verhandlungen der Kammer der Abgeordneten 1907/08 Beil. Bd. III S. 461) begründet. Die Königliche Staatsregierung hielt auf Grund dieser Anträge eine umfassende Erhebung über die Erfahrungen und Anschauungen der beteiligten Kreise für zweckdienlich, holte auch ein Gutachten des AfP. über die Möglichkeit und Angemessenheit der Errichtung einer staatlich geleiteten Mobiliar-Feuerversicherungsanstalt ein und nahm dann in einer dem Landtag im Herbste 1910 vorgelegten eingehenden Denkschrift Stellung. In dieser Denkschrift wird auf Grund des sehr umfangreichen Materials die Frage geprüft, ob zurzeit ein Bedürfnis für Errichtung einer staatlich geleiteten Mobiliarfeuerversicherungsanstalt gegeben ist, und diese Frage wird nach eingehender Würdigung des gesamten Erhebungsmaterials verneint [1]). Die Königliche Staatsregierung kommt infolgedessen zu dem Schlusse, daß ein Vorgehen auf dem Gebiet der staatlichen Mobiliarversicherung nach all diesen Ausführungen zurzeit nicht als empfehlenswert erachtet werden könne und daß daher durch eine abwartende Stellungnahme den Verhältnissen am besten entsprochen werde. In gleichem Sinne spricht sich das AfP. in seinem Gutachten aus, indem es ausführt, daß ihm die Errichtung einer staatlich geleiteten, im freien Wettbewerbe mit den Privatgesellschaften stehenden Mobiliar-Feuerversicherungsanstalt in Bayern als ein Wagnis erscheint, das durch schwere Mißstände nicht veranlaßt ist, und das einen nennenswerten Gewinn für die Volkswohlfahrt oder auch nur einzelne Teile der Bevölkerung mit hinreichender Sicherheit nicht erwarten läßt.

Auch im Königreich Sachsen, woselbst neben der mit dem Versicherungszwang ausgestatteten Gebäude-Brandversicherungsanstalt auch eine staatlich geleitete Abteilung für die freiwillige Versicherung von Maschinen, Apparaten und Gerätschaften des gewerblichen und landwirtschaftlichen Betriebs besteht, wurden im Landtage wiederholt (1901, 1902, 1908)

---

[1]) S. Denkschrift S. 132—174.

Anträge gestellt, diese freiwillige Abteilung auf Warenvorräte, Rohmaterialien und endlich auf alles Mobiliar auszudehnen. Bei der Begründung dieser Anträge wurde ebenfalls „auf den Zusammenschluß der deutschen Privatversicherungsgesellschaften und die damit zusammenhängenden Erschwerungen" hingewiesen. Noch 1908 wurde der Antrag, die freiwillige Abteilung auf alles Mobiliar auszudehnen, als zu weitgehend im Plenum des Landtags, wie vorher in der Deputation, abgelehnt. Den gleichen Standpunkt vertritt die Begründung zum Entwurf eines neuen Brandversicherungsgesetzes von 1909 hinsichtlich der Ausdehnung der staatlichen Versicherung auf Mobiliar oder auch nur auf Warenvorräte und Rohprodukte (vgl. Begründung S. 11). Noch vor Beginn der Beratungen in der Gesetzgebungsdeputation hat die Regierung jedoch den an sie gelangten Wünschen Rechnung getragen und erklärt, sie habe keine Erinnerung dagegen, wenn die Frage, ob und in welcher Weise die Staatsanstalt ihren Betrieb auf Mobiliarversicherung und auf andere Gefahren (Miet- und Geschäftsverluste) ausdehnen soll, einem erweiterten Verwaltungsausschusse, bestehend aus Mitgliedern der Brandversicherungsanstalt und der beiden Kammern des Landtags sowie aus Vertretern der Versicherten übertragen werde. Dementsprechend wurde auch das Gesetz von den beiden Kammern unter der Zustimmung der Staatsregierung beschlossen. Nach § 15 ist der erweiterte Verwaltungsausschuß zuständig, die Aufnahme weiterer Zweige der Schadensversicherung und die Ausdehnung auf andere Gegenstände zu beschließen, auch erforderlichenfalls neue Abteilungen hierfür zu schaffen. Ein Zwang oder Monopol darf jedoch auf diesem Wege nicht eingeführt werden. Zu diesen Beschlüssen ist allerdings die Genehmigung des Ministeriums des Innern notwendig. Seitens der Gesetzgebungsdeputation wurde der Wunsch ausgedrückt, daß der Verwaltungsausschuß die Aufnahme der staatlichen Mobiliarversicherung beschließen möge.

Ferner wurde in Württemberg im Jahre 1907 im Landtage der Antrag auf statistische Vorarbeiten behufs Einführung der staatlichen Mobiliarversicherung — für die Immobiliarversicherung besteht eine mit Beitrittszwang ausgestattete Staatsanstalt — gestellt, jedoch durch die Staatsregierung mit dem Hinweis auf die sehr gut geleitete und billige Württembergische Privatfeuerversicherung auf Gegenseitigkeit abgelehnt.

In Baden hatte man bis zum Jahre 1902 eine staatliche Gebäudeversicherungsanstalt mit Zwangscharakter bis zu vierfünftel des Wertes jedes Gebäudes. Die Versicherung des letzten Fünftels war bei den Privatgesellschaften zugelassen. Die Schwierigkeiten, die sich jedoch bei der Versicherung dieses letzten Fünftels durch Privatunternehmungen hinsichtlich der Gebäude mit Stroh- und Schindeldächern und der feuergefährlichen Betriebe ergaben, führten schließlich zur Verstaatlichung auch der letzten Gebäudefünftels durch das Gesetz vom 3. August 1902. Die Bestimmungen über die Fünftelversicherungen finden auf die vor dem 1. Mai 1902 bei Privatversicherungsunternehmungen versicherten Gebäude erst nach Ablauf oder Auflösung der bestehenden Verträge, spätestens jedoch mit dem 1. Januar 1912 Anwendung. Im übrigen ist das Gesetz am 1. Januar 1903 in Kraft getreten. Nebenbei mag hier bemerkt werden, daß die badische Gebäudeversicherungsanstalt außer der Feuersozietät für die Stadt Berlin, deren Reglement seit dem Jahre 1794 keine Umänderung erfahren hat, die einzige öffentliche Versicherungsanstalt ist, welche bis heute auf die Einführung von Gefahrenklassen nach der Bauart und der Verwendungsart der Gebäude verzichtet hat.

Bezüglich der Errichtung einer staatlichen Mobiliarversicherungsanstalt in Baden waren im Landtage schon verschiedene Male Anträge gestellt worden, denen gegenüber sich jedoch die Regierung stets ablehnend verhalten hatte. Bei der Beratung dieser Anträge spielte wiederum die Behauptung eine große Rolle, daß die Versicherungsgesellschaften immer mehr einen Ring bildeten, wodurch sie die Möglichkeit hätten, ihre Einnahmen zu sichern und auch in einer gewissen Höhe zu erhalten. Auf einen diesbezüglichen neuerlichen Antrag, ausgehend von den Abgeordneten Geck und Genossen, hat die Großherzogliche Regierung eine Denkschrift ausgearbeitet und dem Landtage zugehen lassen (Landtag 1907/08 1. Beil. Nr. 30 a zum Protokoll der 123. Sitzung der II. Kammer vom 11. August 1908), in welcher sie ihren ablehnenden Standpunkt aufrecht erhält und eingehend begründet.

Am 7. Juni 1910 wurde ein neuerlicher Antrag der sozialdemokratischen Partei auf Verstaatlichung der Mobiliarversicherung abgelehnt, dagegen ein Antrag des Abgeordneten Geck, „die Großherzoglich Badische Regierung wolle zur Vorbereitung der staatlichen Fahrnisfeuerversicherung weitere Erhebungen auf diesem Gebiete machen und auch mit anderen Bundesregierungen behufs gemeinsamen Vorgehens in Verbindung treten“, mit Mehrheit angenommen.

Im Großherzogtum Hessen, woselbst bereits eine staatliche Brandversicherungsanstalt mit Zwangscharakter besteht, wurde im Jahre 1905 seitens des Abgeordneten Ulrich und Genossen, sowie von dem Abgeordneten Übel und Genossen der Antrag auf Errichtung einer obligatorischen staatlichen Mobiliarversicherungsanstallt gestellt.

Beide Anträge verdankten ihre Entstehung den vielfachen Klagen, welche von seiten der Besitzer feuergefährlicher, sogenannter notleidender Anlagen über die Schwierigkeit oder Unmöglichkeit, ihre Betriebe gegen Feuer versichern zu können, wiederholt laut wurden.

Die Regierung stellte deshalb Erhebungen an, welche zu einer Verneinung der Bedürfnisfrage betreffend Errichtung einer staatlichen Mobiliar-Feuerversicherungsanstalt führten, weshalb die beiden Kammern die Anträge des Abgeordneten Ulrich und Genossen und des Abgeordneteu Übel und Genossen für erledigt erklärten.

Auch im Herzogtum Altenburg, sowie in der Stadt Berlin traten Bestrebungen zutage, welche eine Ausdehnung der öffentlichen Anstalten auf die Mobiliarversicherung bezweckten, jedoch ohne Erfolg blieben.

Im Herzogtum Sachsen-Meinigen, woselbst zurzeit noch keine öffentliche Feuerversicherungsanstalt besteht, hatte der Landtag auf Antrag des Abgeordneten Nies und Genossen hin am 7. Dezember 1907 mit Stimmenmehrheit beschlossen, die Staatsregierung zu ersuchen, die Errichtung einer Landes-Brandversicherungsanstalt in Erwägung zu ziehen. Bei dieser

Beschlußfassung stand, wie sich aus den Verhandlungen ergibt die Gebäudeversicherung im Vordergrunde. In dieser Sitzung des Landtags wurde zur Begründung des Antrags geltend gemacht, daß die Feuerversicherungsgesellschaften, insbesondere nach Bildung eines Ringes, fast willkürlich verführen, daß der einzelne Versicherte ihnen gegenüber machtlos sei, daß die Prämien insbesondere für industrielle Betriebe zu hoch normiert würden, daß es jetzt vorkomme, daß ganze Distrikte ohne Versicherung seien, da es vielen Gebäudebesitzern tatsächlich unmöglich sei, bei einer Gesellschaft anzukommen, daß durch die Ringbildung unter den Feuerversicherungsgesellschaften die freie Konkurrenz unter den Gellschaften aufgehoben sei, sowie daß bei Schadenregulierungen Schwierigkeiten gemacht würden.

Die Regierung stellte hierauf bei den Landräten und Magistraten Erhebungen an, deren Ergebnisse zu der Auffassung der Regierung führten, daß die Errichtung einer staatlichen Gebäude-Feuerversicherungsanstalt für das Herzogtum sich nicht empfehle.

In Elsaß-Lothringen ist der Betrieb der Feuerversicherung von jeher den privaten Unternehmungen überlassen gewesen. Aber auch hier entwickelte sich im Laufe des verflossenen letzten Jahrzehnts eine Agitation zugunsten einer öffentlichen Brandversicherungsanstalt, die ihre Hauptwurzeln in Beschwerden gegen das geschäftliche Verhalten des seit 1882 mit einer kurzen Unterbrechung (1890 bis 1892) bestehenden Syndikates der in Elsaß-Lothringen operierenden Feuerversicherungsgesellschaften hatte. Vornehmlich war es der Abgeordnete Dr. Ricklin, der die Beschwerdepunkte gegen das Syndikat im Jahre 1903 im Landesausschusse zur Sprache brachte, und letzterer faßte dann auch in der Sitzung vom 20. März 1903 (Sitzungsberichte S. 639) den Beschluß, die Regierung zu ersuchen, die Frage der Errichtung einer staatlichen Immobiliarfeuerversicherung zu prüfen.

Im Jahre 1905 kam die Angelegenheit im Landesausschuß erneut zur Verhandlung (Sitzungsberichte S. 89 ff.). Von dem Abgeordneten Dr. Ricklin und Genossen wurde in der Sitzung vom 30. März 1905 (Sitzungsberichte S. 373 ff.) der Antrag gestellt, der Landesausschuß möge beschließen, die Regierung zu ersuchen, die Frage einer staatlichen, monopolisierten, auf Gegenseitigkeit beruhenden Zwangsfeuerversicherung für Immobilien einer näheren Prüfung zu unterziehen. In der Erörterung über diesen Antrag wurde indessen von verschiedenen Seiten die Notwendigkeit betont, zunächst eine Untersuchung über die einschlägigen Verhältnisse zu veranstalten, und die Antragsteller änderten dementsprechend ihren Antrag dahin ab, der Landesausschuß wolle beschließen, die Regierung zu ersuchen, unter Berücksichtigung der in anderen deutschen Staaten bestehenden Zustände über die Feuerversicherungsverhältnisse in Elsaß-Lothringen, insbesondere über die durch die Gründung des Syndikats der Feuerversicherungsgesellschaften in Elsaß-Lothringen entstandenen Mißstände eine Enquête zu veranstalten und deren Ergebnisse dem Landesausschuß in einer Denkschrift vorzulegen.

In dieser Fassung wurde der Antrag vom Landesausschusse zum Beschluß erhoben (Sitzungsberichte 1905 S. 391). Zu der von dem Landesausschusse gewünschten Untersuchung wurde im Jahre 1905 geschritten und am 28. Februar 1909 wurde seitens der Regierung dem Landesausschuße eine Denkschrift, betreffend die Feuerversicherungsverhältnisse in Elsaß-Lothringen, nebst drei Anlagen vorgelegt. Die Anlagen bestehen aus einem Gutachten des Oberregierungsrats Baermann, Abteilungsvorstandes der Königlichen Versicherungskammer in München, den Grundzügen eines Gebäude-Brandversicherungsgesetzes und eines Feuerlöschabgabengesetzes. Die Denkschrift kommt zu dem Schlusse, daß eine öffentliche Brandversicherungsanstalt den Reichslanden manche Vorteile bringen würde und deshalb wünschenswert, aber nicht unbedingt geboten sei.

Das Syndikat, dem die Denkschrift zur Stellungnahme mitgeteilt wurde, beleuchtete in einer Erwiderung vom 25. April 1909 in kurzen Zügen das Ergebnis der Enquête und das Projekt der Regierung.

„Ob es nun zu der Errichtung einer öffentlichen Feuerversicherungsanstalt in den Reichslanden kommen wird, ist indessen nach Mitteilung maßgebender Persönlichkeiten noch fraglich. Es wird angenommen, daß — wenigstens einstweilen — keine Mehrheit sich im Landesausschusse für den Gedanken der Errichtung der neuen Anstalt finden wird[1]."

Bei einer kritischen Prüfung des im vorstehenden aufgeführten Materials sehen wir, daß die Verstaatlichungsbestrebungen sowohl in Gebieten sich geltend machen, in denen schon die eine Hauptart der Feuerversicherung, nämlich die Immobiliarfeuerversicherung, staatlich organisiert ist und in denen nun auch der andere Teil der Feuerversicherung, nämlich die Mobiliarfeuerversicherung, der staatlichen Organisation entweder neben und in freier Konkurrenz mit den Privatgesellschaften oder unter völligem Ausschlusse derselben zugeführt werden soll, als auch in solchen Gebieten, in denen es bisher eine öffentliche Feuerversicherung überhaupt nicht gab. Wir sehen ferner, daß diese Bewegung sich nicht etwa in kleineren Staaten abspielt, sondern daß es gerade die größeren deutschen Bundesstaaten (mit Ausnahme Preußens) sind, in denen seit geraumer Zeit der Ruf nach Verstaatlichung, sei es der Mobiliar-, sei es der Immobiliarfeuerversicherung, erschallt und daß es nicht etwa nur Vertreter der äußersten Linken sind, von denen diese Bewegung ausgeht, sondern daß vielfach gerade aus den Kreisen der staatserhaltenden Parteien, aus den Kreisen der Landwirtschaft und der Industrie, Klagen gegen die Privatunternehmungen vorgebracht und schließlich zu Anträgen auf Verstaatlichung formuliert werden.

Die vielseitige und umfangreiche Unzufriedenheit mit dem Systeme der privaten Feuerversicherungstätigkeit dürfte meines Erachtens für diese Veranlassung sein, nachzuprüfen, ob nicht doch Fehler im Systeme vorhanden sind, die gemildert oder verbessert werden sollten, ehe es zu spät ist. Denn wenn auch die ganzen bisherigen Verstaatlichungsaktionen — abgesehen von der kaum in Betracht zu ziehenden Verstaatlichung des letzten Gebäudefünftels in Baden — nur auf theoretische Er-

---

[1]) Jahrbuch für die öffentlichen Feuerversicherungsanstalten in Deutschland. Vierter Jahrgang 1910 S. 5.

örterungen und Untersuchungen hinaus gelaufen sind, so bedarf es vielleicht nur des praktischen Vorgehens einer einzigen Regierung, und die einmal in Gang gebrachte Bewegung kann einen solchen Umfang annehmen, daß der gesamte private Feuerversicherungsbetrieb gefährdet wird.

Es ist vor allem die Kartellierung oder wie es in all den Anklagen gegen die privaten Feuerversicherungsgesellschaften heißt, der „Ring" der Gesellschaften, gegen dessen „terroristische" Betätigung sich sämtliche Vertreter der Verstaatlichungsidee mit großer Schärfe wenden. Diesem Ringe wird zum Vorwurfe gemacht, daß er nicht in genügender Weise für die Unterbringung der feuergefährlichen Risiken sorge und daß er da, wo er es tue, durch Auferlegung schwerster Bedingungen (außerordentlich hohe Prämien, hohe Selbstversicherung, Wiederherstellungsklausel mit der Auflage an derselben Stelle wiederaufzubauen) den gebotenen Versicherungsschutz auf das erheblichste beeinträchtige. Durch den „Ring" werde die freie Konkurrenz völlig ausgeschaltet[1]) und der Teil der Bevölkerung, der der Versicherung am meisten zu seiner Erhaltung bedürfe, Landwirtschaft und Industrie, völlig der Willkür der privaten Unternehmungen ausgeliefert. Die Gewinne, welche die Gesellschaften aus ihrem Betriebe zögen, seien übermäßig hohe; ebenso seien die Verwaltungskosten enorm, so daß dadurch der Preis der Versicherung ein viel zu hoher werde.

Wie ein roter Faden ziehen sich diese Vorwürfe, die mit größerer oder geringerer Heftigkeit erhoben werden, durch die Landtagsverhandlungen.

Die Klagen, die sich bisher auch auf die Anwendung der von den privaten Feuerversicherungsunternehmungen gebrauchten allgemeinen Versicherungsbedingungen erstreckt haben, dürften wohl jetzt angesichts der unter Zuziehung von Interessenten

[1]) Es dürften z. B. auch keine neuen Begünstigungsverträge oder Abkommen irgendwelcher Art, die die Gewährung einer Vergünstigung enthalten, mit Vereinen, Verbänden, Korporationen oder Interessengruppen irgendwelcher Art in Deutschland abgeschlossen werden, wie sie früher von verschiedenen Gesellschaften mit einzelnen Wirtschaftsgruppen vereinbart worden seien, in welchen diesen, abgesehen von einer Gewinnbeteiligung, ein Recht an der Ausgestaltung der Bedingungen und ein Mitverwaltungsrecht eingeräumt worden sei.

der verschiedenen Berufs- und Erwerbsstände anläßlich der Einführung des Versicherungsvertragsgesetzes vom AfP. im Jahre 1909 vorgenommenen Revision größtenteils verstummen, da diese Bedingungen nunmehr in allen wesentlichen Stücken den im Interesse des versicherungsbedürftigen Publikums billigerweise zu stellenden Ansprüchen gerecht werden und einen wesentlichen Fortschritt gegenüber den seitherigen Verhältnissen bedeuten, mögen sie auch in manchen Punkten immerhin noch verbesserungsfähig sein [1]).

Auch bezüglich der Unterbringung sogenannter „notleidender Risiken“ haben die verschiedenen „Vereinigungen“ sowohl dem AfP. als auch den einzelnen Bundesregierungen gegenüber Zugeständnisse gemacht.

In Preußen hatte der Verband Deutscher Privat-Feuerversicherungsgesellschaften bereits unter dem 28. März 1885 dem Minister für Landwirtschaft und dem Minister des Innern die Erklärung abgegeben, daß sämtlichen Risiken Deckung gegeben werden solle, die ihm von dem Minister als versicherungsnotleidend bezeichnet werden würden. Am 1. Januar 1902 wurde von den in Preußen arbeitenden Privatgesellschaften die Preußische Versicherungsgemeinschaft gebildet, deren Geltungsbereich alsbald auch auf Meiningen ausgedehnt wurde. Im Jahre 1905 wurde von der Generalversammlung der „Vereinigung“ ferner beschlossen, notleidende Risiken in denjenigen Teilen des Vereinigungsgebiets, für die noch keine Versicherungsgemeinschaften bestehen, auf die Preußische Versicherungsgemeinschaft zu übernehmen.

In Bayern wurde gemäß einer Ministerialbekanntmachung vom 10. Oktober 1886 eine Versicherungsgemeinschaft für die gemiedenen Orte unter Festsetzung von Maximalprämiensätzen gebildet [2]), welche gemäß der Ministerialentschließung vom 2. Juli 1895 bezüglich der notleidenden Risiken außerhalb

---

[1]) Siehe Gutachten des AfP. Anhang V der Denkschrift über die Frage der Mobiliarfeuerversicherung in Bayern S. 193.

[2]) Siehe Zieglers Denkschrift S. 123 f. Siehe auch: von Rasp-Rehm: Bemerkungen zur Frage der Verstaatlichung der Privat-Mobiliarbrandversicherung in Bayern und einigen anderen Staaten. III. Aufl. München 1908.

der gemiedenen Orte unter gleichzeitiger Ermäßigung der Maximalprämiensätze für die gemiedenen Orte erweitert wurde [1]).

Auch in Sachsen wurde bereits unter dem 1. Oktober 1889 von den Verbandsgesellschaften und den in Sachsen konzessionierten Nichtverbandsgesellschaften eine „Versicherungsgemeinschaft" zur Unterbringung notleidender Risiken unter weicher Dachung gebildet, die seit 1898 auch für Unterbringung notleidender Risiken unter harter Dachung sorgt.

In Baden wurde unterm 4. April 1894 eine ähnliche Vereinbarung zwischen dem Deutschen Phönix, als Vertreter der privaten Feuerversicherungsgesellschaften und dem Ministerium geschlossen, „um die Versicherung des bei der staatlichen Feuerversicherungsanstalt nicht versicherten Teiles der Gebäudewerte sowie der Fahrnisgegenstände gegen Feuersgefahr tunlichst zu erleichtern" [2]).

In Elsaß-Lothringen hatte bereits im Jahre 1901 die geschäftsführende Gesellschaft des Syndikats der in Elsaß-Lothringen operierenden Feuerversicherungsgesellschaften sich dem Ministerium gegenüber bereit erklärt, ihre Vermittelung zur Unterbringung solcher Risiken eintreten zu lassen, die im freien Verkehre von mindestens der Mehrzahl der in Elsaß-Lothringen arbeitenden Gesellschaften abgelehnt worden seien.

Unter der Herrschaft des VAG. entwickelte sich die Frage der Unterbringung notleidender Risiken in folgender Weise weiter:

Nachdem das AfP. eine weitere Ausgestaltung der auf die Unterbringung notleidender Risiken bezüglichen Einrichtungen, namentlich die Aufstellung einheitlicher Grundsätze für das ganze Deutsche Reich angeregt hatte, gaben zunächst am 2. Juli 1904 die Vereinigung der in Deutschland arbeitenden Privatfeuerversicherungsgesellschaften und sodann am 30. November 1904 der Ausschuß des Verbandes Deutscher Feuerversicherungsgesellschaften auf Gegenseitigkeit Erklärungen ab, wonach sie grundsätzlich bereit sind, für die Unterbringung

---

[1]) Siehe Amtsblatt des Königlichen Staatsministeriums des Innern vom 12. Juli 1895 Nr. 29 S. 378 f.

[2]) Siehe auch Ziegler a. a. O. S. 181 f.

notleidender Risiken zu sorgen [1]. Ähnliche diesbezügliche Erklärungen gab unter dem 1. September 1905 die Feuerversicherungs-Aktiengesellschaft Rhein und Mosel als geschäftsführende Gesellschaft des Syndikats der in Elsaß-Lothringen operierenden Feuerversicherungsgesellschaften und am 7. Juni 1906 der Vorstand der Hansa-Industrie-Tarifvereinigung ab [2].

Obwohl nun durch die zuletzt erwähnten Erklärungen der Vereinigungen die Unterbringung notleidender Risiken nach einheitlichen Grundsätzen für den Umfang des ganzen Deutschen Reichs in befriedigender Weise in Aussicht gestellt war, hielten es trotzdem einzelne Bundesregierungen für angebracht, jeweils „im Anschluß an Erörterungen" über die Verstaatlichung der Mobiliar- oder Immobiliarfeuerversicherung für den Bereich ihrer Gebietshoheit mit den im Lande früher konzessionierten Gesellschaften sowohl, als auch mit den auf Grund einer Reichskonzession dortselbst arbeitenden Feuerversicherungsgesellschaften noch besondere Vereinbarungen bezüglich der Unterbringung notleidender Risiken zu treffen, in denen die Gesellschaften die Erklärungen, die sie dem AfP. abgegeben hatten, jeweils durch gewisse Zugeständnisse erweiterten.

So erging in Bayern unter dem 12. Dezember 1904 unter Bezugnahme auf die oben erwähnte Ministerialbekanntmachung vom 10. Oktober 1886 eine Bekanntmachung des Königlichen Staatsministeriums [3], betreffend die Versicherung von Mobilien gegen Feuersgefahr, wonach mit den in Bayern „zugelassenen", der Vereinigung der in Deutschland arbeitenden Privat-Feuerversicherungsgesellschaften angehörenden Gesellschaften hinsichtlich der Übernahme notleidender Risiken neue Vereinbarungen getroffen worden sind, welche die Erweiterung des Kreises der aufnahmefähigen Risiken sowie die Vereinfachung und Beschleunigung des Verfahrens bezwecken.

Desgleichen wurde in Baden „an Stelle des vom Groß-

---

[1] Näheres siehe Geschäftsbericht des AfP. für 1904 (vgl. Veröffentlichungen des AfP. IV. Jahrgang Nr. 2 vom 1. Juli 1905 S. 36 f.).

[2] Näheres siehe Geschäftsbericht des AfP. für das Jahr 1905 (vgl. Veröffentlichungen des AfP. V. Jahrgang Nr. 3 vom 1. August 1906 S. 72).

[3] Abgedruckt in den Annalen des gesamten Versicherungswesens vom 5. Januar 1905 Nr. 1.

herzoglichen Ministerium des Innern mit dem Deutschen Phönix im Jahre 1893 getroffenen Abkommens vom 1. Januar 1908 eine neue Vereinbarung mit der Vereinigung der in Deutschland arbeitenden Privat-Feuerversicherungsgesellschaften bezüglich der Versicherung von Fahrnissen in Fällen der Ablehnung durch andere Versicherungsgesellschaften getroffen"[1]). Bei dieser Vereinbarung wurde seitens der Vereinigungsgesellschaften für landwirtschaftliche Versicherungen, auch wenn es sich um Weichdachung handelt, ein Maximalprämiensatz von fünf vom Tausend zugestanden.

Ebenso wie in Bayern und Baden hat auch die Großherzoglich Hessische Regierung vom 1. Januar 1908 ab eine Vereinbarung mit der Vereinigung der in Deutschland arbeitenden Privat-Feuerversicherungsgesellschaften geschlossen, in der von den Gesellschaften dieselben Zugeständnisse bezüglich der Maximalprämiensätze und hinsichtlich der Erbringung des Nachweises für das Bestehen eines Versicherungsnotstandes gemacht wurden, wie der bayerischen und badischen Regierung gegenüber[2]).

Auch in Elsaß-Lothringen hat sich auf Eingreifen des AfP. seit dem 1. Januar 1909 eine besondere Versicherungsgemeinschaft für die notleidenden Risiken Elsaß-Lothringens nach dem Muster der in anderen Ländern (Preußen, Bayern, Hessen, Baden) bestehenden Gemeinschaften gebildet.

Wie man aus vorstehendem sieht, sind von den Gesellschaften, „um den Klagen über Mißstände im privaten Feuerversicherungswesen die Spitze abzubrechen und die drohenden Übernahme der Mobiliar- oder Immobiliarfeuerversicherung in den Staatsbetrieb abzuwenden" sowohl dem AfP. als auch einzelnen Bundesregierungen gegenüber Erklärungen abgegeben worden, die bei einer nach billigem Ermessen erfolgenden Handhabung der darin ausgedrückten Grundsätze nahezu die

---

[1]) Die Vereinbarung ist ihrem vollen Wortlaute nach unterm 29. November 1907 vom Großherzoglichen Ministerium des Innern veröffentlicht worden.

[2]) Vgl. Drucksache Nr. 675 des XXXIII. Landtags Zweite Kammer der Stände des Großherzogtums Hessen 1905/08 S. 8 f.

völlige Beseitigung des vielfach hervorgetretenen Notstandes erhoffen lassen. Der Umstand, daß bei dieser Unterbringung der notleidenden Risiken die Festsetzung der Prämien und der einzelnen, besonderen Bedingungen (z. B. Ausbedingung einer Selbstversicherungsquote, Auflage der Wiederherstellung der vom Brande betroffenen Objekte) von Fall zu Fall den betreffenden Gemeinschaften überlassen bleiben muß, deren Angemessenheit und Begründetheit der Nachprüfung einer außerhalb der Gemeinschaft stehenden unparteiischen Stelle nicht unterliegen, läßt es immerhin zweifelhaft erscheinen, ob durch das „Entgegenkommen" der Gesellschaften in der Tat die diesbezüglichen Klagen für die Zukunft ganz verstummen werden. Solange nicht von dritter objektiver Seite ein Urteil über das richtige Maß der geforderten Prämien und sonstigen Bedingungen gefällt werden kann, wird vielfach in der Höhe der Prämien und der Schärfe und Härte der gestellten Bedingungen, wie sie bei diesen in objektiver oder subjektiver Hinsicht außerordentlich schweren Risiken tatsächlich normiert werden müssen, vom Publikum ein Prohibitivsystem erblickt werden. Zum mindesten wäre es angezeigt, daß alljährlich der Öffentlichkeit ein „Rechnungsabschluß" der einzelnen Gemeinschaften vorgelegt wird, aus welchem die tatsächlich von den Gesellschaften gebrachten Opfer ersehen werden können.

Einzelne derartige Notizen über den Verlauf von Gemeinschaftsversicherungen finden sich zwar heute schon in der Fachpresse vor. So z. B. schreibt Masius Rundschau Jahrgang XVII Heft IX, daß von der preußischen Versicherungsgemeinschaft in den Jahren 1903 und 1904 an derartigen Risiken 96 bzw. 156 übernommen worden seien. Im Jahre 1903 wurden diese Versicherungen nur von einem Schaden betroffen, dagegen stieg im Jahre 1904 die Zahl der Schäden auf 7, die einschließlich 10 % Unkosten 64 000 M an Entschädigung beanspruchten, während die Prämieneinnahme nur 61 000 M betrug. In Wallmanns Versicherungszeitschrift Nr. 20 vom 16. November 1906 finden wir folgende Zahlenangaben: Im Königreich Sachsen[1]) hat die Gemeinschaft seit ihrer Errich-

[1]) Über den Verlauf des Geschäfts der sächsischen Gemeinschaft bringt der „Jahresbericht über die Landwirtschaft im Königreich Sachsen.

tung im Jahre 1892 bis 1905 einschließlich 493 Risiken unter weicher Dachung und 289 Risiken unter harter Dachung übernommen. Die Versicherungssumme der Weichdachrisiken betrug 3,7 Millionen Mark, die Prämieneinnahme 25 000 M und die Schadenzahlung (ohne Unkosten) 47 000 M. Bei den Risiken unter harter Dachung stellten sich diese Zahlen auf 10,1 Millionen M bzw. 86 700 M bzw. 88 600 M. Die bayerische Gemeinschaft hat seit dem Jahre 1887 bis 1905 8074 Risiken (die jährlich erneuerten Policen werden fortlaufend numeriert) mit einer Gesamtversicherungssumme von 47 Millionen M, einer Prämieneinnahme von 214 000 M und Schadenszahlungen von 297 000 M Schutz gewährt. Die Gesamtzahl der notleidenden Risiken des Deutschen Reichs stellt sich im Jahre 1905 auf 0,02 % des gesamten Versicherungsbestandes der betreffenden Versicherungsgesellschaften. Die Zeitschrift fügt diesen Zahlen die Bemerkung hinzu: „Aus dieser niedrigen Ziffer vermag die private Feuerversicherung den Anspruch für sich herleiten, daß sie ihrer sozialen Aufgabe hinsichtlich der Befriedigung des vorhandenen Versicherungsbedürfnisses vollauf gerecht wird."

Über den Verlauf der bayerischen Gemeinschaft im Jahre 1906 bringt die Deutsche Versicherungszeitung Nr. 19 vom 10. März 1907 folgende Angaben: „Einer Prämieneinnahme von 52 167 M stehen Zahlungen für Brandentschädigungen mit 229 322 M gegenüber. Anlangend das Ergebnis seit Gründung der Gemeinschaft im Jahre 1887, so stehen einer Gesamtprämieneinnahme von 266 264 M Schadenzahlungen in Höhe von zusammen 545 746 M gegenüber, so daß der Verlust ohne Berücksichtigung der hohen Verwaltungskosten und der zu erstellenden Prämienreserve nicht weniger als 279 482 M beträgt." Das Gesamtergebnis der bayerischen Gemeinschaft vom Jahre 1887 an bis zum Jahre 1907 einschließlich bringt auch von Rasp-Rehm in den Bemerkungen zur Frage der Verstaatlichung 3. Auflage S. 27 mit einer Gesamtprämieneinnahme von 323 627 M, der an bezahlten Schäden einschließlich Spesen 578 719 M gegen-

---

Herausgegeben von dem Landeskulturrate für das Königreich Sachsen" alljährlich die betreffenden Ziffern.

überstehen. Ebenso S. 29 das Gesamtergebnis des sächsischen Gemeinschaftsgeschäfts in dem Zeitraume von 1889 bis einschließlich 1907 mit 162 855 M an Prämien, denen 275 472 M an Schäden und Kosten gegenüberstehen. Der Verlust in Bayern beziffert sich demnach auf über 250 000 M, in Sachsen auf über 112 000 M. Es wäre wohl, wie schon gesagt, angebracht, derartige Zahlen alljährlich in offizieller Weise zu veröffentlichen, so daß das versicherungsuchende Publikum tatsächlich über die Erfüllung der sozialen Aufgaben der Privatversicherung unterrichtet wird.

Solange die Erfüllung der etwas sozialistisch angehauchten Forderung von Manes[1]) noch aussteht, es müsse abgesehen von subjektiven Ablehnungsgründen, deren Berechtigung auch Manes nicht leugnet, von jeder Privatversicherungsanstalt, wenn sie berechtigten volkswirtschaftlichen Anforderungen genügen soll, verlangt werden, daß sie

1. grundsätzlich jedem, welcher das Bedürfnis danach empfindet, die Möglichkeit der Versicherungsnahme bietet;

2. das Entgelt nicht unverhältnismäßig hoch bemißt und daß der Versicherungsbetrieb zu keinem übermäßig hohen Unternehmergewinne führt, so lange wird man sich wohl mit der heutigen Lage der Verhältnisse zufrieden geben können, wofern nur die Gesellschaften im Bewußtsein, daß der Betrieb der Feuerversicherung auch allgemein soziale Pflichten auferlegt, für die Unterbringung notleidender Risiken in liberaler Weise Sorge tragen.

Was nun aber den weiteren Punkt anbelangt, der dem „Ringe" der Privat-Feuerversicherungsgesellschaften von den Vertretern der Verstaatlichungsidee zum Vorwurfe gemacht wird, daß durch ihn die freie Konkurrenz völlig ausgeschaltet und der Teil der Bevölkerung, der der Versicherung am meisten zu seiner Erhaltung bedürfe, Landwirtschaft und Industrie, völlig der Willkür der privaten Unternehmungen ausgeliefert sei, so dürften diese Angriffe nicht so bald zur Ruhe kommen.

Wenn die privaten Feuerversicherungsunternehmungen

---

[1]) Alfred Manes: Versicherungswesen 1905 S. 65.

in einer Zeit großer Verluste aus dem industriellen Geschäfte, in der ihnen die Rückversicherungsgesellschaften die weitere Gefolgschaft aufsagten, sich zusammentaten, um die Prämien in den Industriezweigen, bei denen sie nachgewiesenermaßen mit enormen Verlusten arbeiteten, entsprechend zu erhöhen, eine Erhöhung, deren Berechtigung in den Verhandlungen des Zentralverbandes Deutscher Industrieller mit der Vereinigung der in Deutschland arbeitenden Privat-Feuerversicherungsgesellschaften im Jahre 1902[1]) ausdrücklich als berechtigt anerkannt worden ist, so ist das ein Gebot der Selbsterhaltung gewesen, und kein objektiv denkender Mensch wird ihnen das zum Vorwurfe machen. Auch die bayrische Denkschrift (S. 139) und das Gutachten des AfP. (S. 196) würdigen und anerkennen die Berechtigung eines Zusammenschlusses der Privat-Feuerversicherungsgesellschaften unter dem Gesichtspunkte, daß dadurch Auswüchse im gegenseitigen Wettbewerbe ferngehalten werden, daß insbesondere die sogenannte Prämienschleuderei verhütet worden sei, das Versicherungswesen technisch unter Verwertung der gegenseitig ausgetauschten Erfahrungen fortgebildet worden sei, unsolide Geschäftsmanipulationen ausgeschlossen würden und dadurch die deutsche Feuerversicherung davor bewahrt worden sei, auf eine abschüssige Bahn zu kommen.

Wenn aber, wie Prange, und zwar bisher unwidersprochen, behauptet[2]), auch bezüglich des einfachen bürgerlichen und landwirtschaftlichen sowie nicht industriellen Geschäfts der Ausschluß der Konkurrenz vereinbart ist, wenn den Mitgliedern der „Vereinigung“ tatsächlich verboten sein sollte, neue Begünstigungsverträge mit Vereinen, Verbänden usw. abzuschließen[3]), dann dürfen sich die privaten Feuerversicherungsgesellschaften nicht wundern, wenn ihnen trotz

---

[1]) Näheres siehe Bd. 93 der Verhandlungen, Mitteilungen und Berichte des Zentralverbandes Deutscher Industrieller, herausgegeben von H. A. Bueck. Berlin 1902.

[2]) Dr. Otto Prange: Ist durch das Feuerversicherungskartell die freie Konkurrenz ausgeschlossen? Berlin 1908.

[3]) Vgl. hierzu Dr. Otto Ziegler: Feuerversicherungsvereinigungen. Berlin 1905 S. 38.

Anerkennung alles dessen, was die private Versicherungstätigkeit für Handel und Industrie, sowie für unsere gesamte Volkswirtschaft geleistet hat, immer wieder neue Gegner erstehen.

Betrachtet man die Schärfe, mit der das Kartell in vereinzelten Fällen den außerhalb des Ringes stehenden Konkurrenzgesellschaften gegenübergetreten ist, eine Schärfe, die selbst das AfP. in seinem die Leistungen der Privatfeuerversicherung in vollem Umfange würdigenden Gutachten an die bayerische Regierung [1]) als „rücksichtslos" bezeichnet (gemeint ist offenbar der seinerzeitige Boykott der Leipziger Buchdruckergenossenschaft durch die Vereinigungsgesellschaften), und zieht man ferner in Erwägung, daß die Vereinigungsgesellschaften, wenn auch indirekt, verschiedenen sich außerhalb der Vereinigung bildenden Neugründungen die Erreichung und die Erhaltung bewährter deutscher und außerdeutscher Rückversicherungsverbindungen, die doch den Lebensnerv jeder größeren Feuerversicherungsgesellschaft bedeuten, unmöglich gemacht oder außerordentlich erschwert haben, so zwar, daß diese Gesellschaften sich in dieser Beziehung geradezu einem „Notstand" gegenüber befanden, dann wird man allerdings die Behauptungen Pranges bis zum Beweise des Gegenteils nicht für zu gewagt halten dürfen. Klingt es doch auch wie eine ernste Mahnung an die Adresse der Vereinigungsgesellschaften, wenn das AfP. in seiner mehrfach angeführten Denkschrift an die Bayerische Regierung auf S. 197 sagt: „Sollte wider alles Erwarten der bestehende Verband sich in seinem Machtgefühle zu Ausschreitungen und Maßlosigkeiten verleiten lassen, so würde zunächst die Aufsichtsbehörde ernstlich zu erwägen haben, ob mit den ihr zu Gebote stehenden Mitteln derartigen Auswüchsen wirksam begegnet werden kann. Würden sich, was wir allerdings nicht annehmen, diese Mittel unzureichend erweisen, so würde alsdann allerdings die Situation eine wesentliche Änderung erfahren und ein gewichtiger Grund für Errichtung einer öffentlich-rechtlichen Mobiliarversicherung gegeben sein."

---

[1]) Siehe Denkschrift Anhang V. S. 196.

Auch die übermäßige Höhe der Verwaltungskosten und Betriebsgewinne wird, wie oben bereits erwähnt, den Privat-Feuerversicherungsgesellschaften vielfach zum Vorwurfe gemacht, und es wird von den Anhängern der Verstaatlichungsidee behauptet, der Betrieb in der Hand des Staates werde sich viel billiger gestalten und dadurch, daß die infolge der Verbilligung der Verwaltungskosten erhöhten Betriebsgewinne wieder den Versicherten zuflössen, werde sich der Preis der Versicherung erheblich ermäßigen.

Was zunächst die tatsächlichen Verhältnisse anbelangt, so stellt sich die durchschnittliche Prämie für das deutsche Geschäft der deutschen Aktiengesellschaften (von 1904 bis 1908) auf 1,58 Tausendstel der Versicherungssummen. Bei den Gegenseitigkeitsvereinen und den öffentlichen Anstalten ist sie um ein weniges geringer. Die Schadenzahlungen betragen bei der Gesamtheit der deutschen Versicherungen im Durchschnitte 0,93 vom Tausend der Versicherungssummen. An Verwaltungskosten verausgaben die deutschen Aktiengesellschaften durchschnittlich 0,55 vom Tausend der Versicherungssummen, so daß für je 1000 M Versicherungssumme einer Einnahme von 1,58 M an Ausgaben $0,93 + 0,55 = 1,48$ M gegenüberstehen. Es ergibt sich demnach für je 1000 M Versicherungssumme ein Gewinn von 0,10 M. Das ist ein durchschnittlicher Gewinn von 6,4% der deutschen Prämieneinnahme, der bei dem immerhin großen Risiko, das die Aktionäre bei einem so aleatorischen Geschäfte, wie es die Feuerversicherung ist, laufen, gewiß sehr mäßig genannt werden muß. Das AfP. kommt allerdings in seinem dem Bayerischen Ministerium erstatteten Gutachten unter schätzungsweiser Annahme der Verwaltungskosten einschließlich Steuern und sogenannter gemeinnütziger Abgaben mit $33\,^1/_3$% der Bruttoprämie für die Jahre 1902 bis 1907 auf einen durchschnittlichen Betriebsgewinn von 13%. Wenn man aber selbst den Durchschnitt dieser beiden Ergebnisse mit 9,7% als richtig unterstellt, so kann man doch wohl auch einen Betriebsgewinn in dieser Höhe nicht als übermäßig bezeichnen.

Die vielfach übertriebenen Berichte über die hohen Dividenden der Feuerversicherungs-Aktiengesellschaften beruhen entweder auf einer Verkennung, einer falschen Auffassung oder einer direkten Entstellung der tatsächlichen Verhältnisse.

Es ist allerdings richtig, daß namentlich die älteren unserer deutschen Feuerversicherungs-Aktiengesellschaften überaus hohe Dividenden zu verteilen in der Lage sind. Das verdanken sie aber nicht ihrem Betriebsgewinne, sondern den Erträgnissen ihrer im Laufe der Jahre angesammelten Rücklagen, und diese letzteren verdanken sie nicht etwa einer früher geübten Ausbeutungspolitik, sondern einer jahrzehntelang beobachteten, überaus klugen Thesaurierungspolitik. Die Erträgnisse, die die Aktionäre unserer alten bewährten Feuerversicherungsgesellschaften in den ersten Jahrzehnten von der Anlage ihrer Gelder in Feuerversicherungsaktien hatten, waren tatsächlich überaus kärgliche, und nur diese kluge Selbstbeschränkung bei der Ausschüttung von Gewinnen ermöglichte es den Aktiengesellschaften, im Laufe der Jahre große Kapitalien anzusammeln, dadurch ihre Leistungsfähigkeit und ihre Sicherheit ungemein zu stärken und schließlich ihren Aktionären heute auch trotz der relativ geringen Betriebsgewinne gute Erträgnisse zu liefern. Nicht umsonst sagt man, daß Versicherungsaktien eine Anlage für Enkel seien.

Die Angriffe gegen unsere deutschen Feuerversicherungsgesellschaften wegen ihrer hohen Gewinne und Dividenden sind also zweifellos unberechtigt. Bleibt also nur die Frage übrig, ob die Verwaltungskosten in der Tat übermäßig hoch sind. Nach unseren oben angegebenen Zahlen verbrauchen die deutschen Aktiengesellschaften 34,7 % der aus dem deutschen Geschäfte vereinnahmten Prämien für Verwaltungskosten (das AfP. hat bei seiner oben angeführten [S. 54] Betriebsgewinnberechnung die Verwaltungskosten einschließlich Steuern und gemeinnütziger Abgaben schätzungsweise mit $33\frac{1}{3}$ % angenommen, weshalb es auch zu höheren Betriebsgewinnen wie wir kommt), während ca. 58,9 % der gezahlten Prämien den Versicherten in der Form von Schadenzahlungen wieder zufließen.

Rein zahlenmäßig genommen muß der Verbrauch von mehr als einem Drittel der vereinnahmten Prämien für Verwaltungskosten in der Tat als recht hoch bezeichnet werden.

Diese erst im Laufe der Jahrzehnte zu solcher Höhe angeschwollenen Verwaltungskosten sind jedoch lediglich dem außerordentlich gesteigerten Wettbewerbe der einzelnen Versicherungsunternehmungen untereinander zuzuschreiben, der zu einer stetig steigenden Höhe namentlich der Provisions- und Reisekostenkonti der Gesellschaften führte. Werden doch heute von der privaten Feuerversicherung bei besonders günstigen Risiken Abschlußprovisionen bis zu 100% der ersten Jahresprämie und selbst darüber gewährt. Diejenigen Vertreter der Verstaatlichungsidee, welche die Errichtung einer staatlichen Feuerversicherungsanstalt neben den privaten Feuerversicherungsunternehmungen, also im Wettbewerbe mit diesen, befürworten, täuschen sich gewiß, wenn sie glauben, daß eine staatliche Anstalt bei annähernd gleichen Leistungen mit weniger Verwaltungskosten auszukommen in der Lage sei, als die privaten Feuerversicherungsunternehmungen. In diesem Sinne wird auch in sämtlichen oben angeführten Denkschriften, sowie in dem der Bayerischen Regierung erstatteten Gutachten des AfP. diese Frage beantwortet. Ganz anders aber würden sich zweifellos die Verhältnisse gestalten, wenn der die Steigerung der Verwaltungskosten schaffende Umstand, der Wettbewerb, ausgeschaltet würde, mit anderen Worten, wenn eine staatliche Anstalt als Monopolanstalt errichtet würde. Hierdurch könnte allerdings eine ganz erhebliche Verringerung der Verwaltungskosten erreicht werden. Man darf in diesem Falle nur an die Möglichkeit der Einschränkung des gesamten Agentenapparates denken, um sofort über die dann eintretende Ermäßigung der Verwaltungskosten klar zu sein. Wo heute eine Unzahl von Agenten für die zahlreichen Versicherungsgesellschaften tätig ist, die nicht nur auf den Erwerb von Versicherungen neu geschaffener Werte Bedacht nehmen, sondern deren Hauptaufgabe darin besteht, Versicherungen von der einen Gesellschaft zu der anderen herüberzuziehen oder „auszuspannen", bei welcher Tätigkeit übrigens immer der Versicherte derjenige ist, der die Kosten des Verfahrens trägt (und wären es auch nur erhöhte Gebühren für Ausfertigung des Versicherungsscheins anstelle der Gebühren für Verlängerungsscheine), da würden im Falle einer Monopolanstalt einige wenige

Vertreter genügen, die sich zweifellos bei ihrer infolge der ausgeschlossenen Konkurrenz müheloseren und erfolgreicheren Tätigkeit mit einer bedeutend geringeren Entlohnung würden begnügen können, als sie von den im heißen Konkurrenzkampfe stehenden Versicherungsunternehmungen heute zugestanden werden muß. Aber nicht nur im Außenapparat, der allerdings in erster Linie in Frage kommt, sondern auch im Innenapparate würde eine bedeutende Ersparnis gemacht werden können, wenn an die Stelle der vielen Gesellschaftsverwaltungen eine einzige Zentralverwaltung träte. Ebenso würde die Tätigkeit der Schadenregulierung mit einem ganz anders gestalteten und vor allem verminderten Verwaltungsapparat ausgeübt werden können, als unter den heutigen Verhältnissen.

Nach alledem dürfte es zweifellos sein, daß die staatliche Monopolanstalt in diesem Punkte eine entschiedene Besserung bringen würde.

Dieser einzige Punkt darf uns jedoch nicht hinwegsehen lassen über die vielen Nachteile, die eine Monopolisierung der Feuerversicherung mit sich bringen würde. Daß eine Monopolisierung der Immobiliarfeuerversicherung rationell und zur Zufriedenheit aller Beteiligten durchgeführt werden kann, dafür haben wir einen vollwichtigen Beweis in der bayerischen Versicherungskammer. Ob aber eine Monopolisierung — ich denke dabei nicht an einen gleichzeitigen Versicherungszwang, der die Verhältnisse noch unendlich schwieriger gestalten würde — der Mobiliarversicherung in einer Staatsanstalt mit dem gleichen Erfolge durchgeführt werden könnte, dürfte doch sehr zweifelhaft sein. Vor allem würde die Neigung des Publikums zur Versicherung sicherlich eine empfindliche Abnahme erleiden, wenn mit ihr eine Deklarierung der häuslichen internen Verhältnisse vor einem öffentlichen Beamten verbunden wäre. Dies wäre aber zweifellos ein bedauerlicher Rückschritt, der im Interesse der gesamten Volkswirtschaft sehr zu beklagen wäre. Sodann aber müßte dem Monopolrechte der Staatsanstalt die Annahmepflicht derselben entsprechen, die nur durch Ausnahmen bei subjektiver oder objektiver Versicherungsunwürdigkeit durchbrochen werden könnte. Welchen Grad von Erbitterung die Geltendmachung solcher Ablehnungsgründe seitens einer Monopolanstalt hervorrufen würde, dafür haben wir einen Anhaltspunkt in den Äußerungen der Tagespresse über Fälle der Ablehnung seitens der Privatgesellschaften, deren Entschließungsfreiheit doch voll anerkannt werden muß.

Ebenso würden sich zweifellos große Schwierigkeiten bei der Festsetzung der Versicherungssummen, der Würdigung der Risiken hinsichtlich ihrer Gefährlichkeit, also bei der Tarifierung und Prämienfestsetzung und vollends bei der Schadenregulierung, ergeben, Schwierigkeiten, die geeignet wären zu Verstimmungen und schließlich zu einer großen auf das Gebiet der Politik hinübergreifenden Unzufriedenheit zu führen. Nur bei Annahme eines Systems, bei welchem allein die Versicherungssumme für die Höhe der Prämie maßgebend ist, die dem einzelnen Versicherungsobjekt innewohnende Gefahr jedoch völlig außer Ansatz bleibt, würden die Schwierigkeiten der Prämienfestsetzung entfallen. Das hieße jedoch wieder in die Tage der Kindheit der Versicherung zurückgehen. Die bedeutendste Errungenschaft der von den privaten Versicherungsgesellschaften unter unsäglicher Mühe und mit den größten Opfern ausgebauten Technik der Feuerversicherung, die erzieherische Wirkung der Individualisierung der Risiken und die in ihr liegende gerechte Ausgleichung innerhalb des Versichertenverbandes, müßte zum Opfer gebracht werden, um die Schwierigkeiten zu beseitigen, die eine behördliche Tarifierung zweifellos mit sich bringen würde. Welcher unermeßliche Schaden für unsere gesamte Volkswirtschaft!

Dazu kommen die Unzuträglichkeiten, die sich für eine Monopolanstalt bei der Schadenregulierung ergeben müßten. Während unter den heutigen Verhältnissen die Regulierung der Schäden sich auf dem Wege kaufmännischer Verhandlung äußerst glatt vollzieht, so daß es nur in verschwindenden Fällen zu einem gerichtlichen Austrag oder zu einer Beschwerde bei der Aufsichtsbehörde kommt[1]), würden sich bei einer

[1]) Die im Jahre 1908 von den unter Reichsaufsicht stehenden Feuerversicherungsunternehmungen vorgenommenen 251108 Schadenregulierungen haben nur zu 150 Prozessen und zu einigen wenigen Beschwerden, bei denen die Beschwerdeführer auch auf den Prozeßweg verwiesen werden mußten, Anlaß gegeben.

Monopolanstalt, bei welcher die Regulierung durch staatliche, an gewisse starre Bestimmungen gebundene Beamte vorgenommen werden müßte, denen die Möglichkeit durch Vergleiche die Sache zu einem guten und befriedigenden Austrag zu bringen, verschlossen wäre, tausendfältige Reibungen ergeben, die durch die Notwendigkeit den Instanzenweg zu beschreiten, zu einer immer mehr um sich greifenden Unzufriedenheit der Versicherten führen würde.

Nach alledem dürften die aus einer Monopolanstalt sich ergebenden Nachteile bei weitem die Vorteile, die mit einer solchen verbunden sind, übersteigen.

Wenn die Privatassekuranz, bisher ohne Besorgnis vor einer etwa entstehenden staatlichen Konkurrenzanstalt, gestützt auf die Ausführungen Rehm's[1]), des Glaubens gewesen ist, daß zwar die Befugnis der Bundesstaaten bestehe, für bestimmte Versicherungszweige ein öffentliches Versicherungsmonopol neu einzuführen, daß aber durch landesrechtliche Vorschriften Betriebsbefugnisse nicht berührt zu werden vermögen, die zur Zeit ihres Inkrafttretens bereits existieren, so sind sie wohl durch die Verhandlungen in den Landtagen der einzelnen Bundesstaaten, in denen über die Verstaatlichungsfrage verhandelt wurde, eines Besseren belehrt worden.

Die Haltlosigkeit der Rehmschen Ausführungen ergibt sich mit voller Deutlichkeit aus dem Inhalte des VAG. selbst sowohl, wie aus den für sein Verständnis wichtigen, von Rehm allerdings auffälligerweise außer acht gelassenen Materialien, nämlich der dem Gesetzentwurfe seinerzeit beigegebenen amtlichen Begründung und aus den bei der Beratung des Gesetzes, insbesondere der §§ 1, 119 und 120 in der Kommission und im Reichstag erfolgten Anträge und Äußerungen der Abgeordneten Dr. Opfergelt, Dr. Müller-Meiningen, Richter, Dr. Spahn, Zehnter, des Bundesratsbevollmächtigten Ritter von Herrmann und des Staatssekretärs von Posadowsky-Wehner. Ganz unzweideutig haben sich denn auch die Regierungen der

---

[1]) Vgl. von Rasp-Rehm: Bemerkungen zur Frage der Verstaatlichung der Privatmobiliarbrandversicherung in Bayern und in einigen anderen Staaten. München 1908. 3. Auflage, S. 192 und 210.

einzelnen Bundesstaaten über ihre Auffassungen in dieser Beziehung ausgesprochen:

Die Bayrische Denkschrift führt über diesen Punkt folgendes aus[1]: „Was die Frage des Monopols anlangt, so ist deren Bedeutung in der Denkschrift Dr. Jägers[2]) S. 21 f. richtig gewürdigt.

§ 120 des VAG. lautet:

„Unberührt bleiben die landesgesetzlichen Vorschriften, nach denen der Betrieb bestimmter Versicherungsgeschäfte öffentlichen Anstalten vorbehalten ist."

Nach der feststehenden technischen Bedeutung der Worte „unberührt bleiben" unterliegt es keinem Zweifel, daß nicht nur die bestehenden landesgesetzlichen Vorschriften keine Änderung erfahren, sondern daß auch neue Vorschriften, welche bestimmte Versicherungsgeschäfte den öffentlichen Versicherungsanstalten ausschließlich vorbehalten, erlassen werden können.

Diese durch die einschlägigen Reichstagsverhandlungen und durch die Doktrin unterstützte Interpretation gelangte auch in einer Denkschrift zum Ausdrucke, welche vom Statthalter von Elsaß-Lothringen dem Landesausschusse vorgelegt wurde und die Errichtung einer öffentlichen Immobiliar-Brandversicherungsanstalt mit Monopol für das Reichsland empfiehlt. Über die Zulässigkeit des Monopols äußert sich die Denkschrift wie folgt:

Die Immobiliarversicherung ist ein so großes wirtschaftliches Bedürfnis und ein so wesentlicher Faktor der Volkswohlfahrt, besonders auch wegen des eng damit zusammenhängenden Hypothekenkredits, daß es an sich keinem Bedenken unterliegen kann, die Fürsorge für diesen Zweig der Versicherung in die Hände des Staates zu legen. Ebenso ist es nach § 120 des VAG. in Verbindung mit Art. 3 des Einführungsgesetzes zum Bürgerlichen Gesetzbuch nicht zu bezweifeln, daß die Landesgesetzgebung befugt ist, den Betrieb der Immobiliarversicherung einer öffentlichen Anstalt vorzubehalten und zwar mit der Wirkung nicht nur, daß neue private Versicherungsunternehmungen auf dem Gebiete der Immobiliarversicherung nicht

---

[1]) S. 135 f.

[2]) XXXV. Landtagsversammlung I. Session 1907/08 Beilage 461.

mehr für das Land zugelassen werden dürfen, sondern auch, daß alle bisher zugelassenen Versicherungsunternehmungen, einerlei ob die Zulassung von Reichs- oder von Landeswegen erfolgt ist, den Betrieb der Immobiliarversicherung einzustellen und abzuwickeln haben, also neue Immobiliarversicherungen nicht abschließen, noch früher abgeschlossene erhöhen oder verlängern dürfen.

Die in der Literatur vertretene entgegengesetzte Ansicht (von Rasp und Rehm), daß der Errichtung einer öffentlichen Anstalt keine rückwirkende Kraft beiwohnen und diese Anstalt nur neben, nicht unter Ausschluß der bisher konzessionierten privaten Versicherungsunternehmungen in Tätigkeit treten könne, ist als begründet nicht anzuerkennen (vgl. im letzteren Sinne auch das Badische Gesetz vom 3. August 1903, wodurch die Verstaatlichung der Immobiliarversicherung erweitert wurde und die Verhandlungen der Kammer der Abgeordneten in Bayern, betreffend die Verstaatlichung der Mobiliarversicherung I. Session 1907/08 Beil. 461, S. 21 ff.).

Auch die bayerische Landesgesetzgebung kann nicht nur einer öffentlichen, staatlich geleiteten bayerischen Anstalt den Betrieb der Mobiliarfeuerversicherung vorbehalten, sondern auch die vorhandenen, in Bayern arbeitenden Feuerversicherungsgesellschaften mit sofortiger Wirksamkeit vom ferneren Geschäftsbetrieb ausschließen. Nach dem übereinstimmenden Urteil angesehener Juristen könnte die Landesgesetzgebung sogar auch bestimmen, daß die Versicherungsverträge, die zurzeit des Inkrafttretens des Monopols schon mit Privatgesellschaften bestehen, auf die öffentliche Anstalt übergehen.

In demselben Sinne spricht sich das badische[1]) und das hessische[2]) Ministerium aus.

Fernerhin wird die Frage, ob im Falle des Ausschlusses der Privatfeuerversicherungsgesellschaften, die eine feste Kon-

---

[1]) Nr. 30 a. Beilage zum Protokolle der 123. öffentlichen Sitzung der II. Kammer vom 11. August 1908.

[2]) Protokoll über die Verhandlungen der II. Kammer der Landstände vom 25. März 1908 S. 2885.

zession besitzen, denselben rechtliche Entschädigungsansprüche zur Seite ständen, im Anschluß an die obigen Ausführungen im Gegensatze zur Anschauung Rehms von verschiedenen Regierungsvertretern bestimmt verneint, wenn auch zugegeben wird, daß aus Gründen der Gerechtigkeit und Billigkeit eine Entschädigungspflicht des Staates anzuerkennen wäre.

Diesem letzteren Standpunkte muß unbedingt beigepflichtet werden, denn es wäre in der Tat unbillig und ungerecht, wenn der Privatversicherung eines Tages die Früchte ihrer rastlosen Pionierarbeit ohne jedes Entgelt entzogen würden. Wenn wir heute in Deutschland ein zur praktischen Betätigung des Versicherungsgedankens in all seinen Formen erzogenes Volk haben, das durchgängig für den Ersatz des durch Feuer vernichteten Volksvermögens vorsorgt und das einen Versicherungswert von über 200 Milliarden in Deckung gibt, so haben wir dies wohl zum größten Teile der Arbeit der Privatversicherung zu verdanken, die den Versicherungsgedanken im Laufe des verflossenen Jahrhunderts in Paläste und Hütten getragen hat. „Ohne die letztere (nämlich die Privatversicherung) würde ganz unzweifelhaft weder die Versicherung eine so weite Verbreitung, noch die Technik des ganzen Zweiges einen so hohen Grad der Durchbildung erlangt haben [1]."

In diesem Zusammenhange müssen wir noch eine „Verstaatlichungsidee", die von anderen Gesichtspunkten, als den bisher besprochenen ausgeht, erwähnen, nämlich eine Verstaatlichungsidee zum Zwecke der Aufbesserung unserer notleidend gewordenen Reichsfinanzen.

Ebenso wie im Jahre 1877 der Reichstagsabgeordnete Rittinghausen (siehe oben S. 33) mit seinem Vorschlage der Übernahme der gesamten Feuerversicherung auf das Reich die Absicht einer durchgreifenden Reform der Reichsfinanzen und der Herbeiführung einer allgemeinen Steuererleichterung verband [2]), ebenso tauchte anläßlich der im Jahre 1908/09 vorgenommenen Reichsfinanzreform in der deutschen Tagespresse,

---

[1]) Dr. J. Hopf: Aufgaben der Gesetzgebung im Gebiete der Feuerversicherung Berlin 1880 S. 34.

[2]) „Zukunft" Jahrgang I. Heft 10.

vorwiegend in Zentrumsblättern[1]), die Idee auf, die „Verreichlichung des gesamten Versicherungswesens" als Steuerblume dem großen Steuerbukett einzufügen. Bei diesem Vorschlag eines „Reichsversicherungsmonopols" wurde von den Urhebern dieser Zeitungsartikel, zu denen auch der Zentrumsabgeordnete Erzberger (im „Tag" 1908 Nr. 298 und Nr. 334) zählte, in erster Linie an die Gewinne gedacht, die sich aus einem Reichsbetriebe der Feuerversicherung ziehen ließen. Aber der Vorschlag blieb da stecken, wo er aufgetaucht war, nämlich in der Tagespresse und gelangte nicht zur Erörterung im Reichstage, vielleicht weil der Reichsschatzsekretär Sydow in der Kommissionssitzung vom 25. Juni 1908 schon von vornherein mit den Worten abgewinkt hatte, daß, je länger man sich mit dem Gedanken der Verstaatlichung beschäftige, desto stärker träten die politischen, sozialen, wirtschaftlichen und technischen Bedenken hervor. Abgesehen von den übertriebenen und geradezu phantastischen Vorstellungen, die in den bezeichneten Artikeln über die finanziellen Erfolge eines Reichsversicherungsmonopols zutage traten, hatten die Verfasser gar nicht mit dem Umstande gerechnet, daß sich bei den vielen in Deutschland bestehenden Staats- und Provinzialinstituten auf dem Gebiete der Feuerversicherung eine mächtige, kaum überwindbare Gegnerschaft der einzelnen Regierungen gegen eine Zentralisation bilden werde und daß den finanziellen Vorteilen eines Reichsversicherungsmonopols gewichtige Nachteile[2]) für die Bundesstaaten und deren Unterverbände gegenüberstehen. „Die Kehrseiten der Sache — wie die technischen und administrativen Schwierigkeiten der Ausführung oder gar die sozialphilosophische Betrachtung, inwiefern das Ganze unseres Volkstums und das Staatswesen selbst bei der Einziehung immer neuer Gebiete freier Wirtschaftstätigkeit zuletzt gewinnen oder verlieren würden — treten dem gemeinen Verständnis minder faßlich entgegen[3])." [4])

[1]) Siehe Kölnische Volkszeitung 1908 Nr. 766, 847, 858; Germania 1908 Nr. 211 und 218; Echo der Gegenwart 1908 Nr. 215, 1909 Nr. 71.

[2]) Dr. Ziegler: Obligatorische Reichsfeuerversicherung im „Tag" 1908 Nr. 323 und 325.

[3]) Hopf a. a. O. S. 26 f.

[4]) Siehe auch: Karl Stündt: Empfiehlt sich die Übernahme der

Ich kann zum Schlusse dieses Kapitels nur wiederholen, was ich schon im ersten Kapitel hervorgehoben habe (S. 29), daß wir den hohen Stand unseres deutschen Feuerversicherungswesens gerade den verschiedenen Organisationsformen, die sich gegenseitig befruchten und emporheben, zu verdanken haben und daß wir — abgesehen von den anderen bereits oben angedeuteten Nachteilen — bei einer Verstaatlichung des gesamten Feuerversicherungswesens eine Stagnation desselben, die gleichbedeutend mit einem Rückschritt wäre, zu befürchten hätten.

---

gesamten Feuerversicherung auf das Reich zur Unterstützung der Reichsfinanzen? Inauguraldissertation 1910.

III. Kapitel.

Die wirtschaftliche und soziale Bedeutung der Feuerversicherung.

Bevor in eine theoretische Erörterung der wirtschaftlichen und sozialen Bedeutung der Feuerversicherung eingetreten wird, mögen hier in zwei Tafeln einige den Statistiken des AfP. entnommene Zahlen als bildliche Darstellung der Bedeutung der Feuerversicherung für unsere Volkswirtschaft dienen.

Es waren an deutschen Immobiliar- und Mobiliarwerten[1]) gegen Feuer versichert in Millionen Mark:

I.

	Ende 1904	%	Ende 1905	%	Ende 1906	%
Bei den deutschen Aktiengesellschaften . . .	74 850	48,1	78 661	48,4	82 307	48,4
Bei den deutschen Gegenseitigkeitsvereinen . .	11 881	7,6	12 284	7,5	12 890	7,6
Bei den ausländischen Gesellschaften	10 457	6,7	10 909	6,7	11 360	6,7
Bei den öffentlichen Feuerversicherungsanstalten	58 324	37,6	60 767	37,4	63 480	37,3
	155 512	100%	162 621	100%	170 037	100%
		Zuwachs:	7 109		7 428	

[1]) Eine Trennung nach Immobiliar- und Mobiliarwerten kennt die derzeitige Statistik des AfP. noch nicht.

	Ende 1907	%	Ende 1908	%
Bei den deutschen Aktiengesellschaften .	85 527	48,1	89 829	48,3
„ „ „ Gegenseitigkeitsvereinen	13 775	7,8	14 413	7,8
„ „ ausländischen Gesellschaften . .	11 950	6,7	12 346	6,6
„ „ öffentlichen Feuerversicherungsanstalten	66 449	37,4	69 478	37,3
	177 681	100%	186 066	100%
Zuwachs:	7 644		8 305	

Diese Zahlen enthalten neben den Versicherungswerten der öffentlichen Feuerversicherungsanstalten nur die der unter Reichsaufsicht stehenden Versicherungsunternehmungen.

Um nun zu einem Begriff des gegen Feuer versicherten deutschen Volksvermögens zu kommen, muß man diesen Zahlen die Werte hinzurechnen, die bei Feuerversicherungsvereinen versichert sind, die unter Landesaufsicht stehen und deshalb von der Statistik des AfP. bisher noch nicht erfaßt sind.

Einen Anhaltspunkt für die Höhe dieser Werte erhalten wir aus einer Aufstellung der in Preußen bestehenden Feuerversicherungsvereine[1]), die im Preußischen Statistischen Landesamt angefertigt ist und die 271 solcher Vereine feststellt, von denen allein die der Provinz Schleswig-Holstein eine Milliarde Mark an versicherten Werten aufweist[2]). Wenn nun auch von den ausgewiesenen 271 preußischen Feuerversicherungsvereinen allein 139, sonach etwas mehr als die Hälfte, auf Schleswig-Holstein entfallen, so ist doch anzunehmen, daß die auf die übrigen preußischen Provinzen entfallenden, in dem verbleibenden kleineren Teile der Vereine versicherten Werte um ein bedeutendes höher sind (dieselben sind in der amtlichen Aufstellung nicht angegeben), da diese Vereine meistenteils ein viel größeres Gebiet umfassen als die häufig auf eine oder mehrere Gemeinden beschränkten schleswig-holsteinischen Brandgilden.

Dazu kommen noch die bei ungefähr 60 im Königreich Bayern, ungefähr 13 im Königreich Sachsen, 3 im Großherzogtum

[1]) Siehe Dr. L. Maaß: Die Brandgilden, insbesondere in Schleswig-Holstein, Stuttgart 1910 Anlage II und III und S. 22.

[2]) Dr. L. Maaß: a. a. O. S. 138 und Anlage III.

Baden, ungefähr 20 im Großherzogtum Oldenburg und 90 in Elsaß-Lothringen bestehenden Feuerversicherungsvereinen versicherten Werte. Über das Bestehen solcher Vereine in andern Bundesstaaten fehlen leider Zahlenangaben; jedoch darf wohl angenommen werden, daß auch in den andern Bundesstaaten noch solche Vereine vorhanden sind.

Nach diesen Ziffern darf man wohl das gesamte deutsche gegen Feuer tatsächlich versicherte Immobiliar- und Mobiliarvermögen für das Ende des Jahres 1908 auf 190 Milliarden M schätzen. (Hiervon sind 186 066 Milliarden durch obige Tafel I nachgewiesen.) Um aber die Bedeutung der Feuerversicherung für unsere Volkswirtschaft zahlenmäßig richtig darzustellen, müssen wir, da aus der Tafel I ein jährlicher Zuwachs von durchschnittlich 7 ½ Milliarden M zu ersehen ist, der einesteils auf Rechnung neugeschaffenen Vermögens, anderteils aber auf das Erfassen bisher bereits bestehender, aber unversicherter Vermögensteile zu setzen ist, auch eine Schätzung unseres bisher noch nicht gegen Feuer versicherten Volksvermögens vornehmen. Dabei muß naturgemäß derjenige unversicherte Besitz außer Betracht bleiben, der auch zukünftig unversichert bleiben wird, nämlich der gesamte fiskalische Immobiliar- und Mobiliarbesitz.

Ich glaube nicht zu hoch zu greifen, wenn ich den Prozentsatz der in Deutschland unversicherten Werte auf ca. 20 % der versicherten Werte beziffere.

Nicht nur die unzähligen kleinen und kleinsten Haushaltungen in den Städten, sondern auch die größten Wertkomplexe der Industrie[1]), und namentlich das Mobiliar der Landbevölkerung tragen zu diesem relativ hohen Prozentsatz bei. Für die Richtigkeit des von uns früher schon in dieser Höhe geschätzten und auch heute noch von uns festgehaltenen Prozentsatzes an unversicherten Werten spricht auch die Statistik des Preußischen Landesamtes[2]), wonach in den Landgemeinden des Königreichs Preußen an beweglicher Habe unversichert verbrannten in Prozent des gesamten Mobiliarverlustes:

---

[1]) Vgl. meine Ausführungen in den Preußischen Jahrbüchern Bd. 139 S. 108 ff. und Bd. 140 S. 307 f.

[2]) Bd. 174 S. 458.

im Jahre	%	im Jahre	%
1882	26	1891	19,9
1883	25,3	1892	21,1
1884	24,6	1893	19,5
1885	24,4	1894	16,5
1886	23,5	1895	20,3
1887	21,1	1896	13,7
1888	19,7	1897	16,6
1889	20,2	1898	16,1
1890	19,5	1899	14,8

sonach durchschnittlich ca. 20 %.

Das gesamte unversicherte deutsche Immobiliar- und Mobiliarvermögen ist demnach auf ca. 38 Milliarden M zu beziffern, das von Jahr zu Jahr mehr und mehr von der Feuerversicherung erfaßt wird, da einerseits die Zahl der öffentlichen Anstalten, welche die Mobiliarversicherung aufnehmen, stetig wächst und somit Aussicht für die Abnahme der unversicherten Werte in den Landgemeinden vorhanden ist, und andrerseits eine unserer tätigsten Feuerversicherungsgesellschaften sich unter Einräumung der Prämienzahlung in Wochenraten (ein Zahlungsmodus, wie er bisher nur in der sogenannten Volksversicherung üblich war) um die Gewinnung der städtischen unversicherten kleinen Haushalte bemüht, so daß auch hier eine Abnahme der unversicherten Werte zu erwarten ist.

Wir sehen also, daß ein Volksvermögen von ca. 230 Milliarden M zum weitaus größten Teile durch die Einrichtung der Feuerversicherung sicher gestellt werden kann, und zwar sehen wir aus der Tafel I, daß nur ein verschwindend kleiner Teil (6,7 %) durch ausländische Feuerversicherungsgesellschaften gedeckt ist, während alles übrige durch die deutsche Feuerversicherung in Deckung genommen ist, wobei auch die Bemerkung von Interesse sein dürfte, daß der prozentuale Anteil der verschiedenen Versicherungssysteme (Aktiengesellschaften, Gegenseitigkeitsvereine, öffentliche Feuerversicherungsanstalten) an dem Versicherungsbestande in dem dargestellten Jahrfünft nahezu gleich bleibt, ein Beweis, daß alle drei Systeme gleich rührig am Werke sind.

Von besonderem Werte dürfte neben einer zahlenmäßigen Angabe der versicherten Werte eine solche über die durch die deutsche Feuerversicherung entschädigten Werte und die Zahl der in Betracht kommenden Schäden sein.

Diesem Zwecke dient die Tafel II.

II.

	1904		1905		1906	
	Betrag der Schaden-zahlungen	Zahl der Schäden	Betrag der Schaden-zahlungen	Zahl der Schäden	Betrag der Schaden-zahlungen	Zahl der Schäden
Aktiengesellschaften . .	70 460 828	133 233	64 335 278	144 258	67 911 998	157 660
Gegenseitigkeitsvereine .	11 027 898	20 240	9 774 522	21 128	10 088 509	22 836
Ausländische Gesellschaften	11 084 641	27 355	10 655 263	29 227	10 489 642	32 644
	92 573 367	180 828	84 765 063	194 613	88 490 149	213 140
Öffentliche Feuerversicherungsanstalten . . .	64 369 556	—	52 733 967	—	60 286 029	—
	156 942 923	—	137 499 030	—	148 776 178	—

	1907		1908	
	Betrag der Schaden-zahlungen	Zahl der Schäden	Betrag der Schaden-zahlungen	Zahl der Schäden
Aktiengesellschaften	73 637 035	174 571	80 838 196	204 568
Gegenseitigkeitsvereine	11 639 375	25 689	12 342 140	29 451
Ausländische Gesellschaften	12 926 365	35 625	13 015 840	39 781
	98 202 775	235 885	106 196 176	273 800
Öffentliche Feuerversicherungsanstalten . . .	58 043 210	—	67 008 792	—
	156 245 985	—	173 204 968	—

Diese Tafel bringt für ein Jahrfünft die Schadenzahlungen einschließlich der von den Rückversicherern gezahlten Anteile und ausschließlich der Regulierungskosten, sowie bei der privaten Versicherung die Zahl der Schäden.

Hiernach sind in den Jahren 1904—1908 von der deutschen Feuerversicherung insgesamt 772 669 084 M, wovon 470 227 530 M auf die private und 302 441 554 M auf die öffentliche Feuerversicherung treffen, an Schäden bezahlt worden; die Zahl der bei der privaten Feuerversicherung vorgekommenen Schäden betrug insgesamt 1 098 266. — Durchschnittlich betrugen im Jahre die Zahlungen der privaten Feuerversicherung 94 045 506 M, die Zahl der bei der privaten Feuerversicherung in Betracht kommenden Schäden betrug durchschnittlich 219653, und die Zahlungen der öffentlichen Feuerversicherungsanstalten beliefen sich auf durchschnittlich 60 488 311 M [1]).

Wenn wir nun nach dieser zahlenmäßigen Darstellung in eine theoretische Erörterung der wirtschaftlichen und sozialen Bedeutung [2]) der Feuerversicherung eintreten, so bedarf es zuvörderst der Erwähnung eines psychologischen Momentes, das durch die Möglichkeit, seine Interessen gegen die stets drohenden Gefahren einer Feuersbrunst schützen zu können, ausgelöst wird. — Es ist das Moment der Beruhigung, das für den Menschen durch die Feuerversicherung geschaffen wird; wird auch durch die Feuerversicherung der Eintritt von Feuersbrünsten nicht unmöglich gemacht — daß sie unendlich viel dazu beiträgt, Brandereignisse zu meiden und zu beschränken, soll weiter unten ausgeführt werden — so schaltet sie doch wenigstens die quälende Sorge und Furcht vor den Folgen solcher Ereignisse aus.

Die unmittelbare Wirkung hiervon ist die, daß mit dem Sicherheitsgefühl die Arbeitsfähigkeit, der Arbeitswille und die Unternehmungslust, die ganze Lebenskraft des Menschen gesteigert, und daß vor allem sein Wille zur Ansammlung von Gütern gestärkt wird.

Neben dieser auf rein psychologischem Gebiete liegenden, im Leben des einzelnen aber nicht nur moralische, sondern auch wirtschaftliche Werte schaffenden Wirkung der Feuerversicherung kommt ihr, wenn wir auch von ihrem eigentlichen Hauptzweck absehen, der erst beim Eintritt des Versicherungsfalls erfüllt wird, an sich eine außerordentliche Bedeutung für die Einzelwirtschaft zu:

Der gesamte Realkredit ist aufgebaut auf der Einrichtung

---

[1]) Weitere zahlenmäßige Angaben von Wert findet man in der vom AfP. herausgegebenen Schrift: „Die Entwicklung des privaten Versicherungswesens unter Reichsaufsicht“ in dem Jahrfünft 1902—1906. Berlin 1909. Siehe auch: A. Emminghaus: Aufsatz „Feuerversicherung“ im Handwörterbuch der Staatswissenschaften. 3. Auflage. Jena 1909. S. 100.

[2]) Theodor Saski: Die volkswirtschaftliche Bedeutung des Versicherungswesens und der Nutzen der einzelnen Versicherungszweige. Leipzig 1869.

der Feuerversicherung[1]). Vor der Einführung der Feuerversicherung, so drückt sich ein Reglement von 1720 aus, „hatte ein jeder Bedenken getragen, auf Häuser in denen Städten die allergeringste Anleihe zu tun". Auch der ganze Warenlombard, der in unserm Wirtschaftsleben heute eine große Rolle spielt, ist ohne Feuerversicherung undenkbar.

Ihre hauptsächlichste Wirkung für die Einzelwirtschaft aber äußert die Feuerversicherung beim Eintritt des Versicherungsfalls. Diese Wirkung ist keine produzierende, die Feuerversicherung schafft in Erfüllung ihres Hauptzweckes keine neuen Werte und Güter — die soeben erwähnte Produktionskraft der Feuerversicherung ist nur eine Nebenwirkung derselben —, sondern eine reine Ersatzwirkung. Dadurch, daß die Feuerversicherung vernichtetes Vermögen ersetzt, kommt ihr eine erhaltende Kraft zu; sie verhindert vor allem die Möglichkeit einer Verarmung des einzelnen Wirtschaftssubjekts infolge eines Brandunglücks. Die Bedeutung dieser Ersatzwirkung der Feuerversicherung für die Einzelwirtschaft bleibt dieselbe, wie immer die zur Ausübung dieser Wirkung nötigen Mittel aufgebracht werden; für die Volkswirtschaft dagegen spielt die Art und Weise der Aufbringung dieser Mittel eine ganz bedeutende Rolle. In dieser Beziehung feiert die Versicherungsidee ihre höchsten Triumphe.

Nicht dadurch, daß diese zum Ersatze nötigen Mittel dem Vermögen eines Wirtschaftssubjektes entnommen werden, dem dadurch wieder ein Ersatzbedürfnis entsteht, erfolgt die Aufbringung der Mittel, sondern dadurch, daß sie angesammelt werden aus möglichst vielen und so kleinen Einzelbeiträgen, daß die Hingabe eines solchen Einzelbeitrags im Verhältnis zum Besitze keine wesentliche Beeinträchtigung oder Belastung der Einzelwirtschaft darstellt. Durch die Verteilung der bei einzelnen eintretenden Ersatzbedürfnisse auf einen möglichst großen Kreis von Privatwirtschaften und die hier-

---

[1]) A. Wiedemann: Die Feuerversicherung in ihrer Bedeutung für die Kreditverhältnisse in Ehrenzweigs Assekuranz-Jahrbuch Bd. XIV Teil 2 S. 65 ff. ferner unter Berücksichtigung des VVG. Dr. Kurt Simon: Der versicherungsrechtliche Schutz des Hypothekengläubigers. Leipzig 1909.

durch erfolgende *Atomisierung* der Vermögensschäden wird die Unversehrtheit der Gesamtwirtschaft erhalten, wenn auch am letzten Ende durch die Beschädigung oder Vernichtung von Vermögen ein Verlust am Volksvermögen eingetreten ist.

Aber selbst dieser Verlust am Gesamtvermögen des Volkes, der durch die Feuerversicherung für die *Einzelwirtschaftssubjekte* kaum fühlbar wird, erfährt durch sie eine wesentliche Einschränkung. Damit kommen wir auf einen weiteren *volkswirtschaftlich* bedeutenden Faktor der Feuerversicherung, der bereits oben angedeutet wurde.

Die Feuerversicherung hat eine außerordentliche Bedeutung in der *Erziehung des Volkes* zur Vermeidung und Einschränkung von Ereignissen, welche ihre Ersatzaufgabe in Anspruch nehmen [1]).

Öffentliche wie private Feuerversicherungen, *jede in ihrer Art*, haben sich zu starken Bundesgenossen der *Feuerpolizei* entwickelt, die eine ihrer Hauptaufgaben in der Erhaltung des Volksvermögens erblicken muß dadurch, daß sie Einrichtungen schafft zur Verhütung und Löschung von Bränden.

Was zunächst die *öffentlichen Feuerversicherungsanstalten* anbelangt, so haben diese es neben dem tatsächlichen Ersatz der durch Brände herbeigeführten Schäden von jeher als ihre Aufgabe betrachtet, ihre Mittel dazu zu verwenden, um Brände möglichst zu verhüten und zu beschränken.

Diese Aufgabe suchten und suchen sie zu erfüllen durch Unterstützungen zur Beseitigung feuergefährlicher Einrichtungen, durch Anlegung und Kontrolle von Blitzableitern, durch Prämien für die Ermittlung von Brandstiftern, durch Prämiierung von Feuerspritzen, durch Prämien für ausgezeichnete Löschhilfe an einzelne Personen, durch Entschädigung für beim Löschen beschädigte oder verloren gegangene Löschgeräte, durch Vergütung der im Interesse der Löschhilfe beschädigten *unversicherten* Gegenstände, durch Beihilfen zur Beschaffung neuer

---

[1]) Vgl. auch: *Emanuel Herrmann*: Die Theorie der Versicherung vom wirtschaftlichen Standpunkte. 3. Auflage. Wien 1897.

[2]) Näheres siehe: *Kaßner*: Die Bedeutung der öffentlichen Feuerversicherungsanstalten in Deutschland für den Feuerschutz. Merseburg 1901.

Feuerspritzen, durch Anlegung von Wasserleitungen und Wasserbehältern, durch Errichtung militärisch organisierter Feuerwehren und durch Errichtung von Unterstützungskassen für die im Feuerlöschdienst vorübergehend oder dauernd Verunglückten und für deren Hinterbliebene.

Für solche Zwecke haben die öffentlichen Feuerversicherungsanstalten denn auch in den Jahren 1875—1908 den Betrag von insgesamt 94 $^{3}/_{4}$ Millionen M verausgabt[1]). Daß sie dadurch eine äußerst segensreiche gemeinnützige Tätigkeit auf dem Gebiete des Feuerschutzes entfaltet und sehr viel zur Erhaltung des Volksvermögens beigetragen haben, ist zweifellos und allseitig anerkannt. Weniger bekannt und deshalb hier in gebührender Weise hervorzuheben ist die nicht minder hoch zu schätzende gemeinnützige Tätigkeit der Privatunternehmungen, soweit mit derselben eine Unterstützung des Feuerschutzes, der Feuerpolizei angestrebt und tatsächlich auch erreicht wird. Nur liegen die hierfür angewandten Mittel großenteils auf einem anderen Gebiete als bei der öffentlichen Feuerversicherung. Zwar werden auch von der privaten Feuerversicherung alljährlich bedeutende Geldbeträge für Zwecke des Feuerschutzes in eben derselben Weise wie bei den öffentlichen Feuerversicherungsanstalten teilweise aus freien Stücken, teilweise in der Form von steuerlichen Abgaben (Beiträge zur Förderung des Feuerlöschwesens, für gemeinnützige Zwecke im Interesse der Feuersicherheit usw.) verwendet. Daß die steuerlichen Abgaben beim Vergleiche mit den Aufwendungen der öffentlichen Feuerversicherungsanstalten für solche Zwecke auf eine Stufe gestellt werden, ist wohl angängig, denn auch die Aufwendungen der öffentlichen Anstalten sind nicht in dem Sinne freiwillige, wie „die freiwilligen" bei den privaten Feuerversicherungsunternehmungen, sondern sie erklären sich aus der geschichtlichen Entwicklung der Zweckbestimmung und dem „gemeinnützigen" Charakter der öffentlichen Feuerversicherungsanstalten, wie er in dem § 20 des preußischen Gesetzes betreffend die öffentlichen Feuerversicherungsanstalten

---

[1]) Siehe Jahrbuch für die öffentlichen Feuerversicherungsanstalten in Deutschland 1910 S. 224 ff.

vom 25. Juli 1910 ausdrücklich anerkannt und festgelegt wurde. („Die in § 20 jetzt gegebene Vorschrift ist nur die gesetzliche Feststellung eines seit Jahren bestehenden Zustandes; sie rechtfertigt sich aus dem gemeinnützigen Charakter der öffentlichen Anstalten[1].")

Ein Vergleich der Leistungen der öffentlichen Feuerversicherungsanstalten im Jahre 1908 für gemeinnützige Zwecke mit den diesbezüglichen Leistungen der Privatunternehmungen für den gleichen Zeitraum ergibt folgendes Bild:

Öffentliche Anstalten: 7 052 063 M. — Private Feuerversicherungsunternehmungen 2 107 745 M, von welch letzteren 1 388 411 M auf gesetzlicher Vorschrift, analog, möchte ich sagen, den Leistungen der öffentlichen Anstalten, beruhen, und 719 334 M auf tatsächlich freiwillige Leistungen treffen.

Die Aachener und Münchener Feuerversicherungsgesellschaft allein hat seit ihrem Bestehen die Summe von 35 433 840 M für gemeinnützige Zwecke, in der Hauptsache zur Förderung des Feuerlöschwesens, aus freien Stücken verwendet.

Aber abgesehen von diesen Geldleistungen für Feuerschutz im weitesten Sinne haben die privaten Feuerversicherungsunternehmungen der öffentlichen Feuerversicherung einen anderen Weg gewiesen, auf dem die Feuerversicherung zur Bundesgenossin der Feuerpolizei wird.

Dadurch, daß die privaten Feuerversicherungsunternehmungen, namentlich angeregt durch den geistvollen Leiter der Magdeburger Feuerversicherungsgesellschaft[2]), Friedr. Knoblauch, anfingen, die den einzelnen Risiken innewohnenden besonderen Gefahrmomente zu studieren, und, gestützt auf dieses Studium, gewisse Vorsichtsbedingungen und Sicherheitsvorschriften zum wesentlichen Bestandteil des Versicherungs-

[1]) Siehe: Hagen-Manes: Preußisches Gesetz betreffend die öffentlichen Feuerversicherungsanstalten Berlin. 1910 S. 70 ff.

[2]) Siehe Näheres in der Denkschrift über die Bestrebungen und Erfolge der Magdeburger Feuerversicherungsgesellschaft auf dem Gebiete des Feuerschutzes. Magdeburg 1883 und R. Berndt: Die Magdeburger Feuerversicherungsgesellschaft im Spiegel einer 50jährigen Vergangenheit. Magdeburg 1894.

vertrags zu machen, auf deren Verletzung unter Umständen (vgl. § 12 der Allgemeinen Versicherungsbedingungen) die Verwirkung des Entschädigungsanspruchs gesetzt wurde, haben dieselben unendlich viel zur Verhütung und Beschränkung von Bränden getan, ja sie haben durch diese Bekämpfung der Feuersgefahren unsere deutsche Industrie erst zu erschwinglichen Prämien versicherungsfähig gemacht und dadurch zu der staunenswerten Entwicklung derselben im verflossenen Jahrhundert wesentlich beigetragen[1]).

Die öffentliche Feuerversicherung hatte sich bis vor kurzer Zeit fast gänzlich von der Versicherung industrieller Risiken ferngehalten und ist erst in letzter Zeit den Spuren der privaten Versicherung in vorsichtiger und immer noch zurückhaltender Weise unter Annahme der von der privaten Feuerversicherung eingeführten Grundsätze auch bezüglich der sogenannten Sicherheitsvorschriften gefolgt.

Aber neben diesem Weg zur Abminderung der Feuersgefahr beschritt die Privatfeuerversicherung noch einen anderen, auf dem ihr auch die öffentliche Feuerversicherung, wenn auch zögernd und wenn auch nicht bis zu Ende folgte.

Ich meine die individualistische Behandlung der einzelnen Risiken bei der Bemessung der Prämien.

„Es ist schon eine Forderung der Gerechtigkeit, die Assekuranzprämie in ein richtiges Verhältnis zur Gefahr zu setzen und dementsprechend einen sorgfältig in zahlreiche Gefahrenstufen gegliederten Tarif aufzustellen, damit nicht die Besitzer minder gefährlicher Gebäude gezwungen werden, für die reichlicheren Schäden der gefährlicheren Risiken aufzukommen und den Besitzern derselben, anders läßt sich die Sache nicht auffassen, erzwungene Almosen zu steuern. Erhöhte Bedeutung gewinnt aber die richtige Einschätzung der Risiken nach Maßgabe der verschiedenen Gefahren dadurch, daß ihr eine erziehende Funktion im eminenten Sinne des

[1]) Die derzeit im Gebrauch befindlichen Sicherheitsvorschriften und Vorsichtsbedingungen finden sich abgedruckt bei Henne: Einführung in die Beurteilung der Gefahren bei der Feuerversicherung von Fabriken und gewerblichen Anlagen. Berlin 1910. S. 291 ff.

Wortes innewohnt, insofern der Übergang von leichter Bauart zu massiver, bei Fabriken vom Etagen- zum Shedbau, die Isolierung besonders gefährlicher Betriebsstadien von weniger gefährlichen, die Herstellung und Verbesserung von Löschmitteln, die Beseitigung bedrohlicher, die Herstellung sichernder Einrichtungen durch nichts besser erzielt werden kann, als wenn das materielle Reizmittel einer Prämienersparnis dahintersteht.

Die Privatfeuerversicherungsgesellschaften durften deshalb nicht dabei stehen bleiben, einen noch so sorgfältig nach Orts-, Betriebs- und Bauklassen gegliederten Tarif in Anwendung zu bringen, sondern sie mußten dazu übergehen, jedes einzelne Risiko für sich — also individuell — auf seine Feuergefährlichkeit anzusehen, derart, daß sie, ausgehend von der für die betreffende Risikokategorie bestehenden Grundprämie, durch Würdigung aller Momente, welche, ohne daß dieselben durch die Vorsichtsbedingungen beseitigt werden könnten, die Gefahr zu vermindern oder zu erhöhen geeignet sind, die angemessene Prämie suchten. Und derartige Momente gibt es so zahlreiche, daß wir kaum die wesentlichsten erschöpfen, wenn wir die folgenden hervorheben:

Bauart (insbesondere: Umfassungswände, Dachung, Decken, Zahl der Stockwerke, Material und Lage der Treppen, Fahrstühle, Schlote, Lichthöfe), Lage (isoliert oder benachbart), Blitzableiter, Zusammenhang oder Trennung der Gebäude, Isolierung besonders gefährlicher Betriebsteile (in Mahlmühlen der Reinigung, in Baumwollspinnereien der Vorbereitung usw.), Heizung, Beleuchtung, Betriebsumfang, Betriebskraft, Schutzmittel gegen Entzündungen, Vorräte von Löschwasser, Löscheinrichtungen, Sicherheitsdienst, Behandlung der selbstentzündlichen Materialien und der Abfälle, Verteilung der Versicherungsgegenstände usw.[1])."

Das Tarifierungswerk der deutschen Privatfeuerversicherung, das in seiner Ausdehnung und Spezialisierung dem Außenstehenden völlig unbekannt ist, das sich im Laufe der Jahrzehnte auf Grund von teuer erkauften Erfahrungen herausgebildet hat, und das in seinem Auf- und Ausbau geradezu die

---

[1]) Denkschrift der „Magdeburger" S. 13 f.

uneingeschränkteste Bewunderung hervorrufen muß, sieht für alle wesentlichen gefahrerhöhenden Momente Zuschläge (wie z. B. Geschoß-Beleuchtungs-, Heizzuschlag, Zuschlag für Mehrherrigkeit usw.) auf die Grundprämie vor, während dasselbe für gefahrmindernde Momente (wie z. B. wirksamer Löschschutz) Rabatte auf die Grundprämie in Aussicht stellt.

Als besonders wirksam und deshalb auch an dieser Stelle besonders erwähnenswert, hat sich der Rabatt für die Einrichtung selbsttätiger Feuerlöschbrausenanlagen[1]) (Sprinklers) in industriellen Etablissements erwiesen, ein Rabatt, der bis 50% der Prämie ansteigt. Der außerordentlich hohe Rabatt hat zu einer immer mehr wachsenden Anwendung dieses wirksamen Löschschutzes geführt, welcher, man kann das heute auch schon für Deutschland sagen (im Auslande, namentlich in England und Amerika, wird schon seit Jahren ein umfassender Gebrauch von diesen Einrichtungen mit großem Erfolge gemacht), eine große Rolle bezüglich der Erhaltung des Volksvermögens spielt. Ich darf hier auf die Ausführungen der Denkschrift des Syndikats der in Elsaß-Lothringen operierenden Feuerversicherungsgesellschaften vom 25. Januar 1909 verweisen, woselbst auf S. 11 ff. ausgeführt ist, daß die wegen ihrer außerordentlichen Feuersgefahr hoch tarifierten Spinnereien Elsaß-Lothringens kategorisch vor die Wahl gestellt wurden, entweder diese hohen Prämien fortzubezahlen oder um die Gegenleistung einer Prämienermäßigung entsprechende Vorsichtsmaßregeln und technische Vorkehrungen zur Verringerung der Brandgefahr zu treffen, und daß sich infolgedessen heute nur mehr 13% ungesprinklerte Etagenspinnereien (siehe Anlage 3) in Elsaß-Lothringen befinden.

Der Nutzen solcher erzieherischen Erfolge der Feuerversicherung für die gesamte Volkswirtschaft, abgesehen vom Standpunkt der allgemeinen Menschlichkeit wegen der für die in solchen Etablissements beschäftigten Arbeiter bestehenden Lebensgefahr, ist wahrlich anzuerkennen.

Durch diese auf der ganzen Linie systematisch betriebene individualisierende Tarifierungspolitik übt die private Feuer-

---

[1]) Vgl. Henne: Die Sprinkleranlagen in der Zeitschrift für die gesamte Versicherungswissenschaft Bd. IX S. 641 f.

versicherung einen tausendfältig nachweisbaren, nachhaltigen erzieherischen Einfluß aus, der sich in einer Meidung und Beschränkung von Bränden äußert und so zur Erhaltung des Volksvermögens in hervorragender Weise beiträgt.

Nur nebenbei sei bemerkt, daß die Feuerversicherung auch insofern für die Erhaltung des Volksvermögens von Bedeutung ist, als der Umstand, daß ein Objekt gegen Feuer versichert ist, vielfach von böswilligen Brandstiftungen abhält, weil der Zweck der Brandstiftung, nämlich die Schädigung des Betreffenden, hierdurch vereitelt wird. Hieraus erklärt es sich auch, daß die öffentlichen sowohl als auch die privaten Feuerversicherungsanstalten sehr darauf halten, daß die Versicherungsnahme durch Anbringung eines Schildes an der versicherten Sache (Haus, Strohmiete) zur öffentlichen Kenntnis kommt.

Schließlich mag noch erwähnt werden, daß die Versicherung gegen Feuersgefahr, die als solche in der einen weiten Komplex von Gefahren umfassenden Transportversicherung enthalten ist, auch als mächtige Förderin des gesamten Handels angesprochen werden muß. Durch die immer mehr zunehmende Ausdehnung des Betriebs deutscher Feuerversicherungsunternehmungen auf das Ausland und ausländischer auf Deutschland und durch die weitgehende Internationalisierung der gesamten Feuerversicherung durch das Institut der Rückversicherung, dessen gewaltige wirtschaftliche Leistungen gerade auf dem Gebiete der Feuerversicherung am glänzendsten zum Ausdruck kommen, können wir heute auch von einem Einfluß der Feuerversicherung auf die Weltwirtschaft sprechen, der vor allem in der Geldwirtschaft der einzelnen Staaten zum Ausdruck kommt.

Welch einen bedeutenden Ausgleichungsfaktor die Feuerversicherung auf dem Gebiete der Weltwirtschaft darstellt, dafür haben wir einen großartigen Beweis in den Leistungen der Feuerversicherung anläßlich der Katastrophe von San Franzisko im Jahre 1906, bei der, man kann sagen, die Feuerversicherung der ganzen Welt durch direkte Versicherungen beteiligt war, und sonach zusammen half, die außerordentlich großen in viele Hunderte von Millionen M gehenden Schäden zu decken. So trug allein die engliche Feuerversicherung ungefähr 200 Millionen M ohne die Anteile der Rückversicherer zur Schadendeckung bei, während der Anteil der deutschen Feuerversicherung 50 Millionen M einschließlich der Anteile der Rückversicherer betrug.

Für ungerechtfertigt halten wir die von manchen Seiten angestellten Versuche, anläßlich der durch die Katastrophe von San Franzisko der deutschen Feuerversicherung geschlagenen Wunden Hand an den internationalen Betrieb der Feuerversicherung zu legen. Die Feuerversicherung, wie überhaupt die ganze Versicherung, ist ein Geschäftsbetrieb, welcher seiner ganzen Natur nach einer möglichst großen Ausdehnung bedarf und welcher für den Unternehmer um so ungefährlicher und sicherer wird, auf je breiteren Schultern er steht. Die Ausgleichungsmöglichkeit, welche das Geheimnis jeder rationell betriebenen Versicherung ist, erscheint bei der Erstreckung der Feuerversicherung auf weite Ländergebiete ungleich mehr gegeben als bei der Beschränkung auf ein relativ kleines Gebiet, in dem die Ergebnisse der einzelnen Jahre großen Schwankungen unterworfen sind und wo es zum Ausgleich vielfach eines Zeitabschnittes von mehreren Jahren bedarf. So zeigt sich bei örtlich sehr *ausgedehnten* Betrieben häufig die Erscheinung, daß die *guten* Resultate eines Jahres vorwiegend dem Betriebe in einzelnen Gebieten zuzuschreiben sind, während der Geschäftsbetrieb in den übrigen bearbeiteten Gebieten wenig oder keinen Nutzen gezeitigt oder gar Verlust gebracht hat. Daß die Möglichkeit oder Wahrscheinlichkeit eines *örtlichen* Ausgleichs der *zeitlichen* Ausgleichung wegen der oft großen Schwankungen in den Ergebnissen der einzelnen Jahre bei weitem vorzuziehen ist, dürfte wohl zugegeben werden. Sehr oft reichen nicht einmal die in guten Jahren angelegten Ausgleichungsrücklagen hin, um die Kalamität eines schadenreich verlaufenen Jahres bei einer auf ein kleines Gebiet beschränkten Gesellschaft völlig zu beseitigen.

Die bedeutenden Verluste anläßlich der Katastrophe von San Franzisko, die auch einigen deutschen Gesellschaften den Untergang brachte, waren nicht dem Grundsatz der Internationalisierung der Feuerversicherung zuzuschreiben, sondern flossen aus andern Fehlerquellen des Betriebs, die durch eine entsprechende Änderung in den Maximierungsgrundsätzen der

Gesellschaften und in einer Verschärfung der Ausschlußbestimmungen für Erdbeben- und andere Katastrophen inzwischen verstopft wurden. Von Interesse an dieser Stelle dürfte es sein, daß die englische Feuerversicherung in den vier Jahren seit der Katastrophe von San Franzisko die geradezu enormen Verluste, die sie erlitten hat, reichlich wieder eingebracht hat, abgesehen davon, daß sie bei der weitgehenden Rücklagenpolitik, die sie in ihrem internationalen Betrieb befolgen konnte, damals nicht annähernd so erschüttert wurde wie unsere deutschen Gesellschaften, die erst seit kürzerer Zeit den Engländern im Weltbetrieb gefolgt waren. Daß die internationalen Handelsbeziehungen auf dem Gebiete der Feuerversicherung ihren wohltätigen Einfluß auch auf sonstige Beziehungen der Völker untereinander ausüben, ist natürlich, und auch insofern spielt die Feuerversicherung als Vermittlerin internationalen Austauschverkehrs eine nicht zu unterschätzende Rolle.

Auch für die Staatswirtschaft ist die Feuerversicherung von weittragender Bedeutung. Der staatswirtschaftlichen Räson verdanken wir in Deutschland die ersten öffentlichen Feuerversicherungsanstalten. Um die Bevölkerung „prästationsfähig" zu erhalten, zwang sie der Polizeistaat des 18. Jahrhunderts, ihre Immobilien gegen Feuer zu versichern. Heute, wo an die Stelle des Zwanges die Selbstbestimmung und gleichzeitig die Erkenntnis von der Notwendigkeit der Feuerversicherung getreten ist, wo der Selbsterhaltungstrieb die Bevölkerung zum Gebrauch dieses Schutzes veranlaßt, sehen wir eine außerordentliche Entlastung der Staats- und Gemeindewirtschaft auf dem Gebiete der Armenpflege, die in früheren Zeiten in ihrer Hilflosigkeit gegenüber dem enormen Andrang auf das Mittel der „Brand- und Bettelbriefe" verfallen mußte, deren schließliche Auswüchse oben angedeutet worden sind.

Dafür daß heute der größte Teil des deutschen Volkes durch die rastlose Arbeit der deutschen Feuerversicherung dazu erzogen ist, sich gegen Verarmung durch Brandunglück zu schützen, muß man der deutschen Feuerversicherung das Zeugnis ausstellen, daß sie eine ethische und soziale Aufgabe im besten Sinne des Wortes glänzend erfüllt hat.

IV. Kapitel.

Umfang der Gefahr in der Feuerversicherung und der Leistung des Feuerversicherers.

Der Zweck der „Feuerversicherung“ oder wie man früher vielfach sagte „Brand-“ oder „Brandschadenversicherung“ bestand ursprünglich, wie der Name andeutet, darin, einen mehr oder minder weitgehenden Ersatz in Naturalien oder Geld für den durch ein „Brandunglück“ oder eine „Feuersbrunst“ verursachten Schaden zu gewähren und erschöpfte sich, entsprechend den im ersten Kapitel dargelegten Gründen zur Errichtung der Feuerversicherungsanstalten (Erhaltung einer steuerkräftigen Bevölkerung und Hebung des Grundkredits, sowie Bindung der Bevölkerung an die Scholle) in der Darreichung der Mittel zum vorgeschriebenen Wiederaufbau der ganz oder teilweise zerstörten Häuser.

Die Einführung der Mobiliarfeuerversicherung durch die Privatunternehmungen und die hierdurch beeinflußte Weiterentwicklung des Feuerversicherungswesens im 19. Jahrhundert führte jedoch dazu, einerseits den Umfang der Gefahr, für welche der Versicherer bei der Feuerversicherung haftet, ständig zu erweitern, andererseits den Umfang der dem Versicherer obliegenden Leistungen einzugrenzen.

Die Gründe, die zu einer solchen Erweiterung auf der einen Seite und zu einer Eingrenzung auf der anderen Seite Anlaß gaben, lagen vor allem darin, daß die private Feuerversicherung, welche mit Beginn des 19. Jahrhunderts die Führung in der Fortbildung des Feuerversicherungswesens übernahm, bestrebt war, den stetig steigenden Bedürfnissen des täglichen Lebens sich möglichst anzuschmiegen, und daß sie sich sowohl aus Selbsterhaltungstrieb, als auch durch den Druck der der damaligen Entwicklung des Mobiliar-Feuerversicherungswesens äußerst mißtrauisch gegenüberstehenden Behörden gezwungen sah, einer spekulativen Ausnützung ihrer Einrichtungen vorzubeugen.

Die 1812 gegründete Berlinische Feuerversicherungsanstalt bezeichnet in dem ersten Artikel ihrer Verfassung als ihren Zweck „den Ersatz von Verlusten, welche durch Feuersbrünste entstehen“, trifft jedoch im Artikel 43 Ausnahmen, für die sie ihre Haftung ausdrücklich ablehnt, indem sie sagt: „Feuerschäden, welche durch Erdbeben, höhere Gewalt, durch Krieg — das heißt durch unmittelbare Folge kriegerischer Operationen auf militärischen Befehl, nicht aber solche, welche bloß zur Zeit und durch mittelbare Folgen des Krieges veranlaßt werden — ferner Feuerschäden, die durch Aufruhr, als dessen unmittelbare Folge, und endlich solche, welche durch Bosheit oder vorsätzlichen Mutwillen des Versicherten entstehen, werden nicht vergütet.“

In gleichem Umfange wie die Berlinische Feuerversicherungsanstalt begrenzen die Gefahr die später errichteten Feuerversicherungsgesellschaften: Die Leipziger Feuerversicherungsanstalt in Leipzig, die Feuerversicherungsbank für Deutschland in Gotha, die Vaterländische Feuerversicherungs-Aktiengesellschaft in Elberfeld, die Aachener Feuerversicherungsgesellschaft in Aachen und die Württembergische Privat-Feuerversicherungsgesellschaft von 1828 in Stuttgart [1]).

Die Vaterländische Feuerversicherungs-Aktiengsellschaft fügt zur Ausschließung etwaiger Zweifel noch hinzu: „Sie vergütet demnach auch Brandschaden durch Blitz entstanden“ (Allgemeine Polizebedingungen von 1823 Nr. 1). Sie schützt sich also ausdrücklich gegen Ansprüche aus sogenannten kalten Blitzschlägen.

Ebenso bestimmen die Allgemeinen Versicherungsbedingungen der Aachener Feuerversicherungsgesellschaft von 1825 im § 4

---

[1]) Siehe auch Sammlung von Versicherungsbedingungen deutscher Versicherungsanstalten. Herausgegeben vom deutschen Verein für Versicherungswissenschaft. I. Teil. Feuerversicherung. Berlin 1908.

Abs. 2 ausdrücklich: „Die Explosion von Dampfmaschinen und Gasapparaten wird nicht wie ein Brandschade betrachtet, insofern nicht dadurch ein wirklicher Brand entsteht. Selbst in diesem Falle wird nicht der Schade an jenen Maschinen und Apparaten, sondern nur derjenige vergütet, welchen andere versicherte Gegenstände bei dieser Gelegenheit erleiden.“ Die Aachener nimmt in ihren Bedingungen unter die Ausschlüsse auch die Schäden infolge „bürgerlicher Unruhen“ auf, ein Begriff, der später (1886) durch den strafrechtlich feststehenden Begriff „Landfriedensbruch“ ersetzt wird.

Eine Ausdehnung des Gefahrenumfangs finden wir in den Allgemeinen Versicherungsbedingungen der Assekuranzanstalt gegen Brandschaden der Bayerischen Hypotheken- und Wechselbank in München von 1836 und der Magdeburger Feuerversicherungsgesellschaft von 1845, indem diese Gesellschaften keinen Unterschied mehr zwischen zündenden und kalten Blitzschäden machen — eine Erweiterung, welche übrigens die öffentliche Feuerversicherung schon längst kannte (vgl. in der S. 82 unten angeführten Sammlung die Bestimmungen der Kur-Badischen neuen Brandversicherungsordnung vom 1. Januar 1804 II. 1. S. 43) — und indem die letztere auf Grund einer besonderen Vereinbarung auch die Explosionsgefahr mit übernimmt.

Eine fernere Erweiterung brachten die im Jahre 1874 vom Verbande Deutscher Privat-Feuerversicherungsgesellschaften aufgestellten Bedingungen, in denen auch Schäden durch Explosion des in den Versicherungsgebäuden angewandten Leuchtgases in die Versicherung eingeschlossen werden. Ein besonderes Zugeständnis wurde seitens des Verbandes deutscher Privat-Feuerversicherungsgesellschaften im Jahre 1877 der deutschen Landwirtschaft durch den prämienfreien Einschluß der Schäden gemacht, welche ohne Brand durch die Explosion versicherter Dampfkessel an den versicherten Gegenständen entstehen, ein Zugeständnis, welches im Jahre 1884 in folgender Weise formuliert wurde: „Die Versicherung erstreckt sich unter der Bedingung, daß die in Betreff der Dampfkessel bestehenden gesetzlichen und polizeilichen Vorschriften beobachtet werden, auch auf die Schäden, welche durch die Explosion versicherter, lediglich zu landwirtschaftlichen Zwecken — nicht zu technischen Gewerben — dienender Dampfkessel an den versicherten Gegenständen entstehen."

Die im Jahre 1886 vorgenommene allgemeine Revision der Verbandsbedingungen brachte auf dem hier besprochenen Gebiete insofern eine Änderung, als fortan alle Schäden, welche die Folge von Leuchtgasexplosionen sind, unter die Versicherung fallen.

In Übereinstimmung mit den im Laufe des letzten Jahrhunderts entstandenen Anschauungen über den Umfang der Gefahr, der durch die Feuerversicherung gedeckt werden soll, hat der Gesetzgeber in den §§ 82 und 84 VVG. bestimmt, daß der Feuerversicherer für den durch Brand, Explosion oder Blitzschlag entstehenden Schaden haftet, daß er dagegen nicht haftet, wenn der Brand oder die Explosion durch ein Erdbeben oder durch Maßregeln verursacht wird, die im Kriege oder nach der Erklärung des Kriegszustandes von einem militärischen Befehlshaber angeordnet worden sind.

Schränkt demnach heute der Feuerversicherer nicht durch ausdrückliche Vereinbarung mit dem Versicherten den Gefahrenkreis, für den er die Haftung übernimmt, ein, was ihm im einzelnen Falle freisteht, da es sich um eine abänderbare Vorschrift des Gesetzes handelt, so ist der Versicherte sowohl gegen Brand- als auch gegen Explosions- und Blitzgefahr gedeckt, ausgenommen die Fälle des § 84 VVG.[1]).

Im Anschluß an das VVG. wurden von den im Deutschen Reiche arbeitenden privaten Feuerversicherungsunternehmungen neue, an dieses Gesetz angepaßte Allgemeine Versicherungsbedingungen aufgestellt, die vom AfP. genehmigt wurden und deren § 1 folgendermaßen lautet:

(1.) Der Versicherer haftet nach Maßgabe der nachfolgenden Bestimmungen für den Schaden, der an den versicherten Sachen durch Brand, Blitzschlag oder durch Explosion von Leuchtgas

---

[1]) Über die Begriffe „Brand, Explosion und Blitzschlag" siehe: Heinrich Henne: Einführung in die Beurteilung der Gefahren bei der Feuerversicherung von Fabriken und gewerblichen Anlagen. Berlin 1910 S. 1 f. Heft XIX der Veröffentlichungen des Deutschen Vereins für Versicherungswissenschaft.

aller Art, auch wenn es zu anderen als zu Beleuchtungszwecken dient, oder durch Explosion von Haushaltungs-Heizeinrichtungen und von Beleuchtungskörpern entsteht. Die Haftung des Versicherers für den durch Explosionen anderer Art entstehenden Schaden bedarf der besonderen Vereinbarung.

(2.) Im Falle eines Brandes hat der Versicherer den durch die Zerstörung oder die Beschädigung der versicherten Sachen entstehenden Schaden zu ersetzen, soweit der Schaden die versicherten Sachen betrifft, welche zerstört oder beschädigt werden und soweit die Zerstörung oder die Beschädigung auf der Einwirkung des Feuers beruht oder bei dem Brande durch Löschen, Niederreißen oder Ausräumen verursacht wird oder die unvermeidliche Folge eines Brandes ist, der auf dem Grundstücke, auf dem sich die versicherten Sachen befinden, oder auf einem angrenzenden Nachbargrundstücke stattgefunden hat. Der Versicherer hat auch den Wert der versicherten Sachen zu ersetzen, welche bei dem Brande abhanden kommen. Einen weiteren Schaden, insbesondere einen weiteren mittelbaren Schaden, sowie den durch Eintritt des Versicherungsfalls entgehenden Gewinn umfaßt die Versicherung nur, soweit dies besonders vereinbart ist.

(3.) Auf die Haftung des Versicherers für den durch Blitzschlag oder Explosion entstehenden Schaden finden die für den Fall eines Brandes geltenden Bestimmungen entsprechende Anwendung.

(4.) Der Versicherer haftet nicht für Schäden, die infolge eines Aufruhrs entstehen oder durch Maßregeln verursacht werden, die im Kriege oder nach Erklärung des Kriegszustandes von einem militärischen Befehlshaber angeordnet werden.

(5.) Im Falle eines Erdbebens haftet der Versicherer nur, wenn die in Absatz 1 bis 3 bezeichneten Schadensereignisse und Schäden sowohl in ihrer Entstehung als in ihrem Umfange und in ihrer Ausbreitung weder unmittelbar noch mittelbar und weder ganz noch teilweise mit dem Erdbeben und dessen Wirkungen und den dadurch hervorgerufenen Zuständen, insbesondere der Zerstörung und mangelnden Ordnung, in irgendwelchem Zusammenhange stehen. Für den Fall eines vulkanischen Ausbruchs findet diese Bestimmung entsprechende Anwendung.

(6.) Die Haftung des Versicherers für einen Feuerschaden setzt immer voraus, daß es sich um einen durch ein Brandereignis verursachten Schaden handelt. Der Versicherer hat insbesondere solche Schäden nicht zu ersetzen, welche die versicherten Sachen durch ein Feuer erleiden, dem sie ihrer Bestimmung gemäß ausgesetzt werden[1]).

Hiernach (§ 1 Abs. 1) ist nun allerdings dieser gesetzlich bestimmte Gefahrenumfang insofern eingeschränkt, als die Explosionsgefahr — wenn nicht eine dahingehende besondere Vereinbarung vorliegt — auf die „Explosion von Leuchtgas aller Art, auch wenn es zu anderen als zu Beleuchtungszwecken dient, oder die Explosion von Haushaltungsheizeinrichtungen und von Beleuchtungskörpern“ beschränkt ist.

Hierin liegt aber immerhin den bisherigen Verbandsbedingungen gegenüber, welche die Explosionsgefahr auf Leuchtglasexplosionen eingeschränkt hatten, eine wesentliche Erweiterung. Auch die Zusatzbedingungen für Landwirtschaft schließen die Haftung für den Schaden durch Explosion der dem landwirtschaftlichen Betrieb dienenden Dampfkessel (Dampferzeuger) und Explosionsmotoren nach wie vor ein.

Ferner sehen diese Bedingungen eine Einschränkung der Haftung dem Gesetze gegenüber für Schäden vor, die infolge eines Aufruhrs und eines vulkanischen Ausbruchs entstehen und schließlich engen sie den Begriff der Erdbebenschäden und der Schäden infolge eines vulkanischen Ausbruchs nach den bösen Erfahrungen, welche die Feuerversicherungsgesellschaften bei der Erdbebenkatastrophe von San Franzisko im Jahre 1906 gemacht haben, auf jede mögliche Weise ein (siehe § 1 Abs. 5)[2]).

---

[1]) Die gesamten Allgemeinen Versicherungsbedingungen finden sich abgedruckt in den Veröffentlichungen des AfP. 8. Jahrgang 1909 S. 266 ff.

[2]) Vgl. hierzu die von den Kontinentalen Rückversicherern veranstaltete Sammlung der Erdbebenklausel in den Versicherungsbedingungen der Feuerversicherungsgesellschaften. 1907. Ferner: Drumm: Die Beweislast bei der Erdbebenklausel in den deutschen Feuerversicherungsbedingungen, v. Witzleben: Die Erdbebenklausel in den Feuerversicherungsverträgen. Die letzteren beiden Aufsätze sind erschienen in der Zeitschrift für die gesamte Versicherungswissenschaft Band VII. 3. Heft vom 1. Juli 1907.

Hier sei nebenbei bemerkt, daß unsere deutschen Gesellschaften, die im Auslande arbeiten, soweit sie ihre Geschäfte noch in Erdbebengebieten betreiben, eine ebenso scharfe Erdbebenklausel in ihre Bedingungen aufgenommen haben und daß sie nur in den amerikanischen Gebieten, wo sie auf eine „standard policy" angewiesen sind, von einer derartigen Klausel abgesehen haben. In verschiedenen Arbeitsgebieten waren sie aus Konkurrenzrücksichten gezwungen, eine etwa gewünschte Vereinbarung auf den Einschluß von Erdbebenfeuerschäden gegen Entrichtung einer besonderen Prämie zuzugestehen; es wird jedoch von diesem Zugeständnis mit Rücksicht auf die hierfür geforderte hohe Prämie nur ein äußerst geringer Gebrauch gemacht.

Ganz anders als bei der privaten Feuerversicherung entwickelten sich die Verhältnisse bezüglich der Deckung der Gefahren bei der öffentlichen Feuerversicherung: Hier variieren die Bestimmungen über die Deckung der Explosionsgefahr von dem fast völligen Ausschluß der Schäden von der Ersatzpflicht der Anstalten bis zum Ersatz fast aller Explosionsschäden, sei es gegen besonderes Entgelt, sei es ohne ein solches[1]).

Auch bezüglich des Ersatzes der „Erdbebenfeuerschäden" haben die meisten öffentlichen Feuerversicherungsanstalten keine besonderen Ausschlußbestimmungen — ein Teil derselben erklärt die Erdbebenschäden sogar ausdrücklich für eingeschlossen —, so daß sonach diese Schäden wohl bei der gesamten öffentlichen Feuerversicherung als eingeschlossen erachtet werden müssen, ein Umstand, der trotz der fernliegenden Gefahr eines Erdbebens in Deutschland — die Geschichte verzeichnet immerhin das Vorkommen bedeutender Erdbeben in Stuttgart und im benachbarten Basel — bedenklich erscheint[2]).

In gleicher Weise liegen die Verhältnisse bei der öffent-

---

[1]) Eine Zusammenstellung der betreffenden Bestimmungen bei den einzelnen Anstalten findet sich in den „Annalen des gesamten Feuerversicherungswesens" 38. Jahrgang 1907 Nr. 41.

[2]) Vgl. hierzu: Dr. Ruttke: Die Versicherung gegen Erdbeben und andere unmeßbare Gefahren. Mitteilungen für die öffentlichen Feuerversicherungsanstalten. 1909 S. 237 ff.

lichen Versicherung betreffs der Kriegsschäden und der Schäden infolge eines Aufruhrs. Teilweise bestehen hierüber keine besonderen Ausschlußbestimmungen, teilweise sind sie ausdrücklich eingeschlossen und nur wenige Anstalten treffen bezüglich der Kriegsschäden ähnliche Bestimmungen wie die Privat-Feuerversicherungsgesellschaften oder beschränken den Ersatz auf einen bestimmten Teil des Schadens[1]).

Auch bezüglich der Deckung der Kriegsschäden können Bedenken nicht unterdrückt werden, um so weniger als der „Verband öffentlicher Feuerversicherungsanstalten in Deutschland", der, offenbar in richtiger Erkenntnis der Tragweite dieser Verhältnisse unter anderem als Verbandszweck die Errichtung einer Abteilung für Kriegsschädenversicherung bestimmt hat, bis heute die Schaffung einer solchen Abteilung, die wenigstens etwa entstehende Kriegsschäden auf breitere, tragfähigere Schultern verteilen würde, unterlassen hat.

Wir sehen sonach, daß der Umfang der Gefahr, für welche der Feuerversicherer haftet, eine den fortschreitenden Bedürfnissen folgende Erweiterung erfahren hat. Ausgehend von dem Bedürfnis, Schutz zu gewähren gegen die durch ein Brandunglück, eine Feuersbrunst entstehende Verarmung oder wirtschaftliche Schwächung der Untertanen und deren Folgen (Unfähigkeit der Steuerleistung, Inanspruchnahme der Wohltätigkeit in den damals üblichen Formen usw.), hat die Feuerversicherung weitere Gefahren, die auch zu einer erheblichen Schädigung der wirtschaftlichen Lage der Versicherten führen können, nämlich die Blitzgefahr und die Explosionsgefahren in beschränktem Umfange, in ihren Ersatzbereich aufgenommen.

Niemals aber sollte sie und soll sie gegen etwas anderes als gegen diese drei Gefahren (Brand, Blitz und Explosion) Schutz gewähren. Mit klaren und deutlichen Worten sagt dies der § 82, dessen Sinn in keiner Weise durch die im § 83 VVG. vom Gesetzgeber neben dem Begriffe „Brand" gebrauchten Ausdrucke „Feuer" und „Brandereignis" verdunkelt wird.

Wenn in der Begründung zu den §§ 82—84 gesagt wird, daß sich die Vorschriften des Entwurfs über den Umfang der

---

[1]) Siehe hierüber Annalen 1907 Nr. 41 und Mitteilungen für die öffentlichen Feuerversicherungsanstalten Jahrgang 1869 S. 71 ff.

Gefahr, für welche der Versicherer bei der Feuerversicherung haftet, zum Teil den jetzt maßgebenden Bestimmungen anschließen, zum Teil über die bestehende Praxis hinausgehen, so scheint sich aus den folgenden Ausführungen der Begründung zu ergeben, daß bei der Bemerkung, daß die Vorschriften zum Teil über die bestehende Praxis hinausgehen, lediglich an die Explosionsversicherung gedacht ist, daß aber der Umfang der Gefahr bei der „Brand"versicherung derselbe bleiben soll wie bisher. Nach dem Wortlaut der bisherigen Allgemeinen Versicherungsbedingungen versichert jedoch der Feuerversicherer gegen den Schaden, welcher durch „Brand" (oder Blitzschlag oder durch Explosion von Leuchtgas) verursacht ist.

Wenn die Begründung nun fortfährt: „Gegenwärtig beschränken die Versicherer die ihnen bei einem Brande obliegende Ersatzpflicht der Regel nach auf den Schaden, den der Versicherungsnehmer durch die auf der Einwirkung des Feuers beruhende Zerstörung oder Beschädigung der versicherten Sache erleidet", so dürfte hier der Ausdruck „Feuer" in einem völlig synonymen Sinne mit dem Ausdruck „Brand" gebraucht sein. Denn der Ausdruck „Feuer" findet sich gar nicht in dem § 1 der Verbandsbedingungen von 1886.

Verfolgen wir nunmehr die Begriffsbestimmung bei der „Brand"versicherung zurück, so finden wir in den Verbandsbedingungen von 1874 gleichfalls nur den Ausdruck „Brand"; in den Bedingungen der Magdeburger von 1845 den Ausdruck „Feuer"; in denen der Assekuranzanstalt gegen Brandschaden der Bayerischen Hypotheken- und Wechselbank von 1836 den Ausdruck „Feuersbrunst"; in denen der Aachener von 1825 den Ausdruck „Feuerschaden"; in den Bedingungen der Elberfelder von 1823 den Ausdruck „Brandschaden"; in der Verfassung der Feuerversicherungsbank für Deutschland von 1820 den Ausdruck „Feuersgefahr" sowie „Feuersbrunst" und in der Berlinischen von 1812 den Ausdruck „Feuersbrünste".

Durch nichts aber in der ganzen Entwicklung der Feuerversicherung läßt sich der geringste Anhalt dafür gewinnen, daß durch diesen Wechsel im Ausdruck eine Verschiebung oder Änderung des Zwecks der „Brand"versicherung eintreten sollte oder eingetreten ist.

Nur der Ausdruck hat gewechselt, der Zweck ist jedoch bis heute derselbe geblieben, nämlich die durch eine Feuersbrunst, ein Feuer, einen Brand, ein Brandereignis verursachten Schäden zu ersetzen. Alle diese Ausdrücke sind synonym und bedeuten „ein entfesseltes Feuer“ [1]), d. h. ein Feuer, das sich außerhalb seines ordnungs- und bestimmungsmäßigen Herdes befindet, welches Gegenstände ergreift, die zum Verbrennen in dieser Weise nicht bestimmt sind, welches eine Bekämpfung mit außergewöhnlichen Mitteln erfordert und ohne Zuführung neuen Zündstoffes sich selbständig fortzuentwickeln vermag, ein elementares Brandereignis [2]), ein außergewöhnliches Ereignis, bei dem die zerstörende Gewalt des Feuers die Gefahr unabsehbarer, vom einzelnen nicht beherrschbarer Folgen in sich birgt.

Wenn die Privatassekuranz, nicht minder wie die öffentliche Feuerversicherung, auf dem Gebiete der Mobiliarversicherung im heißen Konkurrenzkampfe sich gegenseitig an sogenannter „Kulanz“ [3]) überbietend, freiwillig, ohne eine rechtliche Verpflichtung anzuerkennen, Entschädigungen auch in Fällen zahlten, in denen „ein Brand“ im Sinne der Versicherungsbedingungen nicht vorlag, so konnte dies Verfahren an sich, trotzdem es sich zu einem allgemeinen Mißbrauch entwickelte, niemals den eigentlichen Zweck der „Brand“versicherung verschieben.

Nur die Versicherten verwechselten allmählich die Begriffe und mit Begehrlichkeit wurde die „Kulanz“ der Feuerversicherungsgesellschaften benutzt, um Ersatz für Schäden zu fordern, die niemals den Charakter eines „Brandschadens“ an sich trugen.

Darunter fielen in erster Linie die sogenannten Betriebsschäden, z. B. die Schäden in Fabriken und in sonstigen gewerblichen Betrieben, aber auch im Haushalt, wenn durch Feuer als Verarbeitungsmittel ein Schaden verursacht

---

1) Siehe Hauck-Stör: Bayerische Brandversicherungsgesetze. 4. Aufl., S. 78, 79, 205 und Urteil des Amtsgerichts Braunschweig vom 23. Juni 1910 in Sachen Raschen gegen die Leipziger Feuerversicherungs-Anstalt.

2) Vgl. Veröffentlichungen des AfP. 9. Jahrgang S. 13f.

3) Siehe Dr. Worms: Der Kulanzbegriff im Versicherungswesen. Köln 1907.

wird, d. h. Schäden, die an den versicherten Gegenständen entstehen durch die Einwirkung eines Feuers, dem sie ihrer Bestimmung gemäß ausgesetzt werden, wie die beim Aufdämpfen versengten Straußenfedern, die im Waschkessel verbrannte Wäsche[1]), das Durchbrennen von Kochgeschirr, das Schmelzen eines nicht genügend mit Wasser gefüllten Badeofens; in zweiter Linie die sogenannten Seng-, Sprung- und Rauchschäden ohne eigentlichen Brandausbruch, wie die beim Trocknen am heißen Ofen oder auf der heißen Herdplatte versengten Kleidungsstücke oder Stiefel, die beim Plätten versengte Wäsche, die durch abspringende Streichholzkuppen oder Funken von Zigarren oder durch achtlos weggeworfene Streichhölzer oder heiße Lampenzylinder oder Glühkörper an Kleidern, Regenschirmen, Tischdecken verursachten Sengschäden, die Sprungschäden an Spiegeln oder Fenstern durch die Einwirkung einer brennenden Lampe oder Kerze, die Rußschäden, die durch qualmende Lampen herbeigeführt werden, kurz Schäden, wie sie in jedem Haushalt durch Zufall oder Achtlosigkeit mehr oder minder häufig vorkommen; sie alle wurden als „Brandschäden" dem Versicherer angemeldet und von diesem als sogenannte „Bagatellschäden" im Liberalitätswege aus Kulanzrücksichten entschädigt.

Wenn, wie Worms[2]) sehr richtig bemerkt, durch die Befriedigung dergleichen Ansprüche sich eine besondere Versicherungsmoral herausgebildet hat, die eine Trübung des natürlichen Rechtsgefühls produziert hat, so ist das nur begreiflich. Eine Zunahme dürften die sogenannten Haushalts- und Betriebsschäden durch das Vorgehen der Verbandsgesellschaften im Jahre 1886 erfahren haben, als die letzteren aus den bisherigen Verbandsbedingungen in der Überzeugung, daß aus der Bezeichnung Brandschaden hinreichend deutlich hervorgehe, daß Schäden

---

[1]) Vgl. Bericht der VIII. Kommission über den Entwurf des VVG. Seite 70.

[2]) Dr. Worms: „Die Bagatellschäden in der Feuerversicherungspraxis und Kritik der bisherigen Vorschläge zu ihrer Bekämpfung" in der Zeitschrift für die gesamte Versicherungswissenschaft X, 1. Heft S. 129, woselbst auch die bezügliche Literatur der letzten Jahre angegeben ist.

gedachter Art nicht unter die Versicherung fielen[1]) (§ 1 Abs. 2 letzter Satz), die Bestimmung strichen: „Wenn ein zu irgend einem Zwecke des Haushaltes oder Gewerbebetriebes der Einwirkung der Wärme oder des Feuers ausgesetzter Gegenstand dadurch in Brand geraten oder beschädigt ist, so wird nur der an den übrigen versicherten Gegenständen hierbei entstandene Schaden ersetzt". Mußte dies nicht die Versicherten zu dem Glauben veranlassen, daß auch diese Schäden ersatzpflichtig seien? Und mußte nicht dieser Glaube auch auf die sonstigen an sich unberechtigten Ansprüche der Versicherten zurückwirken?

Wahrlich, Posselt hat recht, wenn er sagt[2]): „Es ist lediglich ein Akt der ausgleichenden Gerechtigkeit im Leben, wenn wir mit den Ruten gezüchtigt werden, die wir uns selbst gebunden haben."

Die Ansprüche wuchsen denn auch ins Ungemessene, so daß sich die Feuerversicherungsunternehmungen im Laufe der Zeit einem tatsächlichen Notstande gegenübersahen, der dringend der Abstellung bedurfte. Eine für das Jahr 1903 von der Vereinigung der in Deuschland arbeitenden Feuerversicherungsgesellsschaften aufgestellte Statistik ergab, daß von 31 größeren Gesellschaften

28211	Fälle	mit	einem	Betrage	bis	10	M
20276	"	"	"	"	"	20	"
10463	"	"	"	"	"	30	"
5523	"	"	"	"	"	40	"
3865	"	"	"	"	"	50	"

bezahlt worden waren, so daß hiefür der Betrag von 1138533 M aufgewendet wurde, wozu noch die nicht unerheblich ins Gewicht fallenden Regulierungskosten kommen. Wenn nun auch nicht angenommen werden kann, daß diese Beträge samt und sonders für nicht entschädigungspflichtige Fälle gezahlt worden sind, so zeigte doch diese Statistik, daß es höchste Zeit sei, den bisher beschrittenen Weg zu verlassen.

---

1) Denkschrift der Vereinigung der in Deutschland arbeitenden Privat-Feuerversicherungsgesellschaften vom 15. Dezember 1901, abgedruckt in der Zeitschrift für die gesamte Versicherungswissenschaft Bd. II, 1902 S. 254.

2) Posselt: „Bagatellschäden" in der Zeitschrift für Versicherungswesen 1909 Nr. 36.

Der Ausdruck „Bagatellschäden,“ der sich für diese Schäden eingebürgert hat, ist übrigens ein äußerst unglücklicher, denn es gibt in der Tat auch geringe Schäden, die wirkliche „Brandschäden“ im Sinne der Versicherungsbedingungen sind, und ebenso kann es sehr bedeutende Schäden geben, die nicht entschädigungspflichtig, sonach „Bagatellschäden“ nach dem jetzigen Sprachgebrauch sind; z. B. es brennt ein Versicherter aus Unvorsichtigkeit in eine äußerst kostbare Spitzendecke im Werte von einigen Tausend Mark mit der Zigarre ein Loch. Hier handelt es sich zweifellos um einen nicht entschädigungspflichtigen Schaden, einen „Bagatellschaden“, während das Verbrennen eines alten, völlig wertlosen, zum reinen Zunder gewordenen Vorhangs, der unter Umständen das ganze Haus hätte in Flammen setzen können, ein Brandereignis im Sinne der Versicherungsbedingungen ist, obwohl es sich um eine „Bagatelle“ handelt.

Infolge der außerordentlichen Zunahme solcher Ansprüche wurden auch die Organe der Feuerversicherungsgesellschaften im Jahre 1904 angewiesen, eine größere Zurückhaltung in der Begleichung solcher Schäden in Zukunft zu beobachten. Nichtsdestoweniger hallen die Geschäftsberichte der folgenden Jahre von den Klagen der Gesellschaften über den Krebsschaden wider, der dem Betriebe durch die unberechtigten Entschädigungsansprüche der Versicherten zugefügt werde. Jedoch wurde von den Gesellschaften in Aussicht genommen, erst anläßlich der Umarbeitung der Allgemeinen Versicherungsbedingungen, die infolge der Einführung des VVG. notwendig wurde, der ferneren Ausbeutung durch die Versicherten einen Riegel vorzuschieben.

Inzwischen erschienen in der Fachpresse eine Reihe von Vorschlägen zur Bekämpfung der sogenannten Bagatellschäden [1]), die teilweise in der Festlegung einer Franchise, wie in der Transport- und Haftpflichtversicherung, gipfelten. Da es aber den Gesellschaften, schon im Interesse des kleinen Mannes, für den unter Umständen schon ein geringfüger Brandschaden schwer fühlbar ist, nicht darum zu tun war, auch in der Feuer-

---

[1]) Siehe Worms in der Zeitschrift für die gesamte Versicherungswissenschaft X. 1. Heft, S. 127.

versicherung eine allgemeine „Selbstversicherung“ einzuführen, sondern nur darum, die Feuerversicherung ihrem ursprünglichen Zwecke wieder zuzuführen und unberechtigte Ansprüche für Schäden, die keine „Brand“schäden im Sinne der Versicherungsbedingungen sind, zurückzuweisen, so haben sie davon abgesehen, den ihnen vorgeschlagenen Weg zu betreten.

Sie haben es vielmehr, obwohl in der XII. Kommission zur Beratung des VVG. der in der VIII. Kommission dem § 83 hinzugefügte Absatz: „Für einen Schaden, welchen die versicherten Sachen durch ein Feuer, dem sie ihrer Bestimmung gemäß ausgesetzt werden, hat der Versicherer Entschädigung nicht zu leisten“, als unnötig wieder gestrichen worden war, weil die Schäden, auf welche er sich beziehe, nicht unter den Begriff eines „Brandes“ fielen und weil die Einfügung eines solchen Satzes, in welchem etwas Selbstverständliches ausgesprochen werde, leicht irreführend wirken könne, doch zur Verhütung von Zweifeln für richtiger gehalten, diesen gestrichenen Absatz, wie er schon ähnlich in den Verbandsbedingungen von 1874 enthalten war, aber leider durch die Neuredaktion derselben im Jahre 1886 beseitigt worden war, wieder in die Bedingungen aufzunehmen, um gegen die Geltendmachung unberechtigter Ansprüche aus sogenannten „Betriebsschäden“ besser geschützt zu sein.

Die Ausnützung der Gesellschaften durch die andere Art von Ansprüchen, wie wir sie oben dargestellt haben, aus sogenannten Haushaltungs- und sonstigen Bagatellschäden, soll durch die Aufnahme folgender Bestimmung hintangehalten werden: „Die Haftung des Versicherers für einen Feuerschaden setzt immer voraus, daß es sich um einen durch ein Brandereignis verursachten Schaden handelt.“

Mit der Inkraftsetzung der neuen Versicherungsbedingungen haben auch die Feuerversicherungsgesellschaften angefangen, eine andere Behandlung der Bagatellschäden eintreten zu lassen.

Die Folge hiervon ist eine sehr häufige Inanspruchnahme der Aufsichtsbehörden, insbesondere des AfP., mit Beschwerden von Versicherten, die sich in ihren Rechten verletzt fühlen, da bis in die letzte Zeit derartige Ansprüche von den Feuerversicherungsgesellschaften meistens glatt befriedigt wurden.

Das Aufsichtsamt hält die Stellungnahme der Gesellschaften den sogenannten Bagatellschäden gegenüber für vollkommen berechtigt und sagt anläßlich einer solchen Beschwerde ausdrücklich: „Wir müssen der Auffassung des Vorstandes beipflichten. Aufgabe der Feuerversicherung ist es nur, Schäden zu ersetzen, die durch ein elementares Brandereignis verursacht werden. Wenn demnach die Gesellschaften neuerdings mehr und mehr den Standpunkt vertreten, daß sie für weitergehende Ansprüche ihrer Versicherten nicht einzustehen haben und insbesondere sogenannte Bagatellschäden nicht zu ersetzen verpflichtet sind, denen ein Brandereignis der bezeichneten Art nicht zugrunde liegt, so kann dies von der Aufsichtsbehörde nur gutgeheißen werden[1].“ In demselben Sinne hat sich das AfP. auf Ersuchen des Amtsgerichts Braunschweig gutachtlich geäußert[2].

Die gerichtlichen Klagen werden sich naturgemäß bei der Entschlossenheit sowohl der Privatfeuerversicherungsgesellschaften als auch der öffentlichen Feuerversicherungsanstalten, diesem Mißbrauch ein Ende zu machen[3], außerordentlich häufen, so daß zu erwarten steht, daß in Bälde, wie es auch der Wunsch der XII. Kommission zur Beratung der VVG. war, die Rechtsprechung den Begriff eines die Ersatzpflicht der Versicherer begründenden Brandschadens klarstellen wird, da der Gesetzgeber „seiner Taktik“ gemäß sich hier von einer Begriffsformulierung ferngehalten hat[4].

In den bis heute vorliegenden Urteilen stellen sich sämtliche Gerichte, bis auf das Landgericht Berlin und Breslau, auf

---

[1]) Siehe Veröffentlichungen des AfP. Nr. 1. April 1910 S. 13 f.

[2]) Siehe Veröffentlichungen des AfP. Nr. 4, Dezember 1910 S. 272 ff.

[3]) Nach den Protokollen über die 42. Hauptversammlung der Vereinigung öffentlicher Feuerversicherungsanstalten vom 28. Juni 1910 und der Generalversammlung der Vereinigung der in Deutschland arbeitenden Privat-Feuerversicherungsgesellschaften vom 11. 12. November 1910 ist ein Abkommen zwischen den öffentlichen Feuerversicherungsanstalten und den privaten Feuerversicherungsgesellschaften über die fernere Behandlung der Bagatellschäden getroffen worden.

[4]) Vgl. Kritik des Gesetzentwurfs über den Versicherungsvertrag in den Veröffentlichungen des Deutschen Vereins für Versicherungswissenschaft Heft II 1904 S. 386 ff.

den Standpunkt der Feuerversicherungsunternehmungen[1]). Sache dieser wird es sein, durch Verbreitung der zu ihren Gunsten ergangenen Urteile in den Versichertenkreisen aufklärend und beruhigend zu wirken.

Ein ganz anderes Bild, wie bei der oben dargestellten Entwicklung des Umfangs der Gefahr, zeigt sich uns bei der Betrachtung des Umfangs der Leistungen des Feuerversicherers. Hier sehen wir von Anfang an bis zur Einführung des VVG., also, soweit die Privatfeuerversicherung in Frage kommt, ein volles Jahrhundert lang, die Leistungspflicht in nahezu völlig gleichbleibender Weise — mit ganz geringen Ausnahmen — sich erstrecken auf den Ersatz

1. des durch den Brand unmittelbar an den versicherten Gegenständen verursachten Schadens und

2. gewisser, ganz bestimmter mittelbarer Schäden, nämlich des Schadens, der an den versicherten Gegenständen durch die versuchte Unterdrückung des Brandes entstanden ist, also a) des durch das Löschen verursachten Wasserschadens; b) des durch das Niederreißen von Gebäudeteilen herbeigeführten Schadens; ferner c) des Schadens, der beim Retten oder Ausräumen infolge Entwendung versicherter Gegenstände und schließlich d) des Schadens, der durch Aufwendung von Rettungskosten für versicherte Gegenstände entstanden ist[2]).

Inhaltlich genau so, wie unsere ersten deutschen Versicherungsgesellschaften, nur mit etwas anderen Worten, bestimmen die Verbandsbedingungen von 1886, die bis zum Inkrafttreten der VVG. in Kraft waren, den Umfang der Leistungen des Feuerversicherers:

„Die Gesellschaft versichert gegen den Schaden, welcher an den versicherten Gegenständen durch Brand oder Blitzschlag oder durch Explosion von Leuchtgas, sowie das durch solche Ereignisse veranlaßte Löschen, Niederreißen oder notwendige

---

[1]) Siehe die in den Veröffentlichungen der AfP. Nr. 4, Dezember 1910 Anhang S. 114ff. abgedruckten Urteile.

[2]) Siehe die diesbezüglichen Bestimmungen der betreffenden Versicherungsunternehmungen in der Sammlung von Versicherungsbedingungen deutscher Versicherungsanstalten I. Teil, Berlin 1908, S. 12, 19, 24, 26, 32, 34, 38, 43, 57 f., 73, 75, 80, 99.

Ausräumen verursacht ist, soweit derselbe in der Beschädigung, Vernichtung oder dem Abhandenkommen versicherter Gegenstände besteht."

In entsprechender Weise begrenzen auch die öffentlichen Feuerversicherungsanstalten ihre Leistungspflicht.

In der Hauptsache waren es also unmittelbare und daneben einige wenige, genau bezeichnete mittelbare Sachschäden, auf welche die deutsche Feuerversicherung fast während des ganzen Verlaufes des vorigen Jahrhunderts ihre Ersatzpflicht begrenzte.

So sehr auch die Bedürfnisse des praktischen Lebens darnach drängten, den Umfang der Leistungen, für die der Feuerversicherer aufzukommen hat, zu erweitern und noch andere mittelbare Schäden — zum mindesten mittelbare Sachschäden — in den Kreis der Ersatzpflicht der Feuerversicherer einzubeziehen, so sehr sträubten sich die Aufsichtsbehörden vieler deutscher Staaten, darunter diejenigen der größten (Preußen, Bayern, auch Baden), eine derartige Erweiterung zuzulassen. In Sachsen, Württemberg, Hamburg, Bremen, Lübeck und dem Reichsland war mangels entgegenstehender landesgesetzlicher Vorschriften die sogenannte „indirekte Feuerversicherung" zweifellos zulässig.

Dieser Widerstand der Aufsichtsbehörden ist verständlich, wenn man bedenkt, unter welchen Voraussetzungen die gesamten, das Feuerversicherungswesen betreffenden gesetzlichen Bestimmungen zu Beginn der privaten Feuerversicherung erlassen worden sind. Blickt doch aus denselben das Mißtrauen gegen jeden, der seine Habe gegen Feuer versicherte hervor; glaubte doch damals der Staat die Allgemeinheit schützen zu müssen gegen diejenigen, welche sich durch die Versicherungsnahme des beabsichtigten Betrugs verdächtig machten. Man darf z. B. nur einen Blick in das preußische Gesetz über das Mobiliar-Feuerversicherungswesen vom 8. Mai 1837 hineinwerfen, um sich von der Richtigkeit dieser Behauptung zu überzeugen.

Daß für die Behörden, die von derartigen Voraussetzungen ausgingen, jede Ausdehnung der Leistungspflicht der Feuerversicherer einen Vorschub betrügerischer Handlungen bedeutete, ist nur zu natürlich.

Dazu kam, daß es auch bei der Mehrzahl der deutschen Feuerversicherer selbst lange Zeit an der rechten Initiative zur Erweiterung des Umfangs ihrer Leistungen fehlte, da man auch auf dieser Seite besorgt war, es möchte die Möglichkeit einer Deckung gegen weitergehende mittelbare Sachschäden, namentlich in Zeiten schlechter Konjunkturen, einen Anreiz zur fahrlässigen oder absichtlichen Brandstiftung bieten.

Trotz alledem konnten sich die Feuerversicherer dem dringenden Bedürfnisse der Großindustrie — in erster Linie der Zuckerindustrie — nicht länger entziehen und entschlossen sich deshalb, unter gewissen Vorsichtsmaßregeln zur Versicherung desjenigen Schadens, welcher den Zuckerfabrikanten dadurch erwächst, daß bei der Zerstörung oder Beschädigung ihrer Etablissements durch Brand, Blitzschlag oder Explosion die vorhandenen Rübenvorräte ganz oder teilweise zur eigenen Verarbeitung nicht gelangen können, sofern diese Rüben sich nicht in Räumen befunden haben, welche vom Brande betroffen wurden und in denen sie gegen Brandschaden versichert waren oder sein konnten.

Als diese Versicherungsart zur Kenntnis der preußischen Aufsichtsbehörde gekommen war, verbot sie dieselbe durch eine Verfügung vom 27. Februar 1888, ließ dieselbe jedoch auf entsprechende Vorstellung aus den Kreisen der Zuckerindustrie unter Anerkennung des wirtschaftlichen Bedürfnisses in einzelnen Fällen unter der Bedingung zu, daß der Wertsverlust nach dem marktgängigen Rübenpreis zurzeit des die Betriebseinstellung herbeiführenden Brandes zu ersetzen ist und daß die betreffenden Zuckerfabriken mindestens ein Viertel dieses Wertes in Selbstversicherung nehmen.

Zu Beginn der neunziger Jahre des vorigen Jahrhunderts gewährte die Hamburg-Bremer Feuerversicherungsgesellschaft der Brauindustrie eine Versicherung gegen

Entwertung des Bieres, welche in den Gär- und Winterkellern dadurch herbeigeführt wird, daß die infolge Brandes, Blitzschlags oder Explosion stattgehabte Außerbetriebssetzung der Eismaschinen oder Kühlanlagen es unmöglich macht, die Biervorräte rechtzeitig und gehörig zu kühlen, sowie gegen

Entwertung der Gerste in dem Falle, daß aus

gleichem Anlaß die vorhandenen Darren außer Betrieb gesetzt sind und so die eingeweichte und im Wachstum begriffene Gerste dem Verderben ausgesetzt wird.

Als diese Neuerung (durch eine Eingabe des Verbands deutscher Privat-Feuerversicherungsgesellschaften vom 14. Juni 1892) der preußischen Aufsichtsbehörde bekannt geworden war, erließ der Minister des Innern unter dem 23. Juni 1892 an sämtliche Regierungspräsidenten eine Verfügung, wonach die Feuerversicherungsgesellschaften aufmerksam gemacht werden sollten, „daß nur reale, bewegliche und unbewegliche Gegenstände gegen unmittelbar oder mittelbar durch Feuer verursachte Schäden, d. h. nur gegen solche Schäden versichert werden dürfen, welche an Gebäuden, Mobiliar, Vorräten und Moventien durch Brand entstehen oder bei Gelegenheit eines Brandes durch Einreißen, Diebstahl, Ausräumen, Wasserbeschädigung oder andere im Gefolge der Lösch- und Rettungsversuche vorgenommene Maßregeln verursacht werden, daß dagegen eine Ausdehnung des Geschäfts der Feuerversicherung auf Verluste an Vorteilen, welche der Beschädigte, wenn der Feuerschaden nicht eingetreten wäre, hätte erlangen können, insbesondere also auf Verluste am Geschäftsgewinne infolge von Betriebsstörungen oder von Preisänderungen unzulässig ist“.

Aber bereits einige Monate später wurde auf entsprechende Vorstellungen der interessierten Kreise hin diese Art der indirekten Feuerversicherung von dem preußischen Minister des Innern durch Erlaß vom 29. Oktober 1892 unter der Bedingung zugelassen, daß durch diese Versicherung der Wertsverlust höchstens bis zur Höhe des Selbstkostenpreises ersetzt und von den versicherten Brauereien ein Viertel des Engrosverkaufspreises des Bieres sowie des Selbstkostenpreises der Gerste in Selbstversicherung genommen werden. Im übrigen behalte es bei den Vorschriften des Erlasses vom 23. Juni, namentlich auch betreffs des Verbotes der sogenannten Chômageversicherung, d. h. der Versicherung von Verlusten an Geschäftsgewinn, Mietsverlusten usw., auch ferner sein Bewenden.

Diesem Vorgehen schlossen sich auch die Bundesstaaten Bayern und Baden, in denen die Versicherung solcher mittelbarer Schäden für unzulässig angesehen wurde, an (Bayern laut Verordnung vom 18. Juli 1893, Baden laut Verordnung vom 7. November 1893). Auch Württemberg ließ durch Reskript vom 24. Juni 1893 diese Versicherungsart ausdrücklich zu, obwohl ein Verbot, die Versicherung auf die Vergütung von sonstigen durch Brand hervorgerufene Vermögensschäden, insbesondere von entzogenen Nutzungen oder entgangenem Gewinn zu erstrecken, weder in dem maßgebenden Gesetze vom 19. Mai 1852 (Mobiliar), noch in dem Gesetze vom 14. März 1853 (Immobiliar) ausgesprochen ist.

Im Jahre 1898 (27. August) wurde in Preußen die Versicherung der bei Brand- usw. Schäden entstehenden Aufräumungskosten insoweit zugelassen, als die Kosten nicht bei Bewertung der Restwerte durch Anrechnung bei der Schadensfeststellung vergütet sind. Die Abfuhrkosten dürfen jedoch nach dieser Verfügung nur bis zur nächsten geeigneten oder gestatteten Ablagerungsstelle vergütet werden. Diesem Vorgange folgte im Jahre 1902 das AfP. und das sächsische Ministerium des Innern. Mit dieser Zulässigkeitserklärung haben diese Behörden bereits den Boden der (mittelbaren) Sachversicherung verlassen und haben einen Schritt in das Gebiet der Versicherung der durch den Schadenfall notwendig werdenden Geldausgaben gemacht, die ein Gegenstück bildet zu der Versicherung der durch den Schadenfall herbeigeführten Verluste an Einnahmen oder zu der Versicherung des entgehenden Gewinns.

Auf demselben Wege befand sich früher Preußen und später das AfP. bei der Zulassung der sogenannten Baulastversicherung und der ausdrücklichen Genehmigung hierfür besonders von einer Gesellschaft[1]) ausgearbeiteter Bedingungen. Auf Grund der in den preußischen Provinzen Schleswig-Holstein, Pommern, Ost- und Westpreußen, Posen und Brandenburg, den Großherzogtümern MecklenburgSchwerin und Mecklenburg-Strelitz üblichen Pachtverträge obliegen dem Pächter im Falle eines infolge Brandes, Wind- oder Wasserschadens notwendigen Baues eine ganze Reihe von Verpflichtungen, die man dort gewöhnlich als

[1]) Hagel- und Feuerversicherungsgesellschaft auf Gegenseitigkeit zu Greifswald. — Bedingungen für Baulastversicherung von 1905, abgeändert 1910.

„Baulast“ bezeichnet: Vor allem sind es Hand- und Spanndienste sowie sonstige Verpflichtungen sowohl hinsichtlich des Baupersonals, wie z. B. Gewährung von Obdach an die Bauhandwerker (geschützte Lagerstätte, Kochgeschirr, Feuerungsmaterialien zur eigenen Bereitung der Beköstigung), Beköstigung des Bauaufsehers, Beaufsichtigung sämtlicher Arbeiten, als auch hinsichtlich des Baumaterials und der Bauplätze, z. B. Lieferung des Strohdachs und Bestreitung des Deckerlohns, Lieferung der Weidenbänder für die Schrofe zum Weichdach, Stellung des Raums zur Lagerung von Materialien.

Neben diesen geldwerten Leistungen kommen auch Barleistungen zu den Baukosten in Betracht, und zwar bei Brandschäden etweder Tragung eines Teils ($^1/_6$, $^1/_{10}$, $^1/_{15}$) der Mehrkosten, d. i. desjenigen Betrags der Baukosten, welcher nicht durch die Brandentschädigungsgelder gedeckt ist, mit oder ohne Verzinsung des Restes oder nur Verzinsung der Mehrkosten, und zwar zu 1% oder 4%; bei Wetterschäden Tragung eines Teils der *gesamten* Baukosten oder Verzinsung derselben.

Diese den Pächtern obliegenden Leistungen beziffern sich nicht selten auf Werte oder Beträge bis zu 20 000, ja bis zu 30 000 M, so daß ein größerer Brand- oder Wetterschaden den gegen Baulast nicht versicherten Pächter an den Bettelstab bringen kann. In denselben Gegenden liegen auch den Patronen schwere Verpflichtungen ob, wenn Kirchen- oder Schulgebäude nach einem Brande wiederherzustellen sind.

Alle diese an einen Brand-, Sturm- oder Wasserschaden sich anknüpfenden Lasten werden von einer Reihe von Feuerversicherungsgesellschaften (Colonia, Schwedter Hagel- und Feuerversicherungsgesellschaft a. G., Mecklenburgischen Feuerversicherungsanstalt zu Güstrow, sowie einer ausschließlich zu diesem Zweck gebildeten Pächtervereinigung in Stralsund) unter dem Namen „Baulastversicherung“ ersetzt. Am eingehendsten ist dieselbe durch die Hagel- und Feuerversicherungsgesellschaft auf Gegenseitigkeit zu Greifswald geregelt worden. Auch die *öffentlichen Feuerversicherungsanstalten* übernehmen derartige Baulastversicherungen gleich den privaten Feuerversicherungsgesellschaften.

Unter dem 2. Februar 1901 erließ der preußische Minister

des Innern unter Bezugnahme auf den obenangeführten Erlaß vom 23. Juni 1892 eine Verfügung, wonach von den Feuerversicherungsgesellschaften derjenige Schaden versichert werden darf, welcher in Zuckerfabriken in notwendiger Folge eines Brandes, Blitzschlags oder einer Explosion durch nachträgliches Verderben der Zwischenprodukte von Rüben entsteht. Diese Versicherung indirekten Schadens war nach dieser Verfügung nur unter den Bedingungen zulässig, daß

1. die Ermittelung des sachlichen Schadens in der allgemein üblichen Weise nach den in den Versicherungsbedingungen enthaltenen Bestimmungen erfolgt,
2. nur die wirklich erwachsenen Selbstkosten der Schadenermittelung zugrunde gelegt werden,
3. der Versicherte ein Viertel des Schadens selbst zutragen hat.

Endlich wurde nach dem Inkrafttreten des Versicherungsaufsichtsgesetzes vom AfP. einer Anzahl von Feuerversicherungsgesellschaften die Erlaubnis zur Versicherung von Waren in Kühlhäusern gegen Entwertung, welche infolge der Zerstörung oder Beschädigung der Eismaschinen und Kühlanlagen durch Feuer, Blitzschlag oder Dampfkesselexplosion eintritt mit der Maßgabe erteilt, daß die Gesellschaften die Versicherung gegen den mittelbaren Sachschaden nur für Gegenstände übernehmen dürfen, die sie bereits gegen unmittelbaren Brand-(Explosions-) Schaden versichert haben.

Wie aus Vorstehendem zu ersehen ist, konnte der in dem größten Teile Deutschlands festgehaltene Grundsatz der ausschließlichen Zulässigkeit des Ersatzes von unmittelbaren Brandschäden durch die Feuerversicherung — ausgenommen die Fälle mittelbarer Schäden, die nach der oben gegebenen Darstellung von Anfang an in die Leistungspflicht des Feuerversicherers eingeschlossen waren — in den letzten beiden Jahrzehnten, wenigstens bezüglich mittelbarer Sachschäden, nicht mehr aufrechterhalten werden, da man sich den offenkundigen Bedürfnissen der Industrie nicht mehr länger zu entziehen vermochte.

Dagegen sträubte man sich mit Erfolg bis zum Inkrafttreten des VVG. gegen die Zulassung einer Versicherung gegen den durch einen Brand herbeigeführten Gewinnentgang. Mehrfache Versuche interessierter Kreise — namentlich von Haus-

und Grundbesitzervereinen[1]) —, die gewollte Freigabe der Versicherung gegen die Verluste, welche an Hausmieten und anderen Gebäudeerträgen durch Schadenfeuer entstehen, sonach eine Erweiterung der indirekten Feuerversicherung gegenüber dem preußischen Ministerialerlaß vom 29. Oktober 1892 zu erreichen, scheiterten an dem Widerstande der durch den Versicherungsbeirat beratenen preußischen Aufsichtsbehörde[2]).

Lediglich im hamburgischen Staatsgebiete finden wir schon seit ca. 100 Jahren einen schüchternen Versuch der Gewinnentgangversicherung, indem nach einer Bestimmung der neu revidierten Hamburgischen Generalfeuerkasseordnung vom 1. Dezember 1817 — es handelt sich hier nur um Immobiliarversicherung — sich jeder Versicherte bis zu 10 % der Versicherungssumme (Schätzungssumme) gegen unvorhergesehene Schäden, die sich infolge des Brandschadens einstellen, versichern kann. Gedacht ist hier an „die Fälle, in denen die Taxation dem Abgebrannten eine volle Entschädigung nicht gewährt, da namentlich der Verlust an Zinsen und Mieten beträchtlich sein kann, da ferner die Erstattung abseiten der Feuerkasse nur nach Maßgabe des Wertes des abgebrannten Gebäudes stattfinden kann, es aber oft untunlich sein wird, mit einer solchen Summe ein gleiches Gebäude wieder hinzustellen, dazu vielmehr oft größere Geldmittel gehören, deren Aufwendung dem Abgebrannten nicht immer gleichgültig sein kann“[3]). Nach dem

---

[1]) Vgl. Eingabe des Bundes Berliner Grundbesitzervereine vom 12. Oktober 1896 an das preußische Ministerium des Innern.

[2]) Vgl. Gutachten der Direktoren Brüning (Gotha) und Tschmarke (Magdeburg) zur Frage, betreffend die Zulässigkeit der Versicherung gegen indirekten Schaden XIX. Ergänzungsheft der Zeitschrift des Preuß. Statistischen Bureaus. Denselben ablehnenden Standpunkt nahmen in der Sitzung des preuß. Versicherungsbeirats vom 27. und 28. November 1900 die Direktoren Springorum (Elberfeld) und Vatke (Magdeburg) sowie von Seiten der Sozietäten Generaldirektor Klitzing (Königsberg) ein. Vgl. auch: Denkschrift der Vereinigung der in Deutschland arbeitenden Privat-Feuerversicherungsgesellschaften vom 15. Dezember 1901 abgedruckt in der Zeitschrift für die gesamte Versicherungswissenschaft II. Bd. 1902 S. 255.

[3]) Siehe Sammlung von Materialien, betreffend die Entwicklung der Gesetzgebung über die Versicherung des verbrennlichen unbeweglichen Eigentums in Hamburg 1897 S. 27.

neuen Hamburgischen Feuerkassengesetz vom 28. Februar 1910, ist sogar die bisherige fakultative Zuschlagsversicherung von 10 % über den Wert, die sich in der Praxis als sehr segensreich erwiesen haben soll, obligatorisch geworden.

Das VVG. vertritt nun in bezug auf den Gegenstand der Schadenversicherung eine von der bisherigen Auffassung völlig abweichende Ansicht. Während bisher streng daran festgehalten wurde, daß die versicherte Sache der Gegenstand der Schadenversicherung sei, „stellt sich das VVG. mit voller Energie auf den allein richtigen Standpunkt, daß ausschließlieh das Interesse den Gegenstand der Schadenversicherung bildet, ein Grundgedanke, der in der Seeversicherung längst Anerkennung gefunden hat und dem es wesentlich zu danken ist, wenn dieser Teil des Versicherungsrechts im deutschen Handelsgesetzbuch eine so sichere und konsequente Durchbildung erhalten hat“ [1]).

In folgerichtiger Durchführung dieser Auffassung hat der Gesetzgeber, trotz des lebhaften Widerspruchs namentlich aus den Kreisen der Feuerversicherer[2]), die Versicherung des durch den Eintritt des Versicherungsfalls entgehenden Gewinns für allgemein zulässig erklärt (§§ 53, 89, 90 VVG.). Die wirtschaftlichen Gesichtspunkte, die für die Beseitigung des bisher im größten Teile Deutschlands bestehenden Verbots maßgebend waren, sind in der Begründung zu § 89 VVG. dargelegt: „Die Versicherung entgehenden Gewinns kommt einem wirtschaftlichen Bedürfnis entgegen, da die Deckung des einfachen S a c h werts keineswegs in allen Fällen genügt, um die Vermögensnachteile auszugleichen, die ein Feuerschaden dem Versicherungsnehmer bringt. Aus den Kreisen der Hausbesitzer ist wiederholt der Wunsch geltend gemacht worden, daß eine Versicherung gegen den mit einem Brande verbundenen Mietausfall ermöglicht werde. Auch der Versicherung gewerblicher Unternehmungen

---

[1]) Dr. V. Ehrenberg: Entwurf eines Gesetzes über den Versicherungsvertrag. Zeitschrift für die gesamte Versicherungswissenschaft Bd. III S. 323. Nähere Ausführungen hierüber siehe: Manes: Kommentar zum deutschen Reichsgesetz über den Versicherungsvertrag. Berlin 1908 S. 234 ff.

[2]) Siehe insbesondere: Denkschrift der „Vereinigung“ in der Zeitschrift für die gesamte Versicherungswissenschaft Bd. II 1902, S. 255 ff.

gegen die Verluste, die sie infolge der durch einen Brand verursachten Betriebseinstellung erleiden, läßt sich die Berechtigung nicht absprechen. Hierzu kommt, daß der wirkliche Wert mancher Sachen überhaupt nicht festzustellen ist, wenn von dem aus ihrer Benutzung zu erzielenden Gewinn abgesehen wird. Der Grundsatz, daß die Versicherung nicht zu einer Bereicherung der Versicherten führen darf, steht der Zulassung derartiger Versicherungen keineswegs entgegen. Denn es handelt sich dabei nicht um einen Gewinn, der dem Versicherungsnehmer aus der Versicherung erwächst, sondern um den Ersatz des Vermögensnachteils, den er dadurch erleidet, daß ihm eine Einnahme entgeht[1]."

„Mit der Beseitigung der dem allgemeinen Betrieb der Versicherung des durch den Eintritt eines Sachschadens entgehenden Gewinns entgegenstehenden Schranken haben denn auch mit dem 1. Januar 1910 die der Vereinigung der in Deutschland arbeitenden Privat-Feuerversicherungsgesellschaften angehörenden Unternehmungen auf Grund gleichlautender Bedingungen die Versicherung gegen Mietverlust infolge von Brand, Blitzschlag oder Explosion[2]) aufgenommen und diese Versicherung demnächst auch auf Mietverluste infolge von Wasserleitungsschäden ausgedehnt. Bei der Entscheidung über die Anträge der Feuerversicherungsgesellschaften, welche die Erstreckung der Mietverlustversicherung auf die Folgen von Wasserleitungsschäden zum Gegenstande hatten, sah sich das AfP. vor die Frage gestellt, ob eine derartige Versicherung noch zur Feuerversicherung, zu welcher die Gesellschaften nach ihren Satzungen berechtigt waren, gerechnet werden könne, oder als indirekte Wasserleitungsschäden Versicherung zu gelten habe oder endlich, ob etwa die Mietverlustversicherung als ein besonderer Versicherungszweig anzusehen sei. Das AfP.

---

[1]) Anlage 1 zu den Reichstagsdrucksachen 12. Legislaturperiode I. Session 1907, Nr. 364 S. 102 f.

[2]) Über diese Versicherungsart siehe auch: Dr. Otto Meltzing: Die Versicherung entgehenden Gewinnes in der Feuerversicherung, insbesondere die Fabrikchômage-Versicherung in den Mitteilungen für die öffentlichen Feuerversicherungsanstalten Jahrgang 1908, Nr. 25 und Dr. Alfred Manes: Mietverlustversicherung. Berlin 1908.

hat sich im Einvernehmen mit dem Versicherungsbeirat auf den Standpunkt gestellt, daß es sich in den gegebenen Fällen, soweit lediglich Feuersachversicherung, nicht aber direkte Wasserleitungsversicherung schon betrieben wurde, um eine Erweiterung der Feuerversicherung handle und daher eine Satzungsänderung nicht erforderlich sei. Daß die Versicherung von Feuerfolgeschäden als Feuerversicherung anzusehen ist und demgemäß auch die für diesen Versicherungszweig geltenden gesetzlichen Vorschriften Anwendung zu finden haben, unterliegt keinem Zweifel[1])."

Ebenso hat die Vereinigung öffentlicher Feuerversicherungsanstalten, denen, soweit Preußen in Frage kommt, durch den § 22 des Gesetzes betreffend die öffentlichen Feuerversicherungsanstalten vom 25. Juli 1910 neben der Versicherung unbeweglicher Sachen der Betrieb der Versicherung beweglicher Sachen gegen Feuer sowie verwandter Zweige der Schadensversicherung gestattet werden kann, in ihrer 42. Hauptversammlung vom 28. Juni 1910 die Einführung der Versicherung von Mietverlust infolge Brand, Blitzschlag oder Explosion beschlossen.

Auch die Aufnahme der Versicherung von Betriebsverlusten infolge von Brand, Blitzschlag, Explosion oder Wasserleitungsschäden wurde bereits einer Gesellschaft, die die Versicherung gegen Feuersachschaden nicht betreibt, vom AfP. genehmigt. In die Praxis hat jedoch diese Gesellschaft die Betriebsverlustversicherung noch nicht eingeführt.

Die Vereinigung der in Deutschland arbeitenden Privat-Feuerversicherungsgesellschaften ist gleichfalls zurzeit mit der Aufstellung gemeinsamer Bedingungen für diese Versicherungsart beschäftigt.

Wenngleich nicht verkannt werden darf, daß infolge der Einführung der Brandchômageversicherung ein unberechenbares, äußerst gefährliches Element in unsere bisher auf so soliden Grundlagen ruhende Feuerversicherung hineingetragen wird,

---

[1]) Geschäftsbericht des AfP. für das Jahr 1909 in den Veröffentlichungen der AfP. 9. Jahrgang Nr. 3 S. 118 ff.

so glauben wir doch, daß es den Feuerversicherern gelingen wird, neben den bereits durch das VVG. (§§ 53, 89, 90) festgelegten Vorsichtsmaßregeln weitere Kautelen sowohl in der Festsetzung der Bedingungen, als auch in der Auswahl der Risiken zu treffen, damit der Bau unserer deutschen Feuerversicherung nicht erschüttert werde. Können sie doch an der Hand der Erfahrungen, die bisher im Auslande, namentlich in Frankreich, England, den skandinavischen Ländern und der Schweiz, auf diesem Gebiete gemacht worden sind, einer Reihe von Fährlichkeiten dieser Versicherungsart aus dem Wege gehen [1]. Treffend charakterisiert wird die Stimmung unserer deutschen Feuerversicherer dieser Neuerung gegenüber durch die Worte des Generaldirektors Vatke (Magdeburg): „Daß gesetzlich allgemein die Möglichkeit gegeben ist, den durch Eintritt des Versicherungsfalles entgehenden Gewinn in die Schadenversicherung einzuschließen, kann auch der Feuerversicherer sich gefallen lassen, wenn er auch sehr eingehend wird erwägen müssen, ob und in welchen Fällen er seinerseits bezügliche Vereinbarungen wird eingehen können [2].“

Das in diesen Worten eines sehr erfahrenen Feuerversicherungspraktikers unverkennbar zum Ausdruck gekommene skeptische Urteil über die rationelle Durchführbarkeit des gesetzlichen Grundsatzes der Feuerversicherung als einer „Interesseversicherung“ führte denn auch zur Aufnahme einer Bestimmung in die neu aufgestellten Allgemeinen Versicherungsbedingungen, wonach der Versicherer in jedem Falle, in dem der Versicherte gegen einen den Normalfall (§ 1 Abs. 2 der Allgemeinen Versicherungsbedingungen) überschreitenden „weiteren“ Schaden, insbesondere gegen einen weiteren mittelbaren Schaden oder gegen entgehenden Gewinn bei einem andern Versicherer Deckung nimmt, wovon er dem Versicherer nach dem Gesetze (§ 90 VVG.) unverzüglich Mitteilung zu machen hat, berechtigt ist, das Versicherungsverhältnis unter

---

[1]) Siehe in dieser Beziehung: Bundesratsbeschluß vom 9. Mai 1902 betreffend Chômageversicherung nebst Begründung. Bern, den 25. Mai 1902.

[2]) Kritik des Gesetzentwurfs über den Versicherungsvertrag. Veröffentlichungen des Deutschen Vereins für Versicherungswissenschaft Heft II 1904 S. 376 f.

Einhaltung einer Kündigungsfrist von drei Monaten zu kündigen.

Falls eine solche weitergehende Versicherung bei einem anderen Versicherer genommen wird, der keine Erlaubnis der Aufsichtsbehörde zum Betriebe der Versicherung gegen Schäden solcher Art im Deutschen Reiche hat, ist der Versicherer sogar von der Verpflichtung zur Leistung frei und kann das Versicherungsverhältnis ohne Einhaltung einer Kündigungsfrist kündigen (§ 9 Abs. 2 der Allgemeinen Versicherungsbedingungen). Durch diese vom AfP. genehmigten Bestimmungen hat es jeder Versicherer in der Hand, in wieweit er seinen Versicherungsbestand von derartigen Versicherungen frei halten will, wenn er glaubt, daß dadurch die gute Beschaffenheit seines Geschäftes Schaden leiden könnte.

Aber auch die ganze Fassung der Bestimmungen, die den Umfang der Leistungspflicht des Versicherers festlegen (§ 1 Abs. 2 der Allgemeinen Versicherungsbedingungen), zeigt ein entschiedenes Festhalten der Feuerversicherungspraktiker an der bisherigen Eingrenzung des Umfangs der Leistungen des Versicherers gegenüber der Festlegung desselben im § 83 VVG.

Vergleicht man die Bestimmung des § 1 Abs. 2 der Allgemeinen Versicherungsbedingungen mit dem Wortlaut des § 83 VVG., so findet man in der ersteren eine zweifache Einschränkung des Gesetzes.

Die Feuerversicherer haben erstens den Worten des Gesetzes: „Im Falle eines Brandes hat der Versicherer den durch die Zerstörung oder die Beschädigung der versicherten Sachen entstehenden Schaden zu ersetzen" die Worte hinzugefügt: „soweit der Schaden die versicherten Sachen betrifft, welche zerstört oder beschädigt werden".

Was mit diesem Zusatze erreicht werden will, drückt ein Feuerversicherungspraktiker folgendermaßen aus [1]): „Jener Zu-

[1]) Dr. Kurt Heyne: Die Versicherung gegen Brandschaden und die Brandschadenregulierung. Leipzig 1910. S. 32 f. Den gleichen Standpunkt vertreten: Dr. K. Domizlaff: Die allgemeinen Versicherungsbedingungen für Feuerversicherungen 1909. Anmerkung 9 zu § 1 und Dr. H. Worms: Der neue Feuerversicherungsvertrag. Berlin 1910. Anmerkung 9 zu § 1.

satz will es wohl nur zweifelsfreier hinstellen, daß ohne weitergehende, besondere Bestimmung die Haftung auf den an der versicherten Sache selbst entstehenden Schaden beschränkt bleibt, mithin beispielsweise eine Entwertung nicht berücksichtigt werden kann, die darauf zurückzuführen ist, daß durch den Brandschaden aus einer Sachgesamtheit, aus einem Inbegriff, ein einzelnes oder mehrere dazu gehörige Stücke herausgerissen werden, die in der treffenden Anpassung vielleicht nur sehr schwer, mit unverhältnismäßig hohen Kosten oder gar nicht zu ersetzen sind: aus einem Viererzug von „Passern", aus einer Zimmereinrichtung, aus einer Maschinenanlage, aus einer Gemäldesammlung, aus einer Bücherei wird ein einzelnes Stück zerstört. Die vom Brande unberührte, noch übrige Gesamtheit kann dadurch einen bedeutenden Minderwert erhalten. Für ihn ist nicht Ersatz zu leisten, wenn diese Haftung über die Allgemeinen Versicherungsbedingungen hinaus nicht durch eine besondere Vereinbarung verabredet ist."

Da es nun nach der Fassung des § 83 VVG. und nach der Begründung zu demselben („Über den eigentlichen Sachschaden geht aber auch die Haftung, die nach dem Entwurf in Ermangelung abweichender Vertragsbestimmungen eintritt, nicht hinaus") an sich schon zweifellos ist, daß bei der Feuerversicherung nur der Sachschaden zu ersetzen ist, so scheint in dem Zusatze, „soweit der Schaden die versicherten Sachen betrifft, welche zerstört oder beschädigt werden", immerhin eine sehr deutliche Betonung der Absicht zu liegen, nur den an der einzelnen versicherten Sache selbst entstehenden Schaden zu ersetzen, ohne Rücksicht auf einen etwa dadurch verursachten Minderwert anderer, in einer gewissen Beziehung zu der beschädigten oder zerstörten Sache stehender Gegenstände, d. h. mit anderen Worten, genau so zu verfahren, wie es der Wortlaut des § 1 Abs. 1 der bisherigen Verbandsbedingungen normierte. Das wird ja auch von Heyne, Domizlaff und Worms ausdrücklich zugegeben.

Das große Versichertenpublikum wird sich wohl beim Durchlesen der Bedingungen, wenn und soweit es zu einem solchen überhaupt kommt, nicht klar darüber, daß es einer besonderen Vereinbarung bedarf, um in den oben angeführten Fällen (aus einem Viererzug von „Passern, aus einer Zimmereinrichtung, aus einer Gemäldesammlung usw., es kann noch hinzugefügt werden, aus einem Glas- oder Porzellanservice wird ein einzelnes Stück zerstört) auch für den Minderwert entschädigt zu werden, den die übrige, vom Brande unberührte Gesamtheit nach Zerstörung oder Beschädigung eines einzelnen Stückes für den Versicherten hat.

Lassen den Versicherten schon die Allgemeinen Versicherungsbedingungen hierüber im unklaren, so weisen ihn auch die im Gebrauch befindlichen Antragsformulare in ihren allgemein gehaltenen Positionen in keiner Weise auf die Notwendigkeit oder Möglichkeit hin, auch diesen Minderwert (natürlich gegen eine entsprechende Extraprämie) zu versichern.

Durch die Stellung diesbezüglicher Fragen im Antragsformulare — zum mindesten im Versicherungsantrag für häusliches Mobiliar — würde unseres Erachtens ein Doppeltes erreicht werden: einerseits würden sich die Versicherten klar darüber, inwieweit der Versicherungsschutz reicht; es würden dadurch viele Mißhelligkeiten und Prozesse vermieden werden, und auf der andern Seite würden diejenigen Versicherten, die gegen solche Schäden tatsächlich Schutz suchen, darauf hingewiesen werden, daß sie ihn gegen Entrichtung einer Extraprämie erlangen können.

Die Fragen würden sich ganz einfach folgendermaßen gestalten lassen: „Welche von den versicherten Sachen bilden einen Inbegriff oder eine Gesamtheit von Sachen (Service, Garnitur) derart, daß durch die Zerstörung oder Beschädigung eines einzelnen Stückes, die übrig gebliebenen Stücke für den Eigentümer minderwertig werden?

Soll dieser etwa eintretende Minderwert mitversichert werden?

Anmerkung: Der hierfür zu erhebende Prämienzuschlag beträgt . . . $^0/_{00}$, mindestens aber M . . .“

Gleichzeitig könnten die in den Antragsformularen enthaltenen Vorbemerkungen um eine solche des Inhalts vermehrt werden, daß der Ersatz des Minderwerts, welcher für den Versicherten an Sachgesamtheiten, zusammengehörigen Gegenständen (Servicen, Garnituren usw.) dadurch entsteht, daß ein oder mehrere Stücke davon durch einen Brand usw. zerstört oder beschädigt werden, in diese Versicherung nur dann eingeschlossen sind, wenn dies besonders beantragt und die hierfür berechnete Prämie entrichtet ist.

Zweitens aber haben die Feuerversicherer dem § 83 VVG. gegenüber hinsichtlich der Zerstörungen und Beschädigungen, die sich als unvermeidliche Folgen eines Brandes (Blitzschlag oder Explosion) darstellen, die Haftung auf die Fälle beschränkt, „in denen der zerstörende Brand (Blitzschlag oder Explosion) entweder auf dem Grundstücke, auf dem sich die versicherten Sachen befinden oder auf einem angrenzendem Nachbargrundstücke stattgefunden hat.“ Wenn sich auch gegen diese Beschränkung des Umfangs der Leistungen des Versicherers insbesondere deshalb nicht so viel wie im vorigen Falle einwenden läßt, weil die praktischen Fälle unvermeidlicher Folgen eines Brandes (z. B. Rauch — Ruß — Hitze usw.) im allgemeinen tatsächlich auf das Grundstück, auf denen sich die versicherten Sachen befinden und auf die allernächste Nachbarschaft beschränkt bleiben und andernfalls das von dem Versicherer zu tragende Risiko in der Tat schwer übersehbar und tarifierbar werden würde, so läßt sich doch kein durchschlagender Grund dafür anführen, daß diese räumliche Beschränkung sich gerade auf ein „angrenzendes Nachbargrundstück“ und nicht überhaupt auf die Grundstücke „der allernächsten Nachbarschaft“ also auch der vielleicht nur durch eine enge Straße getrennten gegenüberliegenden Grundstücke, erstrecken soll.

Auch die Beschränkung des räumlichen Geltungsbereichs der Versicherung [vgl. § 3 Abs. 1 der Allgemeinen Versicherungsbedingungen] auf die im Antrage und Versicherungsscheine angegebene Versicherungslokalität ist nach wie vor aus technischen Gründen [Beurteilung der Gefahrsmomente, die durch Veränderung der Nachbarschaft usw. erhöht werden können] beibehalten worden. Dagegen sind, wie auch der Geschäftsbericht des AfP. [1]) für das Jahr 1909 hervorhebt, für die Versicherung des gewöhnlichen häuslichen Mobiliars eine Reihe

---

[1]) Veröffentlichungen des AfP. 9. Jahrgang Nr. 3, August 1910, S. 116.

von vorteilhaften Neuerungen durch die neuen Allgemeinen Bedingungen bezüglich des Umfangs der Leistungen des Versicherers geschaffen worden: „So ist nunmehr und zwar durch besondere geschäftsplanmäßige Erklärungen der Gesellschaften für den Schadenfall ein Ausgleich der in den verschiedenen Einzelpositionen aufgeführten, zu gleichem Prämiensatz und in denselben Versicherungsräumlichkeiten versicherten Gegenstände untereinander (Kompensation) zugestanden worden, ferner ist der Begriff dessen, was als häusliches Mobiliar anzusehen ist, festgestellt worden, und endlich ist nunmehr in die Versicherung auch bis zu einem gewissen Grade die sogenannte Außenversicherung prämienfrei eingeschlossen worden. Es wird in dieser Beziehung fortan der Versicherer für den Schaden an häuslichem Mobiliar — und ebenso an Arbeitsgerät — auch dann haften, wenn solche Sachen von einem Brande betroffen werden, während sie sich im Gebiete des Deutschen Reichs vorübergehend außerhalb der Versicherungsräumlichkeiten befinden und auf den entstehenden Schaden an solchen Sachen nicht mehr als 10 Prozent der Versicherungsumme und höchstens 2000 M entfallen. Besonders mag noch hervorgehoben werden, daß in den neuen Bedingungen Erleichterungen bei der durch Wohnungswechsel veranlaßten Verbringung des Hausmobiliars in andere Versicherungsräumlichkeiten gewährt worden sind. Während früher mit der sogenannten Translokation der versicherten Gegenstände die Entschädigungsverpflichtung der Gesellschaften ruhte und erst mit der Genehmigung der Translokation seitens des Versicherers wieder auflebte, ist heute das Hausmobiliar auf dem Umzuge nach der anderen Wohnung und zunächst auch noch in der anderen Wohnung versichert. Der Versicherungsnehmer hat nur die Verpflichtung von dem Umzuge Anzeige zu machen und zwar binnen einer Frist von zwei Wochen von dem Zeitpunkt an, in welchem die Hausmobilien in die andere Wohnung verbracht worden sind. Dem Versicherer steht dagegen das Recht zu, bei einem solchen Umzuge das Versicherungsverhältnis unter Einhaltung einer Kündigungsfrist von einem Monate zu kündigen.“

Wenn wir uns nun zum Schlusse dieses Kapitels noch mit den verschiedenen Versicherungsarten in der Feuerversicherung beschäftigen, so können wir diese in zwei Hauptarten einteilen:

I. Feuerversicherung gegen unmittelbare und mittelbare Sachschäden;

II. Feuerversicherung gegen mittelbare Vermögensschäden.

Zu der ersten Hauptgruppe zählen die:

a) Immobiliarversicherung,

b) Mobiliarversicherung,

c) Waldversicherung,

d) Holzschlagversicherung.

Zu der zweiten Hauptgruppe gehören:

a) die Versicherung gegen Mietsverlust infolge von Brand, Blitzschlag oder Explosion und Wasserleitungsschäden,

b) die Versicherung gegen Betriebsverlust infolge von Brand, Blitzschlag oder Explosion und Wasserleitungsschäden,

c) die Baulastversicherung,

d) die Versicherung der Aufräumungskosten.

Nur die Waldversicherung und die Holzschlagversicherung ist uns im Verlaufe unserer bisherigen Erörterungen noch nicht begegnet und bedürfen daher einer näheren Besprechung.

Bereits in den sechziger Jahren des vorigen Jahrhunderts wurde in forst- und landwirtschaftlichen Kreisen das Bedürfnis nach Versicherung von Waldungen und Holzschlägen gegen Feuersgefahr empfunden und die Gründung einer Versicherungsgesellschaft zu diesem Zweck angeregt [1]).

Der erste Versuch, diese Versicherungsart rationell zu betreiben — einzelne Versicherungen von Waldbeständen gegen Feuersgefahr kamen auch schon früher vor — wurde im Jahre 1895 von der Gladbacher Feuerversicherungs-Aktiengesellschaft gemacht, indem diese Gesellschaft eine auf die Eigenart der in Frage kommenden Risikoverhältnisse zugeschnittene eigne Waldversicherungsabteilung unter Leitung eines Forstsachverständigen einrichtete. Während die Waldbrandversicherung sich auf das stehende Holz bezieht, deckt die Holzschlagversicherung

[1]) Siehe Protokoll der 25. Versammlung deutscher Land- und Forstwirte 1865.

das gefällte Holz im Walde auf Lagerplätzen bis zum Verladen desselben.

Die hohe volkswirtschaftliche Bedeutung dieser Versicherungsarten für den Waldbesitzer und den Holzhändler steht außer Zweifel [1]). Die Gladbacher Feuerversicherungs-Aktiengesellschaft betreibt diese Versicherungsarten nach besonderen Versicherungsbedingungen, deren § 1 folgendermaßen lautet:

(1.) Der Versicherer haftet nach Maßgabe der nachfolgenden Bestimmungen für den Schaden, der an dem versicherten, stehenden Holzaufwuchs (Waldbestände) mit Ausschluß der Stümpfe (Stöcke) durch Brand entsteht. Nicht einbegriffen in die Versicherung ist derjenige Schaden, welcher durch Verbrennen der Bodendecke (Streu, Moos u. dgl.) entsteht.

(2.) Die Mitversicherung der nach einem Brande aufzuwendenden Kosten für die Abräumung der durch Brand vernichteten oder beschädigten Waldflächen, sowie die alleinige Versicherung der nach einem Brande zur ordnungsmäßigen Wiederaufforstung aufzuwendenden Kulturkosten unterliegt besonderer Vereinbarung mit dem Versicherer.

(3.) Die Versicherung des stehenden Holzaufwuchses geht nach dessen Abtrieb auf das geschlagene Holz (Holzbestände) oder die von ihm gewonnene Rinde (Lohe) über und bleibt hierfür innerhalb der Versicherungsdauer in Kraft.

(4.) Im Falle eines Brandes hat der Versicherer den durch die Zerstörung oder die Beschädigung der versicherten Waldbestände entstehenden Schaden zu ersetzen, soweit der Schaden die versicherten Waldbestände betrifft, welche zerstört oder beschädigt werden und soweit die Zerstörung oder die Beschädigung auf der Einwirkung der Feuers beruht, oder bei dem Brande durch Löscharbeiten, Niederreißen oder notwendiges Ausgraben verursacht wird. Einen weiteren Schaden, sowie einen durch Eintritt des Versicherungsfalls entgehenden Gewinn umfaßt die Versicherung nur, soweit dies besonders vereinbart ist.

(5.) Der Versicherer haftet nicht für Schäden, die infolge eines Aufruhrs entstehen oder durch Maßregeln verursacht

---

[1]) Vgl. Erläuterungen der Waldversicherungseinrichtungen der Gladbacher Feuerversicherungsgesellschaft. Als Manuskript gedruckt.

werden, die im Kriege oder nach Erklärung des Kriegszustandes von einem militärischen Befehlshaber angeordnet werden.

(6). Im Falle eines Erdbebens haftet der Versicherer nur, wenn die in Absatz 1—4 bezeichneten Schadensereignisse und Schäden sowohl in ihrer Entstehung als in ihrem Umfange als in ihrer Ausbreitung weder unmittelbar noch mittelbar und weder ganz noch teilweise mit dem Erdbeben und dessen Wirkungen und den dadurch hervorgerufenen Zuständen, insbesondere der Zerstörung und mangelnden Ordnung, in irgend, welchem Zusammenhange stehen. Für den Fall eines vulkanischen Ausbruchs findet diese Bestimmung entsprechende Anwendung.

Dem Vorgange der Gladbacher folgten bis heute nur einige öffentliche Feuerversicherungsanstalten, nämlich die Landfeuersozietät der Provinz Brandenburg zu Berlin, die Magdeburgische Landfeuersozietät zu Magdeburg, die Provinzial-Feuerversicherungsanstalt der Rheinprovinz zu Düsseldorf, die Westfälische Provinzialfeuersozietät zu Münster i. W. und die Schleswig-Holsteinische Landesbrandkasse[1]).

---

[1]) Über Waldversicherung siehe: Dr. G. Mayer: Anleitung zur Waldversicherung (4. Aufl.), neu bearbeitet von Dr. K. Wimmenauer. Dr. Räß: Waldversicherung, Forstbank und rationelle Waldertragsregelung Wiesbaden 1908. Springorum: Gutachten zur Frage der Waldversicherung XIX. Ergänzungsheft zur Zeitschrift des Kgl. Preuß. Statistischen Bureaus 1897. „Waldbrandversicherung" in der Zeitschrift für Versicherungswesen 1908 Nr. 2. Alias: „Waldversicherung" in den Mitteilungen für die öffentlichen Feuerversicherungsanstalten 1906 Nr. 14. Vorster: Waldversicherung, ebenda 1907 Nr. 18. Die Provinzial-Feuerversicherungsanstalt der Rheinprovinz zu Düsseldorf nach 75jährigem Bestehen S. 10.

V. Kapitel.

Der Betrieb und die Technik der Feuerversicherung.

A. Die Organisation und Akquisition.

Die Tätigkeit beim Versicherungsbetrieb im allgemeinen, wie bei der Feuerversicherung insbesondere erstreckt sich nach zwei Hauptrichtungen.

Die erste Aufgabe des Betriebs ist die dauernde Erzielung einer möglichst großen Anzahl von Versicherungsgeschäften, sodann kommt die gesamte auf die Durchführung des Versicherungszwecks gerichtete Tätigkeit in Frage.

Eine der schwierigsten Aufgaben, die früher dem privaten Versicherer oblag, nämlich die, seiner Unternehmung innerhalb Deutschlands ein möglichst umfangreiches Geschäftsgebiet zu schaffen, ist mit der Erlassung des VAG. weggefallen. Bis dahin war der Versicherer mit der Zulassung in seinem Heimatstaate keineswegs berechtigt, ohne weiteres die Grenzen seiner Heimat zu überschreiten, sondern er mußte, von wenigen Ausnahmen abgesehen, sich oft Jahre lang bemühen, die „Konzession" in den einzelnen Bundesstaaten Deutschlands zu erlangen. „Bei der Konzessionierung neuer Unternehmungen wurden in den verschiedenen Staaten die abweichendsten Anforderungen hinsichtlich des Nachweises eines Bedürfnisses, der persönlichen Eigenschaften der Unternehmer und Gründer, der Verfassung und Einrichtung der einzelnen Anstalten, des erforderlichen Grundkapitals oder eines Gründungs- und Garantiefonds, der zu leistenden Kautionen usw. gestellt[1])."

---

[1]) Begründung zum Entwurf eines Gesetzes über die privaten Versicherungsunternehmungen, Reichstag, Aktenstück Nr. 5 1900 S. 15.

Eine anschauliche Darstellung der „Leidensgeschiche“ der Versicherungsunternehmungen in dieser Beziehung gibt uns der schon mehrfach erwähnte Leiter der Magdeburger Feuerversicherungsgesellschaft, Friedrich Knoblauch[1]).

Heute, wo das Deutsche Reich für das gewerbliche und wirtschaftliche Leben auch der Versicherungsunternehmungen ein einheitliches Wirtschafts- und Rechtsgebiet bildet — mit Ausnahme der Besteuerung — geht dieser „Leidenskelch“ an ihnen vorüber.

Die erste der obenerwähnten Betriebsaufgaben des Feuerversicherers scheidet naturgemäß für diejenigen öffentlichen Feuerversicherungsanstalten aus, die mit dem Versicherungszwang ausgestattet sind.

Für die gesamten übrigen Feuerversicherungsanstalten- und Unternehmungen aber bildet diese Tätigkeit eine ihrer wichtigsten Betriebsaufgaben, da der Versicherungszweck desto rationeller erfüllt werden kann, je größer der Kreis der Objekte ist, welche die Versicherungsgemeinschaft bilden, gleichviel in welcher Organisationsform sie zusammengeschlossen werden. Bei jeder ein größeres Geschäftsgebiet umfassenden, öffentlichen sowohl wie privaten Versicherungsgesellschaft kann diese Aufgabe nur auf Grund einer planmäßigen Tätigkeit des Versicherers gelöst werden, die man gewöhnlich als äußere Betriebsorganisation bezeichnet.

Der Privatversicherer teilt zu diesem Zweck in der Regel sein gesamtes Geschäftsgebiet in mehr oder minder große örtliche Bezirke ein, die sich meistens den schon vorhandenen politischen oder sonstigen bestimmten Grenzen anschließen, und weist diese Bezirke besonderen Organen, die unmittelbar unter seiner Leitung verbleiben, zur weiteren Bearbeitung zu. (Subdirektionen, Generalagenturen.)

Diesen Organen erwächst nun innerhalb des ihnen zugewiesenen Bezirkes unter der ständigen Leitung des Versicherers dieselbe Aufgabe, wie diesem innerhalb des gesamten Geschäfts-

[1]) Friedrich Knoblauch: Die Fehler und Mängel des Feuerversicherungsrechts in den deutschen Bundesstaaten. Magdeburg 1865, S. 12 ff. und Die Fehler und Mängel des öffentlichen Feuerversicherungsrechts in Deutschland. Magdeburg 1868, S. 6 ff.

gebiets; sie teilen ihren Bezirk wieder in örtlich begrenzte größere oder kleinere Unterbezirke ein, für deren weitere Bearbeitung sie unter Vorbehalt der Bestätigung durch die Direktion besondere Unterorgane (Agenten) bestellen, so daß sich schließlich das gesamte Geschäftsgebiet des Versicherers als ein engmaschiges Netz von Betriebsorganen darstellt. Die Geschäftstätigkeit dieser Organe ist gewöhnlich auf diese ihnen zugeteilten Bezirke beschränkt. Die Methoden der Schaffung, Erhaltung und Erweiterung der Organisation sind naturgemäß je nach den Beziehungen der einzelnen Gesellschaften und je nach den Grundsätzen der einzelnen Gesellschaftsleiter zu verschieden, als daß hier ein für die Allgemeinheit gültiges Schema aufgestellt werden könnte. Jedenfalls ruht in der organisatorischen Fähigkeit des Leiters eine der Hauptkräfte einer Versicherungsgesellschaft. Der Geschäftsverkehr der Agenten mit der Direktion vollzieht sich in der Regel auf dem Wege über die Subdirektion oder Generalagentur, damit diese letzteren stets über alle Vorkommnisse in ihrem Geschäftsbezirk auf dem Laufenden gehalten bleiben. Während die Anstellung der Generalagenten oder Subdirektoren, denen gewöhnlich weitergehende Vertretungsbefugnisse zugestanden werden (hierüber siehe unten S. 121) auf Grund besonderer, im Einzelfalle sehr verschiedener Verträge erfolgt, bestehen bezüglich der Anstellung der Unterorgane (Agenten) bei den meisten Gesellschaften allgemein gebräuchliche Vertragsbestimmungen (Agenturreverse), in welchen namentlich das Entgelt (Erwerbs- und Inkassoprovision) der Agenten genau bestimmt ist.

Auch diese eben geschilderte Tätigkeit der Organisation war in früheren Zeiten, in denen es in den verschiedenen deutschen Staaten noch einer Konzession oder Bestätigung jedes einzelnen Agenten bedurfte[1]), außerordentlich erschwert.

Ebenso war der Erwerb von Versicherungen durch das sogenannte Hausierverbot auf das äußerste eingeengt. So war in Preußen, Bayern, Sachsen, Hessen-Darmstadt usw. den Agenten trotz der erwähnten Konzessionspflicht derselben,

---

[1]) Näheres siehe Friedrich Knoblauch a. a. O.

wobei nicht nur die Bedürfnisfrage, sondern auch ihre Unbescholtenheit und Zuverlässigkeit geprüft wurde, das Hausieren verboten. Unter Hausieren wurde in Preußen das Aufsuchen von Versicherungen außerhalb des Wohnorts und in Bayern das Umherziehen von Haus zu Haus verstanden. In anderen Staaten war der Hausierbegriff noch weiter ausgedehnt, so daß die Agenten verpflichtet waren, sich auf die Entgegennahme der ihnen angebotenen Versicherungsanträge zu beschränken[1]. Daß durch derartige Verbote die wünschenswerte Ausdehnung der Feuerversicherung ungemein erschwert wurde, bedarf kaum der Erwähnung. Beseitigt wurden diese Verbote durch die Gewerbeordnung für den Norddeutschen Bund vom 12. Juni 1869, welche später als Reichsgewerbeordnung übernommen wurde. Nach ihr ist das Gewerbe des Feuerversicherungsagenten, wie das Agenturgewerbe überhaupt, ein freies Gewerbe, welches keiner Konzessionspflicht mehr unterliegt. Die einzige gewerbepolizeiliche Bestimmung bezüglich des Feuerversicherungsagenturgewerbes besteht in einer gewissen Kontrolle der Ortspolizeibehörden über die Agenten. Diese letzteren haben nach § 14 bei Übernahme sowie bei Aufgabe der Agentur innerhalb der nächsten acht Tage der zuständigen Polizeibehörde und der Gemeindebehörde ihres Wohnortes Anzeige zu machen.

Den Generalagenturen oder Subdirektionen, deren Tätigkeit, wie wir sehen werden, eine sehr umfassende ist, werden häufig zur Unterstützung in ihrer organisatorischen Tätigkeit sowohl, als auch in ihren sonstigen mannigfachen Aufgaben, seitens der Direktion besondere Organe, teilweise nur für gewisse Zeiten, teilweise ständig zur Verfügung gestellt. Solche Organe führen gewöhnlich nach ihrer Haupttätigkeit, die in dem Inspizieren von Fabriken behufs Tarifierung und von Ortschaften zwecks Festsetzung des Selbstbehalts der Gesellschaft besteht, den Titel Inspektor. — Diesen sämtlichen Außenorganen obliegt nun in erster Linie die Schaffung, Erhaltung und Erweiterung von Versicherungsgeschäften. Diese Tätigkeit bezeichnet man als Akquisition; das Ergebnis derselben nennt man Produktion. (Nettopro-

[1] Näheres siehe Friedr. Knoblauch a. a. O.

duktion ist die Summe der während eines gewissen Zeitraumes neu erworbenen Versicherungsgeschäfte abzüglich der während dieses Zeitraumes aus irgend welchem Grunde erloschenen Versicherungsverträge.)

Zu erwähnen ist hier, daß noch im Jahre 1879 ein Vorstoß der preußischen Sozietätsvertreter gegen den freien Gewerbebetrieb der Feuerversicherungsagenten unternommen wurde, indem sie in einem Bericht an den Preuß. Minister des Innern beantragten, auf eine Abänderung der Gewerbeordnung in dem Sinne hinzuwirken, daß das Aufsuchen von Versicherungen im Umherziehen künftig verboten werde, „da die in den Vorjahren zutage getretene Vermehrung der Brände, abgesehen von der fortschreitenden Verwilderung der Sitten, in dem gemeingefährlichen Treiben hausierender Agenten, Reiseinspektoren u. dgl. einer Anzahl von Privatgesellschaften besonders in den kleinen Städten und auf dem platten Lande ihre Ursache habe". Der Minister wies jedoch dies Verlangen zurück. Daß das Hausieren der Agenten vorzugsweise zu gewinnsüchtigen Brandstiftungen Veranlassung gebe, ist eine unberechtigte Annahme. Wer sich mit dem verbrecherischen Gedanken einer Brandstiftung trägt, dem wohnt der Versicherungsagent niemals zu weit, und er wartet nicht ab, bis ein hausierender Agent ihn gelegentlich zur Versicherung auffordert.

Die akquisitorische Tätigkeit erfolgt in der Regel gegen ein im voraus vereinbartes Entgelt (Provision) entweder durch Personen, welche diese Tätigkeit als ausschließlichen Erwerbszweig betreiben (Berufsvermittler) oder durch solche, welche sie neben ihrer sonstigen Berufstätigkeit gewerbsmäßig ausüben. Sogenannte Gelegenheitsvermittlung oder unentgeltliche Vermittlung spielen im Feuerversicherungsbetriebe keine große Rolle. Letztere tritt wesentlich bei kleineren lokalen Feuerversicherungsvereinen, aber auch hier und da bei größeren Berufsvereinigungen in Erscheinung.

Je mehr sich im Laufe des vorigen Jahrhunderts das Feuerversicherungswesen in Deutschland entwickelte, desto mehr stellte sich das Bedürfnis heraus, auch zur Vermittlung von Feuerversicherungsverträgen Personen zu verwenden, die diese Tätigkeit zu ihrem ausschließlichen Berufe machten.

In den ersten Jahrzehnten der Entwicklung des Feuerversicherungswesens in Deutschland wurden von den Feuerversicherungsunternehmungen vorwiegend Personen mit der Vertretung betraut, die vermöge ihres Hauptberufs Aussicht auf Gewinnung zahlreicher Versicherungsgeschäfte boten.

Vorwiegend waren es angesehene Kaufleute, welche durch ihre Verbindungen in den Kreisen der Geschäftswelt und des Publikums Gelegenheit hatten, der Feuerversicherung Freunde zu gewinnen. Das Vertrauen, das sie in ihrem sonstigen Berufe bei ihren Mitbürgern genossen, übertrug sich naturgemäß auch auf die von ihnen vertretene Versicherungsgesellschaft. Ihr Entgelt bestand in einem fortlaufenden mäßigen Anteil (5 %, 8 %, 10 %) an den von ihnen vereinnahmten Prämien[1]).

Sehr bald machte sich auf dem Gebiete der Feuerversicherung das Bedürfnis geltend, neben solchen Vertretungen, denen hauptsächlich die Vermittlung neuer Versicherungsgeschäfte übertragen war, Stellen zu schaffen, denen größere Vollmachten eingeräumt wurden. Das vorwiegend in Kaufmannskreisen häufig eintretende Bedürfnis nach einem sofortigen Schutze gegen Feuersgefahr z. B. beim Eintreffen neuer Warenbestände, machte es für die Feuerversicherungsgesellschaften zur Notwendigkeit, in den einzelnen Bezirken ihres Geschäftsgebiets Organe anzustellen, denen die Befugnis zustand, nicht nur Geschäfte zu vermitteln, sondern dieselben auch namens des Versicherers abzuschließen (Abschlußagenten).

Diese Tätigkeit erheischte naturgemäß eine eingehende Kenntnis des Feuerversicherungswesens, insbesondere der Feuerversicherungstechnik, wie sich eine solche nur durch die ausschließliche berufliche Beschäftigung erlangen und erweitern läßt. Solchen besonders vor- und ausgebildeten Vertretern konnte natürlich der Versicherer alsdann auch weitere Aufgaben des Versicherungsbetriebs innerhalb ihres örtlichen Bezirks überweisen, wie Organisation, Inspektion von Risiken, Brandschadenregulierung usw. So entstand die Dezentralisation der Ver-

---

[1]) Vgl. Denkschrift der Leipziger Feuerversicherungsanstalt in Leipzig 1819—1900 S. 21f. und Denkschrift der Vaterländischen Feuerversicherungs-Aktengesellschaft in Elberfeld 1898 S. 97.

waltung in der Feuerversicherung und die heutige Organisation der Generalagenturen[1]).

Solchen Vertretern der Feuerversicherungsgesellschaften wurde auch mit Vorliebe seitens andere Versicherungszweige betreibender Gesellschaften die Wahrnehmung ihrer Interessen auf akquisitorischem und organisatorischem Gebiet anvertraut, da bei der Verschiedenheit der Versicherungszweige eine Interessenkollision nicht zu befürchten war, vielmehr die Interessen der verschiedenen Gesellschaften nur gefördert werden konnten.

Vor allem verminderten sich hierdurch die auf die betreffende Generalagentur fallenden Verwaltungskosten; dann aber fanden sich für die Vertreter verschiedener Versicherungszweige häufig Berührungspunkte, bei denen sich die Interessen der einzelnen Gesellschaften vorteilhaft ergänzen konnten. Die Feuerversicherungsgesellschaften sahen es deshalb auch gerne, wenn ihre Generalagenten sich um die Vertretung von bewährten, gutfundierten Gesellschaften anderer Versicherungszweige bewarben.

Aus diesem eben geschilderten Gedankengange heraus entwickelte sich mit der Zeit die Tendenz der Versicherungsgesellschaften, die wir auch in der Feuerversicherung häufig beobachten können, neue Versicherungszweige in ihren Geschäftsbetrieb aufzunehmen.

Die möglichst intensive Ausnützung der Organisation für ihre eigenen Zwecke und die dadurch in Aussicht stehende Verringerung der immer höher anschwellenden Verwaltungskosten war es demnach, die die Feuerversicherungsgesellschaften veranlaßte, ihren Geschäftsbetrieb auf andere Versicherungszweige auszudehnen. Naheliegend war allerdings die Aufnahme solcher Versicherungszweige, die mit der Feuerversicherung in ihrem ganzen Aufbau eine gewisse Verwandtschaft zeigten, wie die Einbruchsdiebstahl- und Wasserleitungsschädenversicherung; aber hierbei blieben die Gesellschaften nicht stehen, sondern sie nahmen teilweise gleich von Anfang an, teilweise später,

[1]) Siehe auch: Dr. K. Piper: Die rechtliche Stellung des Versicherungsagenten nach dem VVG. Inaug.-Dissertation Plieringen 1910 (Heidelberg).

auch ganz anders geartete Zweige der Schadenversicherung (wie Transport- und Haftpflichtversicherung), ja sogar Zweige der Personenversicherung (wie Lebens- und Unfallversicherung) in ihren Betrieb auf, bis das AfP., wenigstens bis zu einem gewissen Grade, dem gleichzeitigen Betriebe der Schaden- und Personenversicherung, soweit es sich nicht um jura quaesita handelte, einen Riegel vorschob[1]).

Mit der ständig zunehmenden Konkurrenz auf dem Gebiete der Feuerversicherung wuchs in entsprechender Weise die Nachfrage nach Organen der Vermittlung und mit der Nachfrage wuchsen naturgemäß die Kosten für die Vermittlung. Insbesondere die neu entstehenden Gesellschaften hatten den älteren Gesellschaften gegenüber, die ihren Vermittlungsorganen einen Anteil aus der Prämieneinnahme des laufenden Geschäfts (Inkassoprovision) bieten konnten, einen schweren Stand. Die Folge hiervon war die Annahme des Prinzips der sogenannten Abschlußprovision auch seitens der Feuerversicherungsgesellschaften. Dieses Prinzip der sogenannten Abschlußprovision war zuerst für die Lebensversicherung von einer deutschen Lebensversicherungsgesellschaft (Germania in Stettin) in den sechziger Jahren des vorigen Jahrhunderts eingeführt worden und bestand darin, den Vermittlern nicht nur, wie bis dahin, einen Anteil an der vereinnahmten Prämie zu gewähren, sondern ihnen auch eine einmalige höhere Provision, die entweder nach der Versicherungssumme oder nach der Prämie berechnet wurde, für den Abschluß der Versicherung zuzugestehen.

Diese Neuerung im Provisionssystem bot den unbezweifelbaren Vorteil einer außerordentlichen Belebung des Versicherungsgeschäfts, sie hatte aber auch ihre Nachteile. Abgesehen von der bedeutenden Steigerung der Verwaltungskosten trug sie dazu bei, die Qualität des Geschäfts in ungünstigem Sinne zu beeinflussen. Der Agent, der, früher allein auf die laufende Provision aus dem von ihm geschaffenen Versicherungsbestand angewiesen, ein lebhaftes Interesse daran

---

[1]) Siehe Geschäftsbericht des AfP. für das Jahr 1903, Veröffentlichungen des AfP. III. Jahrgang Nr. 3 S. 91 f. Geschäftsbericht des AfP. für das Jahr 1904. Veröffentlichungen des AfP. IV. Jahrgang Nr. 2 S. 34.

hatte, ein möglichst solides, bei seiner Gesellschaft auch verbleibendes Geschäft zu schaffen, hatte nun dieses Interesse an der Erhaltung desselben nicht mehr in dem Maße; im Gegenteil, er wurde durch die hohe Abschlußprovision, die er erhielt, darauf hingelenkt, möglichst viele Abschlüsse zu machen, um diese nach Verlauf einiger Jahre einer anderen Gesellschaft, in deren Dienste er inzwischen getreten war, von neuem zuzuführen und auf diese Weise eine erneute Abschlußprovision zu verdienen. Kommt es doch mißbräuchlicherweise in der Feuerversicherungspraxis nicht selten vor, daß der Vermittler beim Abschluß eines Versicherungsvertrags sich gleichzeitig eine Blankokündigung für den Ablauf der Versicherung vom Versicherungsnehmer unterschreiben läßt, um sich die erneute Abschlußprovision zu sichern.

Die eben erwähnten Verhältnisse haben sich zweifellos zu einem beklagenswerten Mißstand ausgewachsen, unter dem nicht nur die Versicherer, sondern auch, und zwar hauptsächlich, die Versicherten zu leiden haben, da die Kosten der „Ausspannung“ am letzten Ende doch der Versicherte zu tragen hat. Unsere größeren deutschen Feuerversicherungsgesellschaften sind durchweg so solid fundiert und erfreuen sich eines derartigen Ansehens, daß es für den Versicherten in der Tat nicht notwendig erscheint, seine Versicherungsgesellschaft von Periode zu Periode zu wechseln, wie es so häufig vorkommt. Abgesehen von den bei diesen „Ausspannungen“ häufig angewandten unschönen Mitteln, die zu den verschiedensten Reibungen der Gesellschaften und Anstalten untereinander führen müssen, erleidet der betreffende Versicherte durch den Wechsel empfindliche Nachteile, die neben anderem in der wiederholten Bezahlung von höheren Gebühren (statt Prolongations- neue Policegebühren) bestehen, die bei der verhältnismäßig geringen Feuerversicherungsprämie immerhin ins Gewicht fällt.

Ein Vorteil steht dem Versicherten jedenfalls nur in den seltensten Fällen in Aussicht, da er ja bei der Kartellierung der Gesellschaften fast immer dieselbe Prämie bei der neuen Gesellschaft zu zahlen hat, wie bei seiner bisherigen und außerdem bei der Gleichheit der Bedingungen auch in dieser Beziehung nichts gewinnt.

Wir können, wenn wir den Lauf der Dinge in den letzten 50 Jahren verfolgen, eine fortgesetze Steigerung der Provisionssätze sowohl der Abschluß- wie der Inkassoprovisionen beobachten, eine Steigerung, der sich auch die alten Feuerversicherungsgesellschaften, wollten sie nicht bezüglich des Neuerwerbes von Versicherungsgeschäften ins Hintertreffen geraten, nicht entziehen konnten. Abschlußprovisionen von 100 Prozent der ersten Jahresprämie und selbst darüber sind beim Abschluß wünschenswerter Geschäfte auf eine bestimmte Reihe von Jahren keine Seltenheit mehr, sondern die Regel. Bei der in Aussicht stehenden Verschärfung des Konkurrenzkampfes durch die in jüngster Zeit erfolgte Gründung neuer, außerhalb des Feuerversicherungskartells stehender Gesellschaften, ist in der weiteren Steigerung der Erwerbskosten vorläufig kein Ende abzusehen. Ob bei einer derartigen Höhe der Erwerbskosten und bei einer vielleicht gleichzeitigen Ermäßigung der Prämien, wie sie naturgemäß, wenn die neuen Gesellschaften ins Geschäft kommen wollen, bei diesen eintreten muß, die Möglichkeit einer gedeihlichen Entwickelung der jungen Gesellschaften mit Rücksicht auf die an und für sich schon sehr geringen tatsächlichen Erträgnisse des Feuerversicherungsbetriebs (siehe Kapitel II S. 54) gegeben ist, steht dahin.

Ein weiterer Übelstand, der auch mit dem Entgelt der Vermittlerorgane nach der Höhe ihrer Abschlüsse in einem gewissen Zusammenhange steht, muß an dieser Stelle noch besprochen werden, wenn er auch nicht allein auf dieses Konto gesetzt werden darf, nämlich die Überversicherung.

Bereits von den ersten Anfängen der Feuerversicherung an sehen wir das Bestreben der öffentlichen Feuerversicherungsanstalten, der Überversicherung entgegenzutreten und zwar durch eine Abschätzung der in Versicherung zu nehmenden Gebäude durch beeidigte oder sonstwie verpflichtete Taxatoren. Es ist in den verschiedenen Reglements ausdrücklich hervorgehoben, daß die Taxation lediglich deshalb erfolge, „damit niemand seyn Haus in der Cassen-Ordnung höher als es wert, einzeichnen oder einschreiben lasse.“

Auch das erste umfangreichere Gesetz, das sich in Deutschland mit der Regelung des Feuerversicherungswesens befaßte, das im Jahre 1794 veröffentlichte Allgemeine Landrecht für die preußischen Staaten verbietet im § 1984 ausdrücklich die Überversicherung. (Niemand darf eine Sache höher versichern lassen, als bis zum gemeinen Werte derselben zur Zeit des geschlossenen Vertrags.)

Die Gefahr der Überversicherung war nun im 18. Jahrhundert nicht allzu groß, da die Versicherten lediglich ihre Häuser, nicht dagegen ihr Mobiliar versichern konnten und da der meistens gleichzeitige Verlust am unversicherten Mobiliar bei einem an sich vielleicht „wünschenswerten" Brande des Hauses gewöhnlich den „Gewinn" aus der Versicherung des Hauses überstieg.

Ganz anders gestalteten sich aber die Verhältnisse mit der Einführung der Mobiliarversicherung in Deutschland zu Beginn des 19. Jahrhunderts.

Bei der Möglichkeit, die Gebäude und gleichzeitig das Mobiliar zu versichern, bot die Überversicherung außerordentliche Gewinnchancen, um so mehr, als das bei den öffentlichen Feuerversicherungsanstalten herrschende Prinzip „der taxierten Police"[1]) anfänglich auch von den privaten Versicherungsunternehmungen für die Mobiliarversicherung angenommen wurde[2]).

Die vielfachen Klagen über die Zunahme von Überversicherungen und Spekulationsbränden führten denn auch in Preußen bald zu Verwaltungsmaßnahmen. Die Landräte sollten durch Bescheinigung der Wertansätze der versicherten Gegenstände eine Präventivkontrolle ausüben und Überversicherungen zur Anzeige bringen.

Diese Anordnungen erwiesen sich jedoch als unzureichend, denn die Zahl der Brände stieg immer höher. Im Jahre 1823 wurde daher eine Königliche Verordnung „zur Verhütung der Mißbräuche bei den Privatfeuersozietäten" ausgearbeitet, jedoch vom Staatsrat als unbrauchbar verworfen. Erst das preußische Gesetz über das Mobiliar-Feuerversicherungswesen vom 8. Mai 1837

---

[1]) Siehe Dr. Prange: Die Theorie des Versicherungswerts in der Feuerversicherung Teil I. Jena 1895 S. 47f.

[2]) Vgl. Art. 45 und 46 der Verfassung der Berlinischen Feuerversicherungsanstalt in der Sammlung von Versicherungsbedingungen deutscher Versicherungsanstalten Berlin 1908 S. 24f.

brachte gesetzgeberische Maßnahmen gegen das Überhandnehmen der Spekulationsbrände und deren Ursache, die Überversicherung, indem dasselbe neben anderen Bestimmungen die Überversicherung bei Strafe verbot (§§ 1, 2, 20 bis 34), die Mobiliar-Feuerversicherungsverträge vor ihrem Abschlusse polizeilicher Überwachung (Präventivkontrolle) unterstellte (§§ 14, 15) und die Auszahlung der Brandentschädigungen erst nach Verlauf von acht Tagen nach Anzeige bei der Polizeibehörde gestattete (§ 18).

Mit diesem Gesetz, das seine Wirkung auf die Gesetzgebung der meisten übrigen deutschen Bundesstaaten nicht verfehlte[1]) und dessen §§ 14 und 15 (Präventivkontrolle) durch Kabinettsorder vom 30. Mai 1841 auch auf die Immobiliarversicherung ausgedehnt wurden (ohne daß jedoch gleichzeitig die Strafvorschriften dieses Gesetzes auf die Immobiliarversicherung ausgedehnt wurden), glaubte man einen wirksamen Schutz gegen die Überversicherung und gegen die Spekulationsbrände geschaffen zu haben.

Es zeigte sich jedoch im Laufe der Zeit, daß die Garantien, die man durch dieses Gesetz vor allem schaffen wollte, sich aus seiner Anwendung keineswegs ergaben.

Die Präventivkontrolle charakterisierte sich schließlich als eine nutzlose Belästigung der Agenten und Polizeibehörden, welch letztere bei jeder Versicherungsnahme in Tätigkeit zu treten hatten, und bedingte weiter für das Publikum eine vielfach unliebsame Verzögerung des Vertragsabschlusses. Die Belästigungen der Versicherten nicht minder, wie der Versicherungsgesellschaften, die sich aus dieser Gesetzgebung ergeben mußten, standen in keinem auch nur annähernden Verhältnis zu deren Werte[2]).

Die Maßregeln der Präventivkontrolle mußten zu einem leeren Formalismus herabsinken, da einesteils den Polizeiorganen die erforderliche Sachkenntnis zur Beurteilung der Angemessenheit der Versicherungssummen abging, andrerseits die nötigen Organe zur richtigen Durchführung der gesetzlichen Bestimmungen, namentlich in den größeren Städten, schon der

---

[1]) Siehe näheres bei Friedr. Knoblauch a. a. O.

[2]) Vgl. auch die statistischen Angaben in der Denkschrift des Verbandes deutscher Privat-Feuerversicherungsgesellschaften betreffend den Entwurf des VAG. im Vereinsblatt 1899 S. 71ff.

Zahl nach, gar nicht vorhanden waren. Wo wirklich eine nähere Prüfung stattfinden konnte, da war dieselbe mit einem höchst lästigen Eindringen in Privatverhältnisse verbunden, und es erwuchsen daraus dem Versicherungsnehmer, namentlich wenn eine förmliche Taxation vorgenommen wurde, ganz unverhältnismäßige Kosten.

Trotz der genauesten Feststellung der Angemessenheit der Versicherungssummen zur Zeit des Vertragsabschlusses konnte nachher mit Leichtigkeit eine Überversicherung dadurch herbeigeführt werden, daß die versicherten Gegenstände durch minder wertvolle ersetzt oder gar überhaupt beseitigt wurden. Um das bei der Genehmigung des Vertragsabschlusses befolgte Prinzip folgerichtig zur Durchführung zu bringen, hätte daher eine häufigen Revisionen unterliegende polizeiliche Inventarisierung aller versicherten Vermögensbestandteile Platz greifen müssen, was natürlich unmöglich war. Gerade auf dem Gebiete, wo der Wert und der Bestand der Güter den größten Schwankungen unterworfen ist, beim Handel und der Landwirtschaft, mußte der Gesetzgeber von vornherein auf die präventive Bekämpfung der Überversicherung ausdrücklich verzichten (§ 19 des Gesetzes vom 8. Mai 1837), so daß schließlich nur der Kreis der einfachen und dem Wechsel nur in geringem Umfange unterworfenen Lebensverhältnisse übrig blieb.

Zu großen Reibungen und lebhaften Beschwerden gab die Präventivkontrolle namentlich da Veranlassung, wo, wie in Preußen, die betreffenden Polizeiorgane zugleich die Vertreter der mit den Privat-Feuerversicherungsgesellschaften in scharfer Konkurrenz stehenden öffentlichen Feuerversicherungsanstalten waren.

Dazu kam, daß in einzelnen Staaten die Erteilung der polizeilichen Unbedenklichkeitserklärung noch an die Entrichtung von nicht unerheblichen Gebühren geknüpft war, welche die Versicherung sehr verteuerten.

Der erste deutsche Bundesstaat, der die Zwecklosigkeit der ganzen Einrichtung erkannte, war Bayern, welcher die Präventivkontrolle durch Verordnung von 27. Juli 1853 eingeführt hatte. Hiernach durfte keine Versicherungsurkunde eher ausgehändigt werden, als bis von der Distriktspolizeibehörde, welcher der Antrag nach vorgängiger Prüfung durch die Ortspolizeibehörde vorgelegt war, die schriftliche Bescheinigung erteilt war, daß die Aushändigung erfolgen könne (§§ 1 und 2). Bereits eine Verordnung vom 10. Februar 1865 führte zu einer Vereinfachung der Kontrolle dahin, daß der Antrag nicht mehr nach vorgängiger Prüfung durch die Ortspolizeibehörde der Distriktspolizeibehörde zur Genehmigung einzureichen, sondern einfach nur der Ortspolizeibehörde behufs zu erteilender Erlaubnis zur Aushändigung der Versicherungsurkunde vorzulegen sei (§§ 7 und 8). Unter dem 28. Februar 1869 erging eine Ministerialentschließung, daß behufs Kontrollierung der Mobiliarfeuerversicherungen die Mitwirkung der Brandversicherungsinspektoren unbeschadet ihrer eigentlichen Dienstaufgabe (bei der Immobiliarversicherung) in Anspruch zu nehmen sei. Aber die Erfahrungen, die man auch mit diesem Versuch einer Kontrolle machte, waren keine befriedigenden, und so kam man denn überhaupt zur Abschaffung des ganzen Systems durch die Verordnung vom 11. September 1872, welche bestimmt, daß eine Genehmigung überhaupt nicht mehr erforderlich sei; von dem geschehenen Abschluß einer Versicherung ist darnach lediglich innerhalb acht Tagen nach Aushändigung der Urkunden eine Anzeige in Gestalt eines kurzen Auszugs aus dem Vormerkungsbuche (Versicherungsregister) an die Ortspolizeibehörde einzureichen (§ 10).

Auch die Kontrolle oder Revision durch die Brandversicherungsinspektoren wurde durch das Brandversicherungsgesetz vom 1. Oktober 1875 wieder aufgehoben, so daß in Bayern seit 1875 lediglich die sogenannte „Postventivkontrolle" besteht [1]). Die übrigen Bundesstaaten, die die Präventivkontrolle eingeführt hatten, behielten dieselbe trotz der heftigen Gegenwehr [2]) der Privat-Feuerversicherungsgesellschaften bei.

Auch der von den verbündeten Regierungen dem Reichstage unter dem 14. November 1900 vorgelegte Entwurf eines Gesetzes über die privaten Versicherungsunternehmungen sah

---

[1]) Die Überwachung der Mobiliarfeuerversicherungen im Königreich Bayern, Zeitschrift für Versicherungswesen 1879 Nr. 21 und 22.

[2]) Vgl. Petition des Verbandes deutscher Privat-Feuerversicherungsgesellschaften beim preußischen Abgeordnetenhaus vom 12. Jan. 1877 im Vereinsblatt 1877 S. 41 ff.

noch die Aufrechterhaltung der landesrechtlichen Vorschriften über die polizeiliche Überwachung des Abschlusses von Feuerversicherungsverträgen vor, trotz des Versuchs [1]) der Privatfeuerversicherer, den Gesetzgeber von der Zwecklosigkeit der Präventivkontrolle zu überzeugen.

Erst in der Kommission des deutschen Reichstags, an welche der genannte Entwurf verwiesen wurde, fiel die Präventivkontrolle trotz lebhaften Widerspruchs der preußischen Regierungsvertreter [2]), indem in den § 121 VAG. die Bestimmung aufgenommen wurde: „Dagegen werden aufgehoben, die landesrechtlichen Vorschriften, welche den Abschluß von Feuerversicherungsgeschäften von einer vorgängigen polizeilichen Genehmigung abhängig machen.“

Damit ist jede Art polizeilicher Präventivkontrolle und sind die polizeilichen Präventivkontrollvorschriften der einzelnen Bundesstaaten in ihrer Gesamtheit aufgehoben worden [3]). Das Kammergericht Berlin vertritt allerdings in einer Reihe von Urteilen [4]) die Auffassung, daß durch den § 121 Abs. 1 VAG. nur diejenigen Vorschriften über die Präventivkontrolle aufgehoben worden seien, nach welchen der Mangel einer vorgängigen polizeilichen Genehmigung die zivilrechtliche Ungültigkeit des Vertrags zur Folge habe. Wäre diese Ansicht des Kammergerichts zutreffend, so würden alle die Bestimmungen noch gelten, welche die Nichtbeobachtung polizeilicher Vorschriften für die Zeit, bis Versicherer und

---

[1]) Vgl. auch die statistischen Angaben in der Denkschrift des „Verbandes“ betreffend den Entwurf des VAG., Vereinsblatt 1899 S. 71 ff.

[2]) Siehe Bericht der 7. Kommission betreffend den Entwurf des VAG. Nr. 5 der Drucksachen, S. 148 ff.

[3]) Vgl. insbesondere die stenographischen Berichte über die Verhandlungen des Reichstags, 10. Legislaturperiode 2. Session 1900/02, 3. Anlageband, S. 1783, sowie die stenographischen Berichte über die Reichstagssitzungen vom 29. und 30. April 1901, S. 2421 und S. 2425.

[4]) Urteil vom 23. November 1903 (Johow: Jahrbuch für Entscheidungen des Kammergerichs Bd. 27 Abt. C. S. 3); vom 16. Januar 1905 (Jahrbuch Bd. 29 Abt. C. S. 12); vom 8. März 1906 (Jahrbuch Bd. 32 Abt. C. S. 3); vom 23. Dezember 1909 (Veröffentlichungen des AfP. 1910 Anhang S. 33); ferner Urteile vom 28. April 1904 (gegen Pagels) und vom 29. November 1906 (gegen Uhde und Klingemann).

Versicherter sich binden, unter Strafe stellen, den trotzdem abgeschlossenen Verträgen aber die Rechtsgültigkeit nicht nehmen. Landesrechtliche Vorschriften dieser Art gibt es aber eine ganze Anzahl. Solche Rechtsunsicherheiten und Unklarheiten, welche zweifellos zu einer Beunruhigung der Feuerversicherungsgesellschaften nicht nur in Preußen, sondern auch in anderen Bundesstaaten führen müssen, würden behoben werden, wenn Preußen dem Vorgange Sachsens und Badens folgen würde (Gesetz vom 7. Juni 1910 und 28. Dezember 1909) und die in der gesamten Monarchie bestehenden Landesgesetze mit Rücksicht auf die Reichsgesetzgebung in ein neues einheitliches Landesgesetz umarbeiten würde, aus dem klar zu ersehen wäre, welche von den vielerlei Vorschriften aufrechterhalten werden können und sollen.

Als genügend zum Zwecke der Bekämpfung der Überversicherung wurde vom Gesetzgeber in den § 121 VAG. die Bestimmung aufgenommen: „Unberührt bleiben die landesrechtlichen Vorschriften über die polizeiliche Überwachung der Feuerversicherungsverträge n a c h ihrem Abschluß und der Auszahlung von Brandentschädigungen."

Dadurch (der Ausdruck „unberührt bleiben" begreift die Aufrechterhaltung bereits bestehender sowie den Vorbehalt künftig zu erlassender Vorschriften in sich) wurde eine Polizeikontrolle, wenn auch nur eine n a c h folgende („die im wesentlichen ebenso repressiv wirkt wie die vorgehende Kontrolle, ohne die Perfektion der Verträge hinauszuschieben"), soweit sie in einzelnen Bundesstaaten schon bestand, aufrecht erhalten und gleichzeitig denjenigen Bundesstaaten, wo eine solche noch nicht bestand, die Möglichkeit gegeben, eine solche n e u einzuführen.

Wie wenig praktischen Erfolg man sich von der Nachkontrolle[1]) verspricht, mag daraus ersehen werden, daß Preußen von

[1]) Der praktische Wert der in verschiedenen Bundesstaaten aufrecht erhaltenen Pflicht der Agenten zur Bücherführung neben den Anweisungen, welche die Gesellschaft selbst ihren Agenten für die Buchführung erteilen, und des Rechts der Einsichtnahme der Polizeibehörden in dieselben muß auch angezweifelt werden, wenigstens, soweit die diesbezüglichen Vorschriften der Überversicherung entgegentreten sollen und nicht etwa steuerlichen Zwecken dienen.

der Einrichtung einer solchen ganz abgesehen hat, daß Sachsen und Baden dieselbe durch das Gesetz vom 7. Juni 1910 und vom 28. Dezember 1909 wieder abgeschafft haben und daß neben Bayern, woselbst die Nachkontrolle bereits seit dem 11. September 1872 vorgeschrieben ist, nur einige wenige Bundesstaaten, nämlich Sachsen-Weimar durch die Ministerialverordnung vom 9. November 1901, Bremen durch Gesetz vom 28. Februar 1902, Mecklenburg-Schwerin durch Verordnung vom $\frac{\text{4. März 1902}}{\text{5. Februar 1910}}$, Mecklenburg-Strelitz durch Verordnung vom $\frac{\text{4. April 1902}}{\text{5. Februar 1910}}$ dieselbe neu eingeführt haben. In Sachsen-Altenburg, Sachsen-Koburg-Gotha, Schwarzburg-Sondershausen, Elsaß-Lothringen, den Hansestädten Hamburg, Bremen und Lübeck sowie Frankfurt a. M. hat die Nachkontrolle nie bestanden.

Sachsen-Meiningen hat durch Gesetz vom 14. Januar 1910, betreffend das Feuerversicherungswesen, im einzelnen Falle der Verwaltungsbehörde auf deren Verlangen das Recht der Einsichtnahme von Feuerversicherungsverträgen vorbehalten[1]).

Die in verschiedenen Bundesstaaten bestehenden Vorschriften über die polizeiliche Überwachung der Auszahlung von Brandentschädigungen sind — mit Ausnahme derjenigen im Königreich Sachsen (Gesetz vom 7. Juni 1910) — bis heute sämtlich aufrecht erhalten worden.

Einen völligen Bruch mit der bisherigen Auffassung der Überversicherung bedeuten die betreffenden Bestimmungen des VVG. Dieses Gesetz unterscheidet zwei Arten von Überversicherung. Erstens Überversicherungen, bei denen eine unredliche Absicht des Versicherungsnehmers nicht obwaltet (§ 51 Abs. 1) und eine solche, wo eine unredliche Absicht obwaltet (§ 51 Abs. 2).

Zum ersten Absatz des § 51 bemerkt die Begründung des Gesetzentwurfs folgendes: „Der im Entwurf gewählte Weg beugt der Überversicherung in wirksamer Weise vor und wahrt so auch das in dieser Hinsicht bestehende öffentliche Interesse am besten. Denn wenn der Versicherungsnehmer bis zum Ablauf der Versicherungsperiode, in

---

1) Vgl. hierzu „Reichs- und Landesgesetzgebung und Feuerversicherung" in der Zeitschrift für Versicherungswesen Nr. 28 vom 21. Juli 1909.

welcher die Herabsetzung der Versicherungssumme verlangt wird, die volle Prämie zu entrichten hat, andererseits aber den Versicherer, selbst bevor die Herabsetzung erfolgt ist, keinesfalls über den Betrag des Schadens hinaus in Anspruch nehmen kann, so hat er dringende Veranlassung, die Versicherungssumme bei dem Abschlusse des Vertrags in den richtigen Grenzen zu halten und sobald sich der Versicherungswert mindert, eine Herabsetzung dieser Summe herbeizuführen."

Daß diese Schlußfolgerung für alle die Fälle, in denen eine Überversicherung aus Rücksicht auf den Immobiliarkredit abgeschlossen wird, fehlgeht, soll weiter unten ausgeführt werden.

Die an die reichsgesetzliche Regelung der Überversicherung, bei der eine unredliche Absicht des Versicherungsnehmers nicht obwaltet, anknüpfende Frage, ob die landesrechtlichen Bestimmungen, die auch diese Überversicherung mit Strafe bedrohen, durch die reichsgesetzliche Bestimmung, nach der ein ausgesprochenes Verbot der Überversicherung nicht mehr besteht, beseitigt sind, ist eine äußert zweifelhafte Frage, die am letzten Ende durch die ordentlichen Gerichte entschieden werden muß. Für die Verneinung derselben spricht vor allem, daß das VVG. die Überversicherung nicht ausdrücklich als berechtigt anerkennt, sondern ihr vielmehr durch seine Bestimmungen entgegenzutreten sucht, für die Bejahung, daß die Begründung ausdrücklich erwähnt, daß der Entwurf auch das in dieser Hinsicht bestehende öffentliche Interesse am besten wahre, während eine Eingabe der „Vereinigung" (siehe den in der letztangegebenen Fußnote erwähnten Artikel) und Domizlaff[1]) sich auf den Standpunkt stellen, daß die Landesgesetzgebung nicht mehr befugt sei, die Überversicherung zu bestrafen. Zu noch weit erheblicheren Zweifeln gibt die im zweiten Absatz des § 51 VVG. behandelte Überversicherung, bei der eine betrügerische Absicht des Versicherungsnehmers obwaltet, Anlaß. Die Begründung sagt hierzu folgendes: „Gegen Überversicherungen,

---

[1]) Dr. K. Domizlaff: Überblick über die landesrechtlichen, die Feuerversicherung betreffenden Vorschriften, die nach dem Inkrafttreten des VAG. und VVG. weitere Geltung behalten. Berlin 1907, Heft XIII. der Veröffentlichungen des Deutschen Vereins für Versicherungswissenschaft S. 7 und 10.

bei denen eine unredliche Absicht obwaltet, sind im Abs. 2 des § 51 noch besondere Vorschriften getroffen. Darnach ist, falls der Versicherungsnehmer den Vertrag zu dem Zwecke schließt, sich aus der Überversicherung einen rechtswidrigen Vermögensvorteil zu verschaffen, der ganze Vertrag nichtig, der Versicherer aber, sofern er nicht bei der Schließung des Vertrags von der Nichtigkeit Kenntnis hatte, gleichwohl berechtigt, die Prämie bis zum Schlusse der Versicherungsperiode zu fordern, in welcher er diese Kenntnis erlangt."

Daß der Gesetzgeber mit der Nichtigkeitserklärung eines solchen Vertrags zugleich den Abschluß eines solchen auch für die Zukunft, abgesehen von der Frage, ob die landesrechtlichen Verbote der Überversicherung aufrechterhalten bleiben oder nicht, mißbilligen wollte, dürfte klar sein. Eine andere Frage aber ist es auch hier wieder, ob das Landesstrafrecht noch zu Recht besteht.

Ein Kommentar[1]) spricht sich hierüber folgendermaßen aus: „Derartige Strafbestimmungen hängen so eng mit den früheren landesrechtlichen Verboten der Überversicherung zusammen, daß sie mit der gegenwärtigen reichsgesetzlichen Regelung, die die Überversicherung zu einem privatrechtlich erlaubten und geschützten, mit besonders gearteten Rechten und Pflichten ausgestatteten Verhältnis umgestaltet hat, unvereinbar erscheinen und daher für veraltet und stillschweigend beseitigt zu erachten sind. (Diese Bemerkungen beziehen sich auf die Strafbestimmungen gegen die Überversicherung jeder Art.) Ob die Strafbestimmung allerdings ohne eine ausdrückliche Aufhebung ihre Kraft verlieren kann, erscheint einigermaßen zweifelhaft; denn „cessante ratione legis non cessat lex ipsa." Bei der Zweifelhaftigkeit der ganzen Frage hat es denn auch nicht an Stimmen gefehlt, welche einer reichsgesetzlichen Ordnung anläßlich der Reform unseres Reichsstrafgesetzbuches das Wort redeten[2]).

---

[1]) Kommentar zum VVG. herausgegeben von Dr. Manes, Berlin 1908, S. 233.

[2]) Vgl. Dr. Otto Badstübner: „Die Überversicherung" in der Zeitschrift für die gesamte Versicherungswissenschaft Bd. VI S. 66 ff. und die in der XII. Kommission zur Vorberatung des VVG. Entwurfs gefaßte Resolution Bericht. Reichstagsdrucksachen, Nr. 364 S. 31 f.

Ob dem Wunsche nach Erlaß reichsgesetzlicher Strafvorschriften Rechnung getragen werden wird, steht dahin. Sollte dies aber nicht der Fall sein, so würde es sich zweifellos empfehlen, durch eine entsprechende Gesetzgebung der Bundesregierungen hier Klarheit zu schaffen.

Ob das öffentliche Interesse, das bei der Überversicherung stark in Mitleidenschaft gezogen wird, tatsächlich durch eine bloße zivilrechtliche Ordnung der Verhältnisse genügend gewahrt wird, dürfte immerhin zweifelhaft erscheinen.

Allerdings haben die Bundesregierungen, welche die Nachkontrolle eingeführt haben, den Polizeibehörden das Recht vorbehalten, sowohl vom Versicherer wie vom Versicherten im Falle der Überversicherung die Herabsetzung der Versicherungssumme zu verlangen und außerdem steht zweifellos dem AfP. auf Grund des § 64 VAG. das Recht zu, Mißstände zu beseitigen, die aus Überversicherungen entspringen (Anreiz zur Brandstiftung, Mißbrauch im Kreditverkehr)[1]), aber die Voraussetzung für einen Eingriff sowohl der Polizeibehörden als des AfP. ist immer die Kenntnis solcher Überversicherungen. In den weitaus meisten Fällen tatsächlicher Überversicherung bleibt sie aber den Behörden unbekannt. Daß unter diesen Verhältnissen, gleichviel ob eine laufende Nachkontrolle aufrecht erhalten wird oder nicht, eine kriminelle Ahndung wenigstens der betrügerischen Überversicherung in ganz anderer Weise prohibitiv wirken würde, als die zivilrechtlichen in § 51 Abs. 2 VVG. festgesetzten Folgen im Verein mit dem Eingriffsrecht des AfP. und der Polizeibehörden dies tun werden, ist keine Frage.

Der größte Teil der be- und entstehenden Überversicherungen gehört zweifellos der Immobiliarversicherung an und ist wohl mehr auf Rechnung der Versicherungsnehmer selbst, als auf die des Provisionsinteresses der Versicherungsvermittler zu schreiben. Wir haben oben bereits bemerkt, daß bei den öffentlichen Feuerversicherungsanstalten die Gebäude vor der Aufnahme in die Feuerversicherung von beeidigten oder sonstwie

---

[1]) Vgl. Geschäftsbericht des AfP. für das Jahr 1904. Veröffentlichungen des AfP. IV. Jahrgang Nr. 2 S. 35f.

verpflichteten Taxatoren geschätzt werden. Diese Schätzungen wurden vielfach als offizielle Wertmesser mit Mündelgeld zu beleihender Grundstücke gesetzlich anerkannt.

So schreibt das preußische Ausführungsgesetz zum Bürgerlichen Gesetzbuche vom 20. September 1899 in Art. 73 § 1 Abs. 2 vor, daß der Wert bei städtischen Grundstücken unter anderem durch Taxe einer öffentlichen Feuerversicherungsanstalt festzustellen ist. Diese Bestimmung wurde fast wörtlich (nur Feuerversicherungs anstalt statt Feuerversicherungs-gesellschaft) aus der preußischen Vormundschaftsordnung vom 5. Juli 1875 (§ 39) übernommen.

Die Sparkassen erkannten gleichfalls solche Taxen als geeignete Grundlagen für den Hypothekenkredit an. So fordern von 830 preußischen Sparkassen 65 die Versicherung der zu beleihenden Grundstücke bei einer öffentlichen Feuerversicherungsanstalt, 686 bevorzugen bei der Ausleihung solche Gebäude, die bei öffentlichen Feuerversicherungsanstalten versichert sind und nur 79 machen grundsätzlich keinen Unterschied zwischen Darlehnssuchern, die bei einer Sozietät und solchen, die bei einer Privatgesellschaft versichert sind. Dadurch entstand im Volke nach und nach die Meinung, daß der Betrag, mit dem jemand sein Haus gegen Feuer versichert hat, ein richtiger Maßstab für den Wert des Hauses und somit für den dem Besitzer des Hauses zukommenden Immobiliarkredit sei, obwohl sogar bei einzelnen Sozietäten zur Versicherung eines Gebäudes nicht einmal die Aufnahme einer Taxe nötig ist. Schreiben nun auch die allgemeinen Versicherungsbedingungen der Privatgesellschaften nicht vor, daß vor oder nach Abschluß der Versicherung die beantragte Versicherungssumme durch Beibringung einer Taxe nachzuweisen sei, so ist es in der Regel doch auch in der Privatversicherung Gebrauch geworden, ein Taxat über das zu versichernde Gebäude einzufordern. Die Forderung der Taxe bei den Privatgesellschaften beruht aber weniger auf der Absicht einer Kontrolle der Versicherungssumme, als auf dem Wunsche, eine bautechnisch richtige Beschreibung der Versicherungsverhältnisse mit einem genaueren Grundrisse, als ihn der Agent fertig bringt, und mit Angaben über die Ausmaße der einzelnen Baulichkeiten zu erhalten, um in letzterer Hinsicht den Sachverständigen im Brandfall einen Anhalt zu bieten.

Kontrolliert werden die Taxen, die der Generalagentur eingereicht werden und in deren Akten zu verbleiben pflegen, ohne daß die Direktion von ihrem Inhalte Kenntnis erhält, regelmäßig nicht. Diese Umstände machen sich nun viele Menschen zunutze, indem sie da, wo ein Immobiliarversicherungsmonopol einer öffentlichen Feuerversicherungsanstalt nicht besteht (in den Gebieten, wo ein solches Monopol besteht, kommen die hier besprochenen Mißstände nicht vor), entweder von vornherein bei einer Privatversicherungsgesellschaft Versicherung nehmen oder aus der „öffentlichen Versicherungsanstalt" austreten und bei einer Privatversicherungsanstalt weiter versichern. Bei dem ihnen bekannten geringeren Interesse der Privatversicherungsgesellschaften an der absoluten Genauigkeit und Angemessenheit der Taxe — ist ja doch nur der Bauwert des Brandtags für die Entschädigung maßgebend — finden sie mit Leichtigkeit einen entgegenkommenden Taxator, der ihnen das Gebäude nach Verhältnis der gewünschten Versicherungssumme schätzt und dann wird gestützt auf das Taxat bei einer Privatversicherungsgesellschaft das Gebäude versichert. Auf Grund der versicherten Summe versuchen sie alsdann Immobiliarkredit zu erlangen. Hypothekenbanken, Lebensversicherungsgesellschaften, Sparkassen und andere Institute lassen naturgemäß die ihnen als Grundlage für das Hypothekendarlehen vorgelegte Taxe nachprüfen, aber vielfach erreichen die Betreffenden bei unerfahrenen Privatleuten ihren Zweck namentlich bezüglich einer zweiten oder dritten Hypothek.

Daß diese Verhältnisse aufs tiefste zu beklagen sind, unterliegt keinem Zweifel. Von seiten der Privatversicherungsgesellschaften wird auch alles [1]) getan, um Überversicherungen — gleichviel aus welchen Beweggründen sie beantragt werden — zu verhindern und zu unterdrücken. Steht doch die etwaige Mehrprämie in keinem Verhältnisse zu der Erhöhung der Gefahr, die in dem fortwährenden, durch die Überversicherung geschaffenen Anreiz

[1]) Die „Generalagentur- und Agenturinstruktionen" unserer deutschen Versicherungsunternehmungen verwarnen die Außenorgane strengstens vor dem Abschluß von Überversicherungen.

zur Fahrlässigkeit im Umgang mit Feuer und Licht, ja zur Brandstiftung liegt. Daß nicht einmal die Taxen der öffentlichen Sozietäten die Bevorzugung verdienen, die ihnen durch den Art. 73 § 1 Abs. 2 des preußischen Ausführungsgesetzes zum Bürgerlichen Gesetzbuche vom 20 September 1899 zuerkannt ist, nämlich, daß sie als offizielle Wertmesser mit Mündelgeld zu beleihender Grundstücke anerkannt werden, beweisen die Verhandlungen der 15. Hauptversammlung des Rheinisch-Westfälischen Sparkassenverbandes zu Münster i. W. vom 7. Oktober 1905, in welcher folgende Resolution mit großer Stimmenmehrheit angenommen wurde: „Der Rheinisch-Westfälische Sparkassentag erachtet die Hypotheken, welche bei städtischen Grundstücken innerhalb der ersten Hälfte des durch Taxe einer öffentlichen Feuerversicherungsanstalt festgestellten Wertes zu stehen kommen, nicht ohne weiteres für mündelsicher. Er ersucht den Vorstand, bei der Kgl. Staatsregierung dahin vorstellig zu werden, daß ein Gesetzentwurf über die einheitliche Regelung des Taxwesens baldmöglichst dem Landtage vorgelegt werde. Er empfiehlt den Sparkassen des Verbandes dringend, auch wenn die Statuten es gestatten, städtische Grundstücke nicht ohne weiteres bis zur Hälfte des durch Taxe einer öffentlichen Feuerversicherungsanstalt festgestellten Wertes zu beleihen, sondern stets in erster Linie andere Wertmesser bei der Taxation heranzuziehen."

Liegen doch auch eine ganze Reihe von Fällen vor, in denen Sozietäten genötigt waren, die auf Taxation beruhenden Versicherungssummen ihres Bezirkes um Millionen Mark herabzusetzen. Auf der anderen Seite findet man häufig bei den Sozietäten aus Besorgnis vor Überversicherungen das Bestreben, die Taxe möglichst unter den wahren Bauwert des Gebäudes herabzudrücken, was wieder eine unzulässige und nicht wünschenswerte Einschnürung des Immobiliarkredits zur Folge hat.

Abgesehen von der Unzuverlässigkeit der Feuerversicherungstaxen, wie sie sowohl den Privatgesellschaften wie den öffentlichen Feuerversicherungsanstalten nicht ganz mit Unrecht zum Vorwurf gemacht wird, stehen wir auch in anderer Beziehung auf dem Standpunkte, daß in denselben kein Wertmesser für den Hypothekarkredit gefunden werden kann und darf, da der

Zweck einer Feuerversicherungstaxe auf einem ganz anderen Gebiete liegt als der einer Taxe für den Hypothekarkredit.

Sucht die eine den Bauwert des Gebäudes festzustellen, so muß die andere eine ganze Reihe sonstiger Momente in Berücksichtigung ziehen, soll sie irgendeinen Anspruch auf Zuverlässigkeit machen, so z. B. den Wert des Grund und Bodens, den Nutzungswert u. dgl.

Wir vertreten deshalb die Meinung, daß es vor allem anzustreben ist, dem großen Publikum durch Beseitigung aller derjenigen gesetzlichen Vorschriften, die irgend einer Feuerversicherungstaxe einen offiziellen anderen Wert beilegen als den eines solchen für spezifische Versicherungszwecke, den Glauben und die Ansicht zu benehmen, daß die Feuerversicherungssumme erhebliche Beziehungen zu der Beleihungsfähigkeit des betreffenden Grundstücks habe. Wenn das Publikum zu der Erkenntnis gekommen ist, daß „die Versicherungssumme, dieselbe möge auf Taxation beruhen oder nicht, lediglich die Grenze für die Ersatzpflicht der Gesellschaft bilde" und daß dieselbe kein Gradmesser für den wahren Wert des betreffenden Objektes sei, dann wird die Möglichkeit, aus einer Überversicherung einen ungesunden Immobiliarkredit zu erzielen, entfallen. Das wird aber erst dann möglich sein, wenn das amtliche Prestige, das der Taxe der öffentlichen Feuerversicherungsanstalten, d. h. eben der Feuerversicherungssumme der öffentlichen Feuerversicherungsanstalten, beigelegt ist, das vom Publikum irriger, aber leicht begreiflicher Weise auch auf die Versicherungssumme der Privat-Versicherungsgesellschaften übertragen wird, gefallen ist. Dann werden diejenigen, die aus Interesse an einem erhöhten Immobiliarkredit bisher das Opfer einer Mehrprämie gern gebracht haben, dies in Zukunft nicht mehr tun und die Versicherungssummen gemäß § 51 Abs. 1 VVG. auf den wahren Bauwert der Gebäude zurückführen.

Man hat, um diese Mißstände zu beseitigen, schon vielfach die Errichtung von öffentlichen Taxämtern in Vorschlag gebracht[1]). Die Taxatoren sollten wirtschaftlich und von einzelnen

---

[1]) Vgl. die oben erwähnten Verhandlungen der 15. Hauptversammlung des Rheinisch-Westphälischen Sparkassen-Verbandes zu Münster i. W. vom 7. Oktober 1905 S. 33.

Auftraggebern unabhängig gemacht werden, dann allein wäre es möglich, zuverlässige Taxen zu erhalten. Ebenso wurde eine gesetzlich festzulegende Qualifikation der Taxatoren angeregt[1]). Auch an die Errichtung von Taxaufsichtsämtern hat man schon gedacht[2]). Über die Vorschläge und Erwägungen ist man aber noch nicht hinausgekommen.

Ihren privatrechtlichen Schutz gegen Spekulationsbrände infolge von Überversicherungen haben die Privat-Feuerversicherungs-Unternehmungen längst gesucht und in ihrer „Schadensmaxime“ (vgl. § 13 Nr. 1 der geltenden Allgemeinen Versicherungsbedingungen) gefunden.

F. A. Brüggemann, der Direktor der im Jahre 1825 gegründeten Aachener-Münchener Feuerversicherungsgesellschaft erkannte schon, daß die Hauptursache des Überhandnehmens der Spekulationsbrände das Prinzip der „taxierten Police“ sei, und er setzte an die Stelle der „taxierten Police“ in den Bedingungen von 1829 den Grundsatz, der heute noch maßgebend ist, daß „die Versicherung nur Schadenersatz zum Zwecke hat, aber nicht als Mittel zum Gewinn gemißbraucht werden darf“. Wenn 1829 bei Gebäuden der Schadenregulierung noch der taxierte Bauwert zugrunde gelegt wird, aber nur unter der Bedingung, daß „sich dieser Wert nicht wesentlich seit dem Anfange der Versicherung vermehrt oder vermindert hat“ und wenn nur in diesem Falle spezielle Taxe erfordert wird, so liegt hierin nur dem Wortlaute, nicht dem Sinne nach noch eine Ähnlichkeit mit der alten Anschauung. Mit dem letzten Reste derselben wird 1834 aufgeräumt, wo im Schadenfalle „der Bauwert mit Rücksicht auf dessen Veränderung seit Aufnahme der Taxe“ in jedem Falle speziell zu taxieren ist; 1836 fügt man dem Grundsatze des Schadenersatzes noch ausdrücklich hinzu: „Die versicherten Gegenstände mögen vorgängig taxiert gewesen sein oder nicht“.

Aber nicht nur um den Schutz der Versicherer handelt es

---

[1]) Hopf: Aufgaben der Gesetzgebung, Berlin, 1880 S. 94.

[2]) Eingabe der „Vereinigung“ an den Preuß. Minister für Landwirtschaft, Domänen und Forsten vom 6. Oktober 1906, betreffend Einsetzung von beeideten öffentlichen Taxatoren oder Errichtung von Taxaufsichtsämtern.

sich bei den durch Überversicherung herbeigeführten Spekulationsbränden, sondern auch um ein wesentliches öffentliches Interesse. Wenn auch im allgemeinen zugegeben werden muß, daß Überversicherungen in der Absicht der Bereicherung im Brandschadenfalle äußerst selten sind, schon weil bekannt ist, daß bei den Privatgesellschaften durchgängig die Versicherungssumme unter allen Umständen nur die Grenze für die Entschädigungsverpflichtung bildet und weil auch der Wert eines völlig vom Feuer vernichteten Gebäudes sich durch die mit den Verhältnissen vertrauten Sachverständigen zutreffend wiederherstellen läßt, so lehrt doch die Erfahrung, daß in dem weniger gut unterrichteten Teile des Publikums noch vielfach die Anschauung herrscht, daß bei völliger Vernichtung der versicherten Sache die Auszahlung der vollen Versicherungssumme in Aussicht stehe. Unter diesen Umständen kann doch sehr leicht später der Anreiz zu einem Spekulationsbrand entstehen.

Dazu kommt, daß, wie wir dargelegt haben, der größte Teil der Immobiliarüberversicherungen nicht in der Absicht einer Bereicherung im Brandschadenfalle abgeschlossen wird, sondern in der Absicht, einen übermäßig hohen Immobiliarkredit zu erlangen. Ein solcher durch eine Überversicherung erlangter übermäßiger Immobiliarkredit kann aber als ein „rechtswidriger Vermögensvorteil" im Sinne des § 51 Abs. 2 VVG. aufgefaßt werden[1]). Sollten die Gerichte zu einer solchen Auffassung der Dinge kommen, dann würde nach Lage der Verhältnisse eine beklagenswerte Rechtsunsicherheit bezüglich vieler Immobiliarfeuerversicherungsverträge entstehen, die auf das dringendste der Abhilfe bedürfte.

Ist sonach die tatsächlich in großem Umfang bestehende Überversicherung in der Immobiliarfeuerversicherung meistens auf die Initiative der Versicherungsnehmer selbst zurückzuführen und spielen hierbei die Versicherungsvermittler lediglich die Rolle von Begünstigern, so liegt die Sache bei der Mobiliarfeuerversicherung doch wesentlich anders. Hier sind es häufig die Versicherungsvermittler allein, die in ihrem Provisions-

---

[1]) Vgl. Kommentar zum VVG. von Manes Seite 233f.

interesse die Versicherungsnehmer zu Überversicherungen trotz aller „Instruktionen" seitens der Gesellschaften veranlassen. Bei der größeren Schwierigkeit einer „Rekonstruktion" des tatsächlichen Bestandes und Wertes der Mobilien nach einem Brandschaden erscheint die Überversicherung bei Mobilien vom öffentlichen Interessenstandpunkte aus noch weit bedenklicher als in der Immobiliarversicherung.

Ob bei diesen Verhältnissen die Möglichkeit eines Eingreifens des AfP. nach § 64 VAG. eine ausreichende Garantie für die Beseitigung der verwerflichen und die öffentlichen Interessen bedrohenden Überversicherung ist, muß stark bezweifelt werden, um so mehr, als ein solches Eingreifen in der Regel doch nur im Falle einer besonderen Anrufung des AfP. erfolgen kann und eine solche aus den verschiedensten Gründen verhältnismäßig nur selten erfolgen wird.

Die geschilderte Tätigkeit der Vermittlungsorgane, die vor allem in der Anbahnung neuer und in der Erhaltung alter Versicherungsverträge besteht — selbstverständlich tritt im gegebenen Falle auch einmal eine Verwendung solcher Organe zu anderen Zwecken, wie Organisationsaufgaben, Schadensregulierungen usw. ein —, wird nun von seiten der Versicherer vielfach unterstützt durch Mittel, die man kurzweg mit „Reklame" bezeichnen kann. Prospekte, welche die Notwendigkeit und Nützlichkeit der Feuerversicherung in leichtverständlichen Worten auseinandersetzen, Plakate, Inserate, Preßberichte über die Abschlüsse der Gesellschaften, Vorträge und anderes dergleichen sollen den Vermittlungsorganen ihr bei der großen Anzahl der Feuerversicherungsgesellschaften in Deutschland erschwertes Geschäft erleichtern.

Die Betriebsorganisation der einzelnen deutschen öffentlichen Feuerversicherungsanstalten, soweit sie das Immobiliarversicherungswesen betrifft, ist eine zu verschiedenartige, als daß sie hier im einzelnen geschildert werden könnte. Kennzeichnend für alle ist jedoch, daß sie sich bei Anbahnung und Erhaltung der Versicherungsverhältnisse, sowie bei der gesamten auf die Durchführung der Versicherungszwecke gerichteten Tätigkeit der Beihilfe und Unterstützung von Staats- und Kommunalbehörden (Amtsvorsteher, Gemeindevorsteher usw.) erfreuen dürfen.

Im einzelnen muß hier auf die betreffenden Reglements und die diese zusammenfassende Literatur verwiesen werden[1]).

Soweit öffentliche Feuerversicherungsanstalten auch die Mobiliarfeuerversicherung betreiben, haben sie sich in ihrer Betriebsweise dem Vorbilde der privaten Feuerversicherungsunternehmungen immer mehr genähert, ein Umstand, der naturgemäß seine Rückwirkung auf den Betrieb der Immobiliarversicherung nicht verfehlte. Unter Benutzung der ihnen für die Immobiliarversicherung zu Gebote stehenden Betriebsorganisation an Staats- und Kommunalbehörden bauten sie diese Organisation durch Heranziehung namentlich von beamteten, also einflußreicheren Organen, wie Lehrer, landrätliche Amts- und Gemeindesekretäre, pensionierte Beamte, inaktive Offiziere usw. aus, unterließen es jedoch nicht, auch Gastwirte und sonstige Geschäftsleute für ihren Betrieb zu interessieren. Durch Zubilligung von Provisionen, welche die bei der Immobiliarversicherung gebräuchlichen Sätze erheblich übersteigen[2]) (Vermittelungs- und Überwachungsgebühren), durch Benutzung aller gesetzlich und moralisch zulässigen, auch der sogenannten kleinen Mittel (Anbringen von Amts- Versicherungs- und Reklameschildern, Verteilung von Flugblättern, welche den Ursprung, Zweck, Verfassung und Vorzüge der öffentlichen Anstalten hervorheben, ähnlich den oben erwähnten Prospekten der Privat-Feuerversicherungsunternehmungen, durch Abhaltung von Vorträgen in landwirtschaftlichen Vereinen sowie in eigens einberufenen Werbeversammlungen) traten sie in einen lebhaften Weltbewerb mit den privaten Feuerversicherungsunternehmungen ein, der sich namentlich seit dem Zusammenschluß der öffentlichen Feuerversicherungsanstalten gegen Ende der sechziger Jahre des vorigen Jahrhunderts (siehe Kapitel „Verbände“) immer mehr steigerte, so daß die öffentlichen Feuerversicherungsanstalten am Schlusse des Jahres 1908 über einen Immobiliarversicherungsbestand von M 62035041876 gegen

[1]) Hugo von Knebel-Doeberitz: Das Feuerversicherungswesen in Preußen, Berlin 1903 und Jahrbuch für die öffentlichen Feuerversicherungsanstalten in Deutschland, Merseburg 1906, 1908, 1909 und Kiel 1910.

[2]) Vgl.: Die Provinzial-Feuerversicherungsanstalt der Rheinprovinz zu Düsseldorf nach 75jährigem Bestehen S. 7 und 17.

M 15515074374 im Jahre 1867, sowie über einen Mobiliarversicherungsbestand von M 7443481003 gegen M 271634874 im Jahre 1867 verfügen.

B. Die Individualisierung des Risikos.

Haben wir uns nun bisher mit der ersten und Hauptaufgabe des Versicherungsbetriebs beschäftigt, mit der auf die fortdauernde Anbahnung neuer und Erhaltung bereits abgeschlossener Versicherungsgeschäfte gerichteten Tätigkeit, so ist des weiteren die gesamte auf die Durchführung des Versicherungszwecks gerichtete Tätigkeit des Versicherers zu betrachten. Diese besteht zuvörderst in einer sachgemäßen Prüfung der akquisitorischen Ergebnisse der Vermittlungsorgane (Antragsprüfung) und einer Nachprüfung der angesetzten Prämien oder der Prämienfestsetzung durch die Direktion selbst. Wie wir bereits oben (S. 121) hervorgehoben haben, sahen sich die privaten Feuerversicherer durch die Bedürfnisse des Handels und Verkehrs dazu gedrängt, eine Dezentralisation ihres Geschäftsbetriebs herbeizuführen und ihre Generalagenturen zu dem Abschlusse von Versicherungen zu ermächtigen. Eine solche Dezentralisation finden wir in der Feuerversicherung f a s t ausnahmslos, während in anderen Versicherungszweigen, so namentlich der Lebens- und Unfallversicherung, die Verwaltung des gesamten Betriebs am Sitze der Direktion zentralisiert ist.

Soweit demnach eine solche Ermächtigung zum Abschlusse von Versicherungen reicht, erfolgt die Antragsprüfung usw. seitens der betreffenden Generalagentur der Gesellschaft. Soweit sich die Leitung der Gesellschaft den Abschluß von Versicherungsverträgen ausdrücklich vorbehalten hat, erfolgt sie durch die Direktion, und insoweit die Anträge industrielle Risiken betreffen, welche einem Minimaltarif unterliegen (Textilindustrie, Braunkohlenbrikett- und Preßsteinfabriken, Papier-, Tabak-, Lederindustrie, Tonwaren- und Zementfabriken, elektrische Bahnen und Elektrizitätswerke), erfolgt noch eine Nachprüfung der Tarifierung auf ihre Richtigkeit hin (Verifikation) durch eine zu diesem Zwecke gegründete Zentralstelle der der „Vereinigung“ angehörenden Gesellschaften (Konferenzgesellschaften).

Jeder Antrag muß in allererster Linie auf seine subjektive Seite hin einer genauen Prüfung unterzogen werden. Hier kommen vor allem der Ruf, der Charakter und die Vermögensverhältnisse des Antragstellers in Frage, und es ist Aufgabe der prüfenden Stelle, sich ein sicheres Urteil hierüber je nach Lage des Falls durch den Vermittlungsagenten oder durch sonst unterrichtete Personen zu verschaffen. Ein gewissenhafter und mit dem Feuerversicherungsgeschäft vertrauter Vermittler wird es überhaupt unterlassen, sich mit Risiken, die in subjektiver Hinsicht zu Beanstandungen Anlaß geben können, zu befassen und derartige Anträge einzureichen, da es für die Gesellschaften nie angenehm sein kann, Anträge abzulehnen. Einer um so genaueren Prüfung bedürfen die Anträge sogenannter Gelegenheitsvermittler.

Besonders die pekuniäre Lage des Antragstellers ist das Entscheidende. Das Besitztum eines unter einer schlechten Konjunktur leidenden Fabrikanten, eines in pekuniären Bedrängnissen lebenden Kaufmanns oder Privatmanns sind für den Feuerversicherer stets bedenkliche Risiken. Gewöhnlich ergibt die Prüfung der Anträge solcher in zerrütteten Vermögensverhältnissen lebender Personen eine erhebliche Überversicherung, ein Beweis dafür, daß von seiten der Versicherer in ihrem eigensten Interesse gegen die Überversicherung vorgegangen werden muß, da die Gefahr eines Spekulationsbrandes unter solchen Verhältnissen eine überaus große ist. Es ist daher auch allgemeiner Gebrauch, daß der Vermittlungsagent in jedem einzelnen Falle darüber befragt wird, ob er sich von der Angemessenheit der beantragten Wertsumme an Ort und Stelle überzeugt hat. Ein Antrag solcher Personen, welche in ihrem Rufe, ihrem Charakter oder in ihren Vermögensverhältnissen zu wünschen übrig lassen, ist auch, wenn er in objektiver Hinsicht den höchsten Anforderungen entspricht, für den Feuerversicherer, streng genommmen, unannehmbar. Sehr oft haben sich relativ harmlose industrielle Risiken mittleren und kleinen Umfangs mit mangelnder Rentabilität und unzulänglichem Betriebskapital des Inhabers als die allergefährlichsten erwiesen. Ein solcher Antrag kann nicht einmal bei Anwendung der in der Feuerversicherung üblichen Klauseln (Wiederherstellungsklausel und nur prozentuale Versicherung eines solchen Risikos) unbedenklich erscheinen. Ebensowenig wie für ein subjektiv gutes Risiko eine Vollversicherung ohne Wiederherstellungsklausel ein Anreiz zu verbrecherischer Fahrlässigkeit oder gar zur Brandstiftung sein wird, ebenso wenig wird ein subjektiv schlechter Antragsteller sich durch solche Klauseln von seinen verbrecherischen Plänen abhalten lassen, da er sich trotz dieser Klauseln immerhin noch Vorteile mancher Art aus einem Brande versprechen kann.

Es dürfte deshalb nicht völlig der Billigkeit entsprechen, wenn der Feuerversicherer ganze Kategorien von Risiken (wie Getreide-, Graupen-, Reis-, Holzmehlmühlen, sowie Block- und Brettschneidemühlen) ohne jede Prüfung im Einzelfalle von vornherein mit der Note einer schlechten Subjektivität versieht und die Einfügung der eben genannten Klauseln als Bedingung des Abschlusses des Versicherungsvertrags stellt. Besonders hart werden viele solchen Kategorien angehörende Versicherte — und es handelt sich um 30—35000 solcher Betriebe in Deutschland — durch die Bedingung getroffen, einen prozentualen Anteil des Risikos (20 %, 25 %, ja sogar 50 %) unversichert zu lassen (sogenannte Selbstversicherung).

Die Wiederherstellungsklausel, wie sie seit ungefähr einem Jahrzehnt bei den Vereinigungsgesellschaften üblich ist, trägt allen Anforderungen der Billigkeit in so weitgehendem Maße Rechnung, daß gegen die Auferlegung dieser Bedingung allein nichts eingewendet werden kann.

Dieselbe lautet folgendermaßen:

„Für die sub Pos. . . . . versicherten . . . . (Gebäude und Maschinen) ist vereinbart, daß die Entschädigung für diese Objekte nur zum Zwecke ihrer Wiederherstellung und nachdem letztere gesichert ist, je nach dem Fortschreiten der tatsächlichen Wiederherstellung in drei gleichen Raten geleistet wird.

Kann die Wiederherstellung wegen behördlichen Verbotes nicht an der bisherigen Stelle erfolgen, so ist sie an anderer Stelle desselben Ortsbezirks gestattet.

Will der Versicherte aus anderen Gründen an der bisherigen Stelle oder überhaupt nicht wiederherstellen, was durch seine schriftliche Erklärung, oder mangels einer solchen durch

Unterbleiben der Wiederherstellung binnen zwei Jahren nach dem Schadenfalle festgestellt wird, so wird die berechnete Entschädigung nach Absetzung einer Quote gezahlt, welche dem wirtschaftlichen Vorteil entspricht, der dem Versicherten durch die Befreiung von der Wiederherstellungspflicht erwächst. Über die Höhe dieser Quote entscheiden auf Anrufen einer der beiden Parteien unparteiische Sachverständige, für deren Ernennung die Vorschriften des § 14 der Allgemeinen Versicherungsbedingungen maßgebend sind" [1]).

Durch die Hinzufügung der zweiten Auflage, der sogenannten Selbstversicherung, zu dieser Bedingung der Wiederherstellung aber entstehen doch in manchen Fällen Härten, die durch eine individuelle Prüfung der einzelnen Risiken dieser in Frage kommenden Kategorien vermieden werden könnten. Man kann bezüglich der Feuerversicherung von Mühlen in Deutschland geradezu von einem „Notstand" sprechen, der trotz aller Bemühungen der interessierten Kreise noch nicht behoben werden konnte. Nur durch einen geeigneten Zusammenschluß aller in Deutschland bestehenden Mühlenversicherungsvereine — etwa 30 an Zahl — unter gleichzeitiger tatkräftiger Unterstützung der privaten und der öffentlichen Feuerversicherung könnte diesem das ganze Müllergewerbe, das an sich schon durch die ausländische Konkurrenz schwer leidet, bedrohenden Notstande ein Ende bereitet werden.

Bemerkt mag hier werden, daß die öffentliche Feuerversicherung die Wiederherstellungspflicht in nahezu allen Fällen den Versicherten auferlegt, daß hierbei aber nicht Gründe schlechter Subjektivität maßgebend sind, sondern daß neben dem Schutz der Hypothekengläubiger, für welchen ja auch der Privatversicherer die Wiederaufbaupflicht festsetzt (vgl. § 17 der Allgemeinen Versicherungs-Bedingungen), der Umstand maßgebend ist, daß der Versicherte an die Scholle gebunden, eine Landflucht also verhindert werden soll.

Auch die Auflage einer sogenannten Selbstversicherung kommt bei der öffentlichen Feuerversicherung häufiger vor als

[1]) Vgl. hierzu: Zur Frage der sogenannten Wiederherstellungsklausel in Nr. 34 der Zeitschrift für Versicherungswesen vom 2. September 1908.

in der privaten Feuerversicherung, ein Verfahren, das in volkswirtschaftlicher Beziehung insofern Bedenken wachrufen muß, als der Versicherte selbst für den Fall eines völlig unverschuldeten Brandunglücks (Blitzschlag), keine ausreichende Deckung für den erlittenen Schaden erhält, während er vielleicht gerne bereit gewesen wäre, einen dem höheren Risiko entsprechend höheren Beitrag zu bezahlen.

Ist die Prüfung des subjektiven Risikos beendet und hat diese von vornherein oder nach etwa notwendigen Rückfragen zu einem befriedigenden Ergebnis geführt, dann beginnt die Prüfung des Risikos nach der objektiven Seite hin. Die Würdigung dieser Seite des Risikos, von der in der privaten Versicherung, wie bereits oben (Kap. III S. 75ff.) angedeutet wurde, die Prämienbemessung (Tarifierung) abhängt, ist eine der schwierigsten Aufgaben des Feuerversicherungsbetriebs und begreift einen großen Teil der gesamten Feuerversicherungstechnik in sich.

Diese genaue Prüfung der für die zu übernehmende Gefahr wichtigen Momente und die hiernach sich richtende Bemessung der Prämie verdankt ihre Entstehung und Ausbildung ausschließlich der privaten Feuerversicherung.

So sehen wir bereits bei den ältesten gewerblichen Feuerversicherungsgesellschaften in England eine, wenn auch noch rohe Klassifikation der in Versicherung zu nehmenden Objekte in gemeine, gefährliche und doppelt gefährliche Assekuranzen.

Die Prämien waren je nach der Klasse, der die Versicherungsobjekte zuzuzählen waren und je nach der Höhe der Versicherungssumme, steigende.

Eine Tabelle der jährlichen Prämien aus dieser Zeit mag dies veranschaulichen:

Versicherte Summe	Gemeine Assekuranzen	Gefährliche Assekuranzen	Doppelt gefährl. Assekuranzen
nicht über 100 £	2 sh jährlich	3 sh jährlich	5 sh jährlich
von 200—1000 „	2 „ von 100 £	3 „ von 100 £	5 „ von 100 £
„ 1000—2000 „	$1^1/_2$ „ „ 100 „	4 „ „ 100 „	$7^1/_2$ „ „ 100 „
„ 2000—3000 „	$2^1/_2$ „ „ 100 „	5 „ „ 100 „	

Der ersten Klasse wurden zugezählt: Gebäude, die steinerne Mauern haben, mit Schiefer, Ziegel oder Blei gedeckt sind und worin kein gefährliches Gewerbe getrieben wird, noch der Gefahr leicht unterworfene Güter liegen. Ebenso Güter und Kaufmannschaften, welche der Gefahr so leicht nicht unterworfen, in steinernen Gebäuden. Dagegen sollten der zweiten Klasse angehören: Hölzerne oder leimerne, mit Schiefer, Ziegel oder Blei gedeckte Gebäude, worin kein gefährliches Gewerbe getrieben wird oder leicht feuerfangende Güter liegen; desgleichen nicht leicht feuerfangende Güter in solchen Gebäuden. Ferner gefährliche Gewerbe, als der Apotheker, Brot- und Kommißbäcker, Färber, Schiffs- und Talglichtgießer, Gasthof- und Stallhalter, welche in steinernen, mit Schiefer, Ziegel oder Blei gedeckten Gebäuden getrieben werden und leicht feuerfangende Güter als Hanf, Flachs, Pech, Teer, Talg und Terpentin, welche in solchen Gebäuden liegen. In die dritte Klasse wurden eingereiht: Vorbesagte gefährliche Gewerbe, welche in hölzernen oder leimernen Gebäuden betrieben werden oder leicht feuerfangende Güter, die in solchen Gebäuden liegen, irdene Waren, Glas und Porzellan zum Handel und mit Stroh gedeckte Gebäude oder darin liegende Güter.

Andere Assekuranzen waren besonderer Vereinbarung vorbehalten [1]. Diese Preisdifferenzierung je nach dem Grade der den betreffenden Objekten innewohnenden Gefahr wurde im Laufe der Entwicklung der gewerblichen Feuerversicherung immer mehr verfeinert und bis zur Individualisierung jedes einzelnen Risikos ausgedehnt.

Anfangend von den einfachsten Risiken, den massiven und mit hartem Dach versehenen Wohngebäuden und dem darin befindlichen Hausmobiliar in Städten mit Berufsfeuerwehr bis zu den industriellen Risiken schwerster Gattung, erheischt diese Tätigkeit eine zunehmende Kenntnis in der Baukunde, Warenkunde und den Fabrikationsvorgängen, die nur durch eingehendes Studium und eine große Erfahrung gewonnen werden kann [2].

---

[1] Johann Weskett: Theorie und Praxis der Assekuranzen. Aus dem Englischen übersetzt von Joh. Andreas Engelhardt, Lübeck 1782.

[2] Vgl. hierzu die kürzlich erschienene äußerst lehrreiche Schrift von Heinrich Henne: Einführung in die Beurteilung der Gefahren bei der

Welche Momente für den Feuerversicherungstechniker behufs Würdigung des objektiven Risikos von Wichtigkeit sind, ergibt sich aus den Antragsformularen der Gesellschaften.

Hiernach kommt für Gebäude, wie für deren Inhalt (häusliches Mobiliar usw.) in Betracht:

I. Die Bauart:

1. ob das Gebäude aus Stein,
Steinfachwerk,
Lehmstaken,
Lehmfachwerk oder
Holz
gebaut ist;

2. aus welchem Materiale die Schornsteine gebaut sind;

3. ob dasselbe mit Ziegeln (lose, in Kalk oder auf Strohdocken gelegt), Schiefer, Blech, Pappe, Holz, Stroh, Rohr usw., also hart oder weich gedeckt ist;

4. wieviel Geschosse das Gebäude zählt.

II. Die Benutzungsweise:

1. Zu welchen Zwecken das Gebäude benutzt wird;

2. welche Gewerbe oder Betriebe sich in dem Gebäude befinden;

3. ob feuergefährliche Gegenstände und zutreffendenfalls, welche in dem Gebäude lagern.

III. Das Alter und der bauliche Zustand im Innern und Äußern.

IV. Die Nachbarschaft:

1. Ob das Gebäude isoliert steht oder wie weit die Nachbargebäude davon entfernt sind;

2. ob sich zwischen dem Gebäude und den angrenzenden Gebäuden Brandmauern befinden;

3. wie die Nachbargebäude gebaut und bedacht sind;

4. welche Gewerbe in den Nachbargebäuden betrieben werden;

5. ob sich innerhalb 30 m von dem Gebäude entfernt

Feuerversicherung von Fabriken und gewerblichen Anlagen. Berlin 1910 Heft XIX der Veröffentlichungen des Deutschen Vereins für Versicherungswissenschaft.

Theater, Mühlen, Fabriken oder weichbedachte Gebäude befinden;

6. ob sich in der Nachbarschaft gefährliche oder leicht feuerfangende Gegenstände befinden.

Je nach dem Ergebnis der gestellten Fragen reiht der Versicherer das betreffende Risiko in eine der nach verschiedenen Prämiensätzen abgestuften Klassen ein.

Die natürliche Folge einer auf Grund der eben angeführten Momente eintretenden Beurteilung des Risikos ist die, daß der Versicherer darauf halten muß, daß die beweglichen Gegenstände, die er in Deckung genommen hat, die Räumlichkeit, deren genaue Kenntnis und deren Nachbarschaft usw. ihn bei der Festsetzung der Prämie geleitet hat, nicht wechseln, d. h. die beweglichen Sachen sind an die im Versicherungsschein angegebene Versicherungslokalität gebunden.

Durch einen Wechsel könnten und würden ja in den meisten Fällen die einzelnen Gefahrumstände ganz andere, bald größere, bald geringere werden, abgesehen davon, daß dadurch Kumulierungen von Risiken für den Versicherer entstehen können, die ihn, wenn er sie kennen würde, veranlassen würden, die Gefahr durch Rückversicherung zu teilen. Der Versicherer erkennt deshalb in der Regel seine Entschädigungspflicht nur dann an, wenn die versicherten Gegenstände in der Versicherungslokalität, die im Versicherungsschein angegeben ist, vom Brande betroffen werden.

Die praktischen Bedürfnisse führten jedoch bereits um die Mitte des vorigen Jahrhunderts unter gewissen Bedingungen und Vorsichtsmaßregeln zu Ausnahmen von dieser Regel[1].

Bereits im Jahre 1842 finden wir bei der Kölnischen Feuerversicherungsgesellschaft „Colonia“ einzelne „Außenversicherungen“, bis diese Versicherungsart im Jahre 1876 durch die Magdeburger Feuerversicherungsgesellschaft allgemein zur Einführung gelangte.

Hiernach gestattete der Versicherer gegen Entrichtung

[1] Vgl. hierzu den Aufsatz von Friedrich Ladewig: Außenversicherung in der deutschen Versicherten-Zeitung, V. Jahrgang 1909, Nummer 6 S. 217ff.

einer Zuschlagsprämie (meistens $2^1/_2{}^0/_{00}$), daß ein Teil des Hausmobiliars, ausgedrückt entweder in Prozenten der Gesamtversicherungssumme oder in einer bestimmten absoluten Summe sich vorübergehend auch außerhalb der Versicherungslokalität befinde und übernahm die Haftung für Brandschäden auch während des vorübergehenden Aufenthalts der versicherten Gegenstände in anderen Lokalitäten. Jedoch wurde auch hier ein bestimmter territorialer Kreis vereinbart (Deutschland oder Europa).

Lautet eine solche Außenversicherung auf einen bestimmten Höchstbetrag, z. B. bei einer Mobiliarversicherung von 30000 M auf 2000 M, so haben wir es zweifellos mit einer sogenannten Versicherung auf „Erstes Risiko" zu tun, d. h. der Versicherer haftet ohne Rücksicht auf die Übereinstimmung des Wertes der insgesamt versicherten Gegenstände mit der Versicherungssumme bis zum Höchstbetrag von 2000 M; lautet jedoch die Außenversicherung auf einen gewissen Prozentsatz der Gesamtversicherungssumme, z. B. $10^0/_0$, so tritt hier zweifellos der Grundsatz der Versicherung in Geltung (vgl. § 13 Abs. 3 der Allgemeinen Versicherungsbedingungen), daß, wenn der Wert der zu einer Position gehörigen Sachen zur Zeit des Eintritts des Versicherungsfalls die darauf versicherte Summe übersteigt (Unterversicherung), der Versicherer nur nach dem Verhältnis der Summe zu jenem Werte haftet.

Nach den neuen Allgemeinen Versicherungsbedingungen haben die Versicherer ganz allgemein ohne Prämienzuschlag für häusliches Mobiliar und Arbeitsgerät eine Außenversicherung für den Bereich Deutschlands, und zwar bis zum Schadenbetrage von $10^0/_0$ der Versicherungssumme, im Höchstfalle jedoch bis zum Betrage von 2000 M, zugestanden.

Wer den örtlichen Geltungsbereich der Außenversicherung oder die für diesen Fall in Betracht kommende Entschädigungssumme erweitert oder erhöht wissen will, muß dies mit dem Versicherer besonders vereinbaren, wobei die im vorstehenden gemachten Bemerkungen über die Formen, in denen die Außenversicherung abgeschlossen werden kann, beobachtet zu werden verdienen.

Ein ähnliches Bedürfnis entstand im landwirtschaftlichen

Betrieb, wo es sich um Versicherung von beweglichen Gegenständen (lebendes und totes Inventar, landwirtschaftliche Vorräte und die Ernte), die oft ihren Aufbewahrungsort wechseln, handelt. Hier hat der Versicherer durch eine Ausdehnung des räumlichen Geltungsbereichs der Versicherung den der Landwirtschaft angehörigen Versicherten eine außerordentlich weitgehende Freizügigkeit, die sich technisch als Außenversicherung darstellt, eingeräumt. (Vgl. § 2 der Zusatzbedingungen für Landwirtschaft.) Daneben bleibt das Zugeständnis des Einschlusses der kostenlosen Außenversicherung in § 3 Abs. 3 der Allgemeinen Versicherungsbedingungen betreffend das häusliche Mobiliar und das Arbeitsgerät, soweit letzteres nicht zum Inventar gehört, auch für den versicherten Landwirt bestehen.

In gleicher Weise machte sich in der gewerblichen, der kaufmännischen und industriellen Feuerversicherung ein erhebliches Bedürfnis nach einer Außenversicherung geltend, das von der deutschen Feuerversicherung gegen Entrichtung einer besonderen Prämie voll befriedigt wird.

Die Zugeständnisse, welche die Versicherer bezüglich der Versicherung von häuslichem Mobiliar beim Wohnungswechsel gemacht haben, die darin bestehen, daß bei einem Umzuge innerhalb des Deutschen Reichs das häusliche Mobiliar nicht nur auf dem Umzuge nach der neuen Wohnung selbst, sondern auch noch zwei Wochen in der neuen Wohnung versichert gilt, stellen sich ebenfalls als eine kostenlose vorübergehende Außenversicherung dar. (§ 3 Abs. 2 der Allgemeinen Versicherungsbedingungen.)

Bei vielen Gesellschaften findet sich in sämtlichen Antragsformularen eine Frage folgenden Inhalts: Sind die zu versichernden Gebäude (Gegenstände) schon anderweit versichert, wie hoch und bei welcher Gesellschaft?

Die Beantwortung dieser Frage soll den Versicherer darüber aufklären, ob durch die Annahme des betreffenden Antrags eine mehrfache oder eine Doppelversicherung entsteht. Unter mehrfacher Versicherung versteht das VVG. den Fall, daß der Gesamtwert des versicherten Interesses unter zwei oder mehrere Versicherer aufgeteilt ist, so zwar, daß die Versicherungssummen der einzelnen beteiligten Versicherungsgesellschaften höchstens den Gesamwert des versicherten Interesses ergibt, während bei der Doppelversicherung die Versicherungssummen der mitbeteiligten Gesellschaften den Gesamtwert des versicherten Interesses zur Zeit des Eintritts des Versicherungsfalles übersteigen. Während früher die Landesgesetzgebung verschiedener Bundesstaaten nicht nur die Doppelversicherung, sondern sogar auch die mehrfache Versicherung im Sinne des VVG. bei Strafe verboten hatte[1]), ist nach §§ 58, 59 VVG. die mehrfache Versicherung, selbst in der Form der Doppelversicherung gestattet, sofern nur bei letzterer keine betrügerische Absicht des Versicherungsnehmers obwaltet. Der Gesetzgeber hat nur durch die Vorschrift des § 58 VVG. Vorsorge getroffen, daß die beteiligten Versicherer von der Tatsache der mehrfachen Versicherung und der Höhe der Gesamtversicherungssumme Kenntnis erhalten und hat im § 59 VVG. ein Verfahren angeordnet, bei dem eine Bereicherung der Versicherten durch den Versicherungsfall hintangehalten wird. Ebenso, wie nun der Versicherer sich durch seine Allgemeinen Versicherungsbedingungen (§ 9 Abs. 1) das Recht der Kündigung für den nach dem Abschluß der Versicherung eintretenden Fall der mehrfachen oder Doppelversicherung vorbehalten hat, ebenso will er durch die oben angegebene Fragestellung sich das Recht der Entscheidung vorbehalten, ob er für den Fall, daß der Antragsteller bereits bei einer andern Gesellschaft versichert ist, den Antrag annehmen oder ablehnen will. Es kann für den Versicherer eine ganze Reihe von Gründen vorhanden sein, weshalb er nicht in ein solches Mitversicherungsverhältnis eintreten will; dazu kommt, daß ihn die Kenntnis einer durch eine mehrfache Versicherung bestehenden Überversicherung von dem Abschluß des Versicherungsvertrags abhalten kann.

Diese Frage ist also teilweise zur Beurteilung des subjektiven Risikos, teilweise aus allgemeinen Geschäftsgrundsätzen gestellt. Gegen den Fall, daß der Versicherte seinem Versicherer die gesetzlich vorgeschriebene Anzeige von dem Eintritt einer mehrfachen oder Doppelversicherung nicht macht, hat sich der

[1]) Näheres siehe Kommentar zum VVG. von Manes, Berlin 1908, S. 273 Anm. I.

Versicherer durch die Festsetzung der Verwirkung des Versicherungsanspruchs geschützt (Allg. Vers. Bed. § 9 Satz 4).

Die auch hier, wie bei der Überversicherung entstehende Frage, ob durch die Gestaltung der mehrfachen und Doppelversicherung nach dem VVG. die betreffenden Strafbestimmungen der Landesgesetzgebung beseitigt sind, wird allgemein bejaht.

Soweit es sich um betrügerische Doppelversicherung handelt, könnte es sich höchstens um Neueinführung von landesrechtlichen Strafbestimmungen handeln — den Unterschied zwischen nichtbetrügerischer und betrügerischer Doppelversicherung kennt die Landesgesetzgebung nicht — die aber wohl überflüssig sein dürfte, da der Beweis für das Vorliegen einer betrügerischen Doppelversicherung sich nur dann führen lassen wird, wenn der Versicherungsnehmer Schritte getan hat, um von den mehreren Versicherern die volle Entschädigung zu erhalten; diesfalls würde aber die Reichsstrafgesetzgebung mit ihren Betrugsparagraphen völlig ausreichen.

Zivilrechtlich hat das VVG. die betrügerische Doppelversicheruug in derselben Weise geordnet wie die betrügerische Überversicherung (§ 59 Abs. 3 VVG.). Übrigens stellt eine betrügerische Doppelversicherung im Sinne des VVG. stets auch eine betrügerische Überversicherung dar, so daß diejenigen, die der Ansicht sind, daß die landesrechtlichen Strafbestimmungen über die betrügerische Überversicherung noch bestehen, der betrügerischen Doppelversicherung auch mit diesen entgegentreten könnten. Jedenfalls scheinen uns die hier angestellten Erörterungen sowohl über die Über- wie über die Doppelversicherung den Beweis zu liefern, daß es äußerst erwünscht wäre, daß die in Betracht kommenden Landesregierungen durch eine entsprechende Gesetzgebung Klarheit über all diese Punkte schafften.

Mit der Häufung der Gefahrsmomente, wie sie in gewerblichen Betrieben und namentlich im Speicher- und Fabrikbetriebe entstehen, verschärft der Versicherer die Methode der Individualisierung. Abgesehen davon, daß er sich bei größeren und gefährlichen Fabrikrisiken neben den in den Antragsformularen gestellten Fragen einen eingehenden Bericht über die Besichtigung des Etablissements (Inspektion) durch einen mit technischen Kenntnissen ausgestatteten Beamten liefern läßt, der in der Regel mit einem allgemeinen Gutachten über die objektive und subjektive Versicherungsfähigkeit des betreffenden Risikos und über die zu fordernde Prämie schließt, läßt er sich außerdem noch an der Hand besonderer Fragebogen auf das eingehendste über die Verhältnisse des zu übernehmenden Risikos unterrichten, so, daß er auf Grund des ihm von seinem Beamten gelieferten Berichts im Zusammenhalt mit dem Antragsformular und den Fragebogen sich ein vollständiges Bild über die Brandgefahr des zu übernehmenden Risikos zu machen vermag. Etwa in diesem Bilde vorhandene Lücken werden durch besondere Rückfragen ergänzt. Hierbei richtet der Versicherer sein Augenmerk auf die gesamte Einrichtung in allen ihren Einzelheiten, wie: Konstruktion der Decken, Fußböden, Zwischenwände, Geschoßverbindungen, Türen, Treppen, die Öffnungen in Treppenhäusern oder Schächten, die Trocknerei-, Heizungs- und Feuerungsanlagen, Lagerung des Heizungsmaterials, Darr-, Koch-, Siede-, Glüherei- und Schmelzerei-, Sengerei- und Brennereieinrichtungen, Beleuchtungsanlagen, Betriebsumfang, Betriebskraft, Schutzmittel gegen Entzündungen, Blitzableiter, Vorräte von Löschwasser, Löscheinrichtungen, Sicherheitsdienst, Behandlung der selbstentzündlichen Materialien und Abfälle, Isolierung besonders gefährlicher Betriebsteile (z. B. in Mahlmühlen der Reinigung, in Baumwollspinnereien der Vorbereitung) usw. Neben diesen Berichten und Antragsformularen geht in der Regel noch eine genaue Beschreibung und Taxe der zu versichernden Gebäude einher. Auf Grund dieser bis ins kleinste gehenden Angaben fügt er zu der auf das Risiko treffenden Grundprämie, deren Berechnung auf langjährige geschäftliche und statistische Erfahrungen gestützt ist, etwa notwendige Zuschläge, wie Betriebs-, Heiz-, Beleuchtungs-, Geschoß-, Warengruppen-, Geschoßverbindungs-, Holzbearbeitungszuschlag, Zuschlag für Trocknereianlagen, für feuergefährliche Manipulationen, Explosionszuschlag, Nachbarschaftszuschlag, setzt dagegen für besonders sichernde Einrichtungen, wie Löscheinrichtungen usw. gewisse Rabatte ab, nimmt also bei der Bemessung des Preises eine völlige Individualisierung des Risikos vor.

Wie wir oben (S. 144) bereits hervorgehoben haben, bestehen für sieben industrielle Risikengattungen, die den Feuerversicherern seit einer langen Reihe von Jahren dauernde Verluste gebracht hatten und für die sich infolgedessen eine Aufbesserung der Prämiensätze als unumgänglich notwendig erwiesen hatte, besondere Tarifierungsgrundsätze, deren Beobachtung von einer eigens dazu geschaffenen Zentralstelle in Kassel nachgeprüft wird. Für diese Risiken sind besondere sogenannte Tarifierungsmittel, bestehend aus einem Allgemeinen Fragebogen, einem Lageplan und einer Anleitung zum Lageplan bei den „Konferenzgesellschaften“ eingeführt.

Neben der außerordentlichen Wichtigkeit, welche der genauen und wahrheitsgemäßen Beantwortung der vielfachen Fragen zum Zwecke der Beurteilung und Tarifierung der Risiken beizumessen ist, spielt die Richtigkeit und Vollständigkeit der Beantwortung der Antragsfragen auch insofern eine große Rolle, als etwaige dabei vorkommende Mängel regelmäßig auch in den Versicherungsschein übergehen und dann bei einem etwa eintretenden Schaden leicht zu Streitigkeiten, die für den Versicherten wie die Gesellschaft gleich unerwünscht sind, führen können.

Das häusliche Mobiliar gilt, obwohl es unter sechzehn einzelnen Gattungen deklariert ist, insoweit als in einer Position versichert, als es in der gleichen Versicherungslokalität und zu dem gleichen Prämiensatze versichert wird, d. h. die etwa bei einzelnen Gattungen am Tage des Brandes bestehenden Unterversicherungen gleichen sich gegen etwa bei andern Gattungen bestehende Überversicherungen aus oder das gesamte Hausmobiliar gilt als summarisch versichert (Compensation). Eine solche summarische Versicherung kommt auch bei industriellen Versicherungen vor[1]), in dem für folgende Gruppen von Versicherungsobjekten innerhalb einer jeden Versicherungslokalität je eine besondere Policenposition mit besonderer Versicherungssumme gebildet wird:

1. Gebäude und Baulichkeiten;

---

[1]) Siehe Wallmanns Versicherungszeitschrift Nr. 112/113 von 8. Juli 1906.

2. Maschinen und maschinelle Betriebseinrichtungen einschließlich der Transmissionen, Apparate, Rohrleitungen, Gerätschaften, Utensilien und Werkzeuge, sowie Betriebs- und Lagermobilien und Inventarien;

3. Kontormobiliar und Inventar einschließlich der Telefonanlagen;

4. der gesamte Fuhrpark, einschließlich Hof- und Stallutensilien und der Zugtiere;

5. Modelle und Zeichnungen, Formen, auch Jacquardkarten, Muster und dgl.;

6. Heizmaterialien;

7. Betriebsmaterialien;

8. Rohmaterialien, Halb- und Ganzfabrikate;

9. Eigentum der Arbeiter und Angestellten;

10. Häusliches Mobiliar.

Soweit die öffentliche Feuerversicherung der Privat-Feuerversicherung auf dem Wege der Deckung industrieller Risiken gefolgt ist, konnte sie sich den von den letzteren eingeführten und immer mehr verfeinerten Grundsätzen der Individualisierung schon in ihrem eigensten Interesse nicht entziehen und sie nimmt nunmehr diese auf demselben Wege (eingehende Fragebogen. Berichte, Lagepläne usw.) wie die Privatversicherung vor.

Diese hier dargestellten Grundsätze der Individualisierung der einzelnen Risiken sind allein geeignet, eine gerechte Bemessung des Preises der Versicherung herbeizuführen. Über die sonstigen segensreichen Folgen der Beobachtung solcher Grundsätze haben wir uns bereits im III. Kapitel ausgesprochen. Die im vorstehenden dargestellten Aufgaben des Versicherers hinsichtlich der Individualisierung des Risikos stellen an sich schon große Anforderungen an seinen Betrieb, die noch durch die gesetzliche Vorschrift des § 81 VVG., wonach ein dem Versicherer gemachter Antrag auf Schließung, Verlängerung oder Änderung des Vertrags erlischt, wenn er nicht binnen zwei Wochen angenommen wird, bedeutend erhöht werden. Wenn diese gesetzliche Bestimmung bezüglich der Frist von zwei Wochen nach dem Abs. 3 dieses Paragraphen auch insofern nachgiebiges Recht enthält, als an die Stelle der Frist von zwei

Wochen eine andere festbestimmte Frist gesetzt werden kann, so haben die Feuerversicherer im Interesse einer möglichst raschen Darbietung des Versicherungsschutzes sich doch mit der vom Gesetzgeber der Regel nach zur Untersuchung der Gefahrumstände und zur Erledigung des Antrags als ausreichend angesehenen Frist von zwei Wochen begnügt.

C. Die Verteilung der Gefahr.

Nach Beendigung der Prüfung der akquisitorischen Ergebnisse der Vermittlungsorgane auf ihre subjektive und objektive Annahmefähigkeit und auf die vereinbarten Prämien hin oder nach Festsetzung der Prämien durch die Direktion selbst und Annahme derselben durch die Antragsteller, tritt an die Leitung der Feuerversicherungsgesellschaften neben der Überwachung der manipulativen Tätigkeit der Ausstellung der Versicherungsscheine und der damit zusammenhängenden Registrierarbeit eine der wichtigsten Aufgaben des ganzen Feuerversicherungsbetriebs heran, nämlich die Disposition über die Verteilung und Teilung der Gefahr.

Schon frühzeitig war es den privaten Feuerversicherungsunternehmungen zum Bewußtsein gekommen, daß die Anhäufung von übernommenen Versicherungen innerhalb enger räumlicher Grenzen (z. B. in einzelnen Städten) bei größeren Schadenfeuern die Gefahr einer finanziellen Überlastung der Gesellschaften mit sich bringe.

Sie mußten deshalb, um dieser Gefahr auszuweichen, darauf bedacht sein, die Zahl und die Höhe der zu übernehmenden Risiken innerhalb bestimmter örtlicher Grenzen zu beschränken. Um jedoch, ohne stete Gefahr für ihre Existenz, diejenige Anzahl von Versicherungen erwerben zu können, die einen Ausgleich innerhalb der verschiedenen Versicherungen in Aussicht stellte, mußten sie bestrebt sein, ein möglichst ausgedehntes Arbeitsgebiet zu erwerben. So sehen wir, daß die Pfadfinder auf dem Gebiet der Feuerversicherung, die englischen Gesellschaften, sich schon nach kurzer Zeit über ganz Großbritannien ausbreiteten und daß sie ihr Arbeitsgebiet schon im Laufe des 18. Jahrhunderts auch auf kontinentale und transatlantische

Länder, namentlich die englischen Kolonien erstreckten, so, daß die großen englischen Kompagnien schon seit langen Jahrzehnten ein Weltgeschäft betreiben.

Diesen Grundsatz weitgehendster Gefahrverteilung durch Bearbeitung eines möglichst großen räumlichen Gebiets eigneten sich die im Anfang des 19. Jahrhunderts errichteten deutschen Feuerversicherungsgesellschaften alsbald an, und so bemerken wir schon bei den ältesten deutschen Feuerversicherungsgesellschaften einen mächtigen Drang nach Erweiterung ihres Arbeitsgebietes, der sie keine Mühe und Anstrengung scheuen ließ, um die außerordentlichen Schwierigkeiten, die sich der Ausdehnung innerhalb des deutschen Gebiets entgegenstellten, zu überwinden (siehe S. 116f.).

Dieser Expansionstrieb führte sie sogar bereits in ihren Kinderjahren in außerdeutsche Gebiete, ja jenseits des Ozeans.

Die im Jahre 1819 errichtete Leipziger Feuerversicherungsanstalt beispielsweise nahm bereits im Jahre 1826 die transatlantischen Versicherungen auf[1]) und die im Jahre 1822 gegründete Vaterländische Feuerversicherungs-Aktiengesellschaft dehnte alsbald das Geschäft auch auf die Schweiz, die Ostseeprovinzen Rußlands, Russisch-Polen, Dänemark, Schweden und Holland aus und erstreckte ihr Geschäftgebiet schon im Jahre 1824 auf Mexiko, Chile, Peru, Buenos-Ayres und andere überseeische Gebiete[2]).

In den Fällen, in denen den Gesellschaften die Überwindung der Schwierigkeiten, die sich ihnen bei ihren Ausdehnungsversuchen in Deutschland entgegenstellten, nicht gelang oder in denen die Kosten einer weiteren organisatorischen Ausdehnung die vorhandenen Mittel überstiegen, wußten sich die Leiter der Gesellschaften, um den angestrebten Zweck trotzdem zu erreichen, dadurch zu helfen, daß sie mit Feuerversicherungsgesellschaften, die in diesen Gebieten arbeiteten, Rückversicherungsverträge abschlossen, so daß sie auch aus diesen Gebieten an Versicherungsgeschäften teilnahmen, die zur Verteilung der Gefahr mit beitrugen.

---

[1]) Siehe Denkschrift der Leipziger Feuerversicherungsanstalt Seite 22.

[2]) Siehe Denkschrift der Vaterländischen Feuerversicherungs-Aktiengesellschaft Seite 13.

Eine systematische Durcharbeitung erfuhr der Gedanke der Verteilung der Gefahr durch die Einführung der sogenannten „Gruppierung“, die ihre technisch vollendete Ausbildung dem schon mehrfach erwähnten Leiter der Magdeburger Feuerversicherungsgesellschaft, Friedrich Knoblauch, verdankt.

In sehr anschaulicher Weise wird uns dieses Knoblauchsche System in der bereits angeführten Denkschrift der Magdeburger Feuerversicherungsgesellschaft geschildert [1]:

„Das Bedürfnis der Verteilung der Gefahr führte sehr bald zu der Frage: Welche Summe darf die Gesellschaft durch einen Brand verlieren, wenn sie noch Gewinn machen will? Aus dieser Frage entstand der Begriff des Risikos, wie er in der IV. Hauptagentenkonferenz definiert wurde, als ‚die Summe der Objekte, welche durch ein und dasselbe Feuer voraussichtlich zerstört werden können‘, und hier anknüpfend wurde der Betrag festgestellt, welcher auf ein solches Risiko höchstens auf eigene Rechnung behalten werden durfte, das sogenannte Maximum. Was man nicht für eigene Rechnung behalten wollte, das gab man an die Rückversicherer. Man behielt aber nicht von vornherein dies Maximum ganz für eigene Rechnung, sondern fing schon bei einem geringeren Betrage an, rückzuversichern und steigerte den Betrag für eigene Rechnung erst allmählich, wenn die Versicherungssumme stieg.“

Die Maxima wurden je nach den den einzelnen Risiken innewohnenden Gefahrsmomenten verschieden hoch festgesetzt und in einer Tabelle niedergelegt, der man den Namen Maximaltabelle gab und welche man den Vermittlern als Richtschnur für ihre Tätigkeit hinausgab. Von dem Begriffe „Risiko“ aus gelangte Knoblauch auf Grund seiner Erfahrungen zu einer neuen Begriffsbildung. „Zwei oder mehrere Risiken können in der Situation zu einander liegen oder von solcher Beschaffenheit sein, daß unter ungünstigen Umständen ein Brand die Risikengrenze nicht respektiert. Diesem Verhältnis muß der Sicherheit halber dadurch Rechnung getragen werden, daß man diesen zwei oder mehreren Risiken nicht die Summe der Einzelmaxima zuweist, sondern jener Möglichkeit halber diese Summe

[1] R. Berndt: Die Magdeburger Feuerversicherungsgesellschaft im Spiegel einer 50jährigen Vergangenheit. Magdeburg 1894, S. 59ff.

beschneidet. Mehrere derartig zusammenliegende Risiken nannte man eine Gruppe, die wieder von anderen Gruppen so abgegrenzt werden müsse, daß sicher angenommen werden darf, ein in ihr ausbrechender Brand werde sich äußerstenfalls auf sie beschränken". War beispielsweise das Risikenmaximum 30 000 Taler, so betrug das Gruppenmaximum vielleicht 50 000 Taler, einerlei wie viele Risiken in der Gruppe zusammenlagen, wobei natürlich zu beachten war, daß in einem Risiko niemals mehr als 30 000 Taler laufen durften. Selbstverständlich mußten auch die tatsächlichen Momente festgelegt werden, durch die erfahrungsgemäß ein Brand aufgehalten wurde, wodurch man zu den Risikentrennungen gelangte und gleichfalls diejenigen, welche Gruppen voneinander trennten (Brandmauern oder freie Zwischenräume von einer bestimmten Mindestbreite usw.).

„So logisch richtig, so konsequent durchgeführt und so in sich abgerundet nun auch dies System war, so merkte man in der Praxis doch bald seinen Ursprung vom grünen Tische. Es zeigte sich namentlich bei der Inspektion großer Städte, daß manchmal große Werte in einem Risiko zusammengehäuft waren, während offenbar die Summe, die man nach jenem System versichern und für eigene Rechnung behalten durfte, verhältnismäßig zu klein war. Man wollte doch Geschäfte machen und zwar große, und jene Vorschriften zwangen, auf einen großen, vielleicht den größten Teil dessen, was erreichbar war, zu verzichten, während man sich bei freier Beurteilung der tatsächlich vorhandenen Verhältnisse vernünftigerweise sagen mußte, daß sich ein ausbrechender Brand schwerlich über das ganze Risiko erstrecken, sondern wahrscheinlich auf einen kleineren Teil beschränken werde.

Diesen kleineren Teil machte man zu einer noch kleineren Einheit und nannte ihn Komplex. Mit diesem Begriff gelangte man zu einer freieren Behandlung der ganzen Sache, da man keine bestimmten Merkmale für die Begrenzung des Komplexes aufstellte, sondern es dem in der Praxis arbeitenden Beamten und der Prüfung der Bureaus überließ, die Grenzen zu ziehen, auch keine bestimmten Maximalsummen für den Komplex annahm, sondern dem gesunden Sinn der Arbeitenden es überließ, das Richtige zu finden. Erst durch diese freiere Behandlung gelangte man in der Praxis zu einem der Natur des Einzelrisikos ganz entsprechenden Risikomaximum. Dabei ist die Entwicklung stehen geblieben und danach wird noch heute gearbeitet."

Dieser Risikentheorie entsprechend ließ Knoblauch, der nachweislich schon seit dem Jahre 1855 viel Zeit und Arbeit auf die Anfertigung von Plänen, namentlich von größeren Städten, und besonders auch von großen Speicherbezirken, in denen kolossale Werte angehäuft waren, verwendet hatte, diese Pläne, für welche er eine eigene Zeichensprache [1]) erfunden hatte, aus denen alles Wissenswerte auf den ersten Blick in die Augen fiel, gruppieren, d. h. er ließ in dieselben die Grenzen der Risiken und Gruppen und später auch der Komplexe eintragen, letztere ihres wandelbaren Charakters halber mit Blei.

Nebenher ließ Knoblauch für die einzelnen Orte durch seine Inspektoren Beschreibungen (sogenannte statistische Nachrichten) anfertigen, in welchen erschöpfende Auskunft über die gesamten Verhältnisse gegeben wurde, soweit sie zur Beurteilung der Feuersgefahr von Wert sind, wie Wohlstands- und Erwerbsverhältnisse der Einwohnerschaft, die Einwohnerzahl, die baulichen-, die Wasser- und Löschverhältnisse, die Brandstatistik des letzten Jahrzehnts usw. Gleichzeitig wurde in diesen statistischen Nachrichten eine gutachtliche Ausführung über die Disposition zu weiteren Bränden und das wahrscheinliche Maß der Ausdehnung von Bränden gefordert.

Ortspläne sowohl wie Ortsberichte wurden naturgemäß von Zeit zu Zeit je nach Gelegenheit nachgeprüft und auf den neuesten Stand gebracht. Die Ortsberichte dienten und dienen nicht nur für die im nachfolgenden besprochene Maximierung, sondern, wie ihr Name (Statistische Nachrichten) schon besagt, auch für Zwecke der Feuerversicherungsstatistik, die auch von

---

[1]) So wurde z. B. die harte Dachung durch rote, die weiche durch gelbe Farbe gekennzeichnet, die Brandmauern wurden durch doppelte Konturenstriche angegeben und ebenso hatte er für die Verschiedenheit des Unterbaues, für die Brunnen, Hydranten usw. bestimmte Zeichen festgesetzt.

Knoblauch in einer mustergültigen Weise für seine Gesellschaft eingerichtet wurde. Auf Grund dieser Unterlagen wurden je nach Lage der Verhältnisse sowohl die Risiken- als auch die Gruppenmaxima, nach Bedürfnis auch das gesamte Ortsmaximum d. h. der Betrag, den die Gesellschaft jeweils auf ihr eigenes Risiko laufen wollte, bestimmt. Diese Maxima, die man Nettomaxima nennt, erhöhten sich, je nachdem man über Rückversicherungsmittel verfügte, um ein bestimmtes Vielfaches auf Bruttomaxima. Zum Zwecke der Kontrolle der Einhaltung der Nettomaxima wurde von Knoblauch die sogenannte Maximalkontrolle mit Hilfe der „Ortsblätter" eingeführt. „Dies sind Versicherungsregister über das ganze Geschäft, die anfangs in Buchform nach vorgeschriebener geographischer Ordnung bestanden, wobei die großen Städte ein eigenes Buch bekamen. Mit Vergrößerung des Geschäftsumfangs wurde diese Form natürlich unbequem und man ging 1854 zu losen Blättern über, wie sie noch heute benutzt werden. Jedes Risiko erhält sein eigenes Blatt, auf welches die Belegenheit desselben, die Höhe der Versicherungssumme und die Rückdeckung, sowie sämtliche Änderungen, namentlich auch Brandschäden wegen Verminderung der Versicherungssumme durch sie, eingetragen werden. Ein vergleichender Blick auf die obenanstehende Maximalsumme und die erfolgten Eintragungen gibt hier die Kontrolle."[1])

Diese von Knoblauch bei seiner Gesellschaft ein- und durchgeführten Grundsätze — die „Magdeburger" besaß im Jahre 1894 ungefähr 3000 gruppierte Pläne von Städten, Dörfern in Deutschland, Dänemark, Schweden, Norwegen, Belgien und Rußland, für die sie ungefähr 500 000 Mark aufgewendet hat und etwa 45 000 Ortsberichte, die ständig erneuert und verbessert wurden, sowie 50 201 Ortsblätter zum Zwecke der Maximalkontrolle, zu denen noch die in der Rückversicherungsabteilung geführten Ortsblätter des indirekten Geschäfts hinzutreten — fanden bei einer großen Anzahl deutscher Feuerversicherungsgesellschaften Annahme und wurden lange Zeit von diesen Gesellschaften beobachtet. Heute sind diese Knob-

1) R. Berndt a. a. O. S. 64.

lauchschen Lehren, so unschätzbar sie auch für vergangene Zeiten waren, mit Rücksicht auf die veränderten Zeitverhältnisse, insbesondere auf die großen Verbesserungen in der Bauart und Löschhilfe der einzelnen Orte, nur noch in beschränktem Maße anwendbar.

Ortspläne nach dem Knoblauchschen Systeme werden schon seit einer Reihe von Jahren nicht mehr neu aufgenommen, Gruppierungen nicht mehr vorgenommen, da die hierfür geltenden Regeln auf modern gebaute Orte nicht ausgedehnt werden können. Denn in Orten moderner Bauart kann fast jedes Haus als Risiko für sich angesehen werden, so daß es einer Aufnahme von Ortsplänen zum Zwecke der Maximierung nicht mehr bedarf. Die Maximierung erfolgt hier nur an der Hand der besonderen Angaben des Agenten über die jeweilig von ihm angebotene Versicherung. Wohl aber wird nach den vorhandenen, meist Orte älterer Bauart betreffenden Plänen auch jetzt noch gearbeitet. Ferner besteht der Unterschied gegen früher, daß feste Gruppenmaxima in größeren Städten nicht mehr beobachtet werden; hier bildet die alleinige Maximierungseinheit mit wenigen Ausnahmen das Risiko im Sinne Knoblauchs.

Für die Maximierung der kleineren Städte und Dörfer haben aber bei einer großen Anzahl von Feuerversicherungsgesellschaften die Knoblauchschen Lehren auch heute noch ihre Spuren hinterlassen. Hier wird, zumal bei nicht massiven Gebäuden, auf die Art der Trennungen in gleicher Weise wie früher ganz besonderer Wert gelegt. Gewöhnlich werden die Vertreter der Feuerversicherungsgesellschaften durch eine einen gewissen Spielraum (niedrigste und höchste Maxima) lassende Maximaltabelle über die diesbezüglichen Grundsätze der Gesellschaft unterrichtet und die Entscheidung über die für eigene Rechnung anzunehmende Summe innerhalb der in der Maximaltabelle angegebenen Beträge den Vertretern überlassen, wobei sie für diese ihre Entscheidung noch mit besonderen, allgemeiner gehaltenen Anweisungen versehen werden, nach denen für gewisse Verhältnisse eine Unterschreitung der niedrigsten Maximalsätze gefordert, für gewisse, besonders günstige Verhältnisse eine Überschreitung der höchsten Maximalsätze mit Genehmigung der Direktion zugelassen wird.

D. Die Teilung der Gefahr.

Die im vorstehenden dargestellte, zum Zwecke der Verteilung der Gefahr eingeführte Maximierung hätte jedoch der Befolgung des Hauptgrundsatzes jeder Versicherung, durch den Abschluß möglichst vieler Verträge einen möglichst großen Gefahrenausgleich zu schaffen, starke Fesseln angelegt, wenn der Versicherer nicht Mittel und Wege gefunden hätte, die Grundsätze der Maximierung befolgen zu können, ohne sein Geschäft einschränken zu müssen.

Hätte er diesen Weg nicht gefunden, dann hätte er überall da, wo sein Maximum erfüllt war, sei es sein Risiko-, sein Gruppen- oder sein Ortsmaximum, oder, wie er es sonst bezeichnen mochte, bei Erreichung dieser Grenzen (Risiko — Gruppe — Ort) aufhören müssen, weitere oder auf höhere Versicherungssummen lautende Versicherungsverträge abzuschließen. Das wäre aber nicht nur eine unerwünschte Einschränkung, sondern auch eine erhebliche Erschwerung der Geschäfte gewesen. Denn in all den Fällen, in denen bei einem Risiko die Versicherungssumme über das von der Gesellschaft bestimmte Maximum hinausging, hätte es der Mitwirkung noch einer oder je nach Lage des Falls noch mehrerer Versicherer bedurft, um das Risiko zu decken.

Bis zu dem großen Brande in Hamburg im Jahre 1842 bestanden durchgebildete Maximierungsgrundsätze in der deutschen Feuerversicherung überhaupt nicht; erst dieses katastrophale Ereignis, das der deutschen Feuerversicherung tiefe Wunden schlug, lehrte sie die Grenzen ihrer eigenen Haftung enger zu ziehen uud von den damals schon bekannten aber doch nur in vereinzelten Fällen angewandten Mitteln der Mit- und Rückversicherung mehr Gebrauch zu machen.

Die Mitversicherung war in der damaligen Zeit, in der jede einzelne Gesellschaft sowohl in ihren Versicherungsbedingungen als auch in sonstiger Beziehung ihre Besonderheiten hatte, nicht nur für den Versicherungsnehmer, sondern auch für den Versicherer eine außerordentliche Erschwerung. Hatte der Versicherungsnehmer schon beim Abschluß seines Feuerversicherungsvertrags und während des Laufs desselben mit einer Mehrheit von nach verschiedenen Grundsätzen arbeitenden Gesellschaften zu tun, so wurde dies im Schadenfalle, namentlich aber im Streitfalle, tatsächlich zu einer wahren Plage. Nicht minder aber litt auch der Versicherer unter diesen Verhältnissen. So lag es in der Natur der Sache, daß der Versicherer es vorzog nach dem andern Mittel zu greifen, das ihm die inzwischen durch Knoblauch eingeführten und von der gesamten Feuerversicherung als notwendig anerkannten Maximierungsgrundsätze mit dem Grundsatz, durch Übernahme möglichst zahlreicher Versicherungen die Gefahr tunlichst auszugleichen, vereinigen ließ, zu der Rückversicherung. Von der Mitte des vorigen Jahrhunderts ungefähr an suchte sich die deutsche Feuerversicherung anfänglich ausschließlich bei ausländischen (vorwiegend englischen und österreichischen Gesellschaften, die in Deutschland keine direkten Feuerversicherungsgeschäfte betrieben) Gesellschaften, bei denen die Bekanntgabe der Versicherung und namentlich deren Abläufe unbedenklich erschien, durch den Abschluß von Generalrückversicherungsverträgen die Möglichkeit zu schaffen, Beträge in Versicherung zu übernehmen, die ihr Maximum bei weitem überschritten. Während früher die Rückversicherung einzelner Risiken sich in höchst umständlichen Formen, durch Ausstellung einer besonderen Rückversicherungspolice vollzog, sicherte sich nunmehr der Versicherer die Deckung des sein Maximum überschreitenden Betrags (Exzedent) ein für allemal durch einen Generalrückversicherungsvertrag. Treffend sagt Rau[1]) über diese beiden Arten von Verträgen:

„Zwischen dem Spezial- und dem Generalrückversicherungsvertrag besteht ein analoges Verhältnis wie zwischen einem Spezieskauf und einem auf längere Zeit hinaus abgeschlossenen Lieferungsvertrag. Statt daß der Fabrikant, der Tag für Tag eine bestimmte Menge Kohlen benötigt, mittels einer Reihe einzelner Verträge über kleinere Quantitäten seinen Bedarf befriedigt, deckt er ihn durch einen einzigen Vertrag für das ganze Jahr. Der Kaufmann, der Tag für Tag Gütersendungen

[1]) Heinrich Rau: „Die Rückversicherung der Gegenwart" in der Zeitschrift für die gesamte Versicherungswissenschaft Band I S. 298ff. und 399ff. und Band II S. 42ff.

vornimmt und jede einzelne versichern muß, schließt statt der vielen, mit mancherlei Umständen verknüpften Verträge, einen einzigen ab, durch welchen er alle seine Transporte für ein ganzes Jahr unter Versicherung bringt. Ganz ebenso verfährt der Rückversicherungsbedürftige: Um sich der Mühe zu überheben, wegen eines jeden einzelnen Falles mit seinem Rückversicherer in Unterhandlungen treten zu müssen, sichert er sich Rückdeckung aller nötigen Fälle für längere Zeit durch einen General-Rückversicherungsvertrag. Das charakteristische Merkmal des General-Rückversicherungsvertrags besteht also darin, daß er eine Mehrheit von Einzel-Rückversicherungsverträgen ersetzt."

Durch den Abschluß derartiger General-Rückversicherungsverträge schaffte sich der Feuerversicherer die Möglichkeit, je nach der Anzahl seiner Rückversicherer und der von diesen vertraglich übernommenen Maxima Beträge in Deckung zu nehmen, die sein Maximum um ein Vielfaches überschreiten. Der Feuerversicherer instruiert demgemäß seine Vertreter, bis zum Wievielfachen des ihnen bekannt gegebenen (speziellen) Maximums oder Eigenbehalts der Gesellschaft auf ein Risiko sie zu zeichnen berechtigt sind. (Brutto-Maximum.) Eine Überschreitung dieses Brutto-Maximums bedarf naturgemäß der vorherigen Genehmigung der Direktion. Dadurch war der Versicherungsnehmer in den meisten Fällen der Notwendigkeit, mehrere Versicherer zur Versicherung seiner Risiken heranzuziehen, überhoben, während der Versicherer in der glücklichen Lage war, das gesamte Risiko zu versichern. Wenn im späteren Verlaufe der Entwicklung des Versicherungswesens die Mitversicherung nicht völlig verschwunden ist, so ist das einerseits dem Umstande zuzuschreiben, daß die früher durch die Mitversicherung für den Versicherungsnehmer eintretende Belästigung infolge der Vereinheitlichung der Versicherungsbedingungen der meisten in Deutschland arbeitenden Feuerversicherungsgesellschaften und durch die Einführung einer sogenannten „führenden Gesellschaft", mit der allein der Versicherungsnehmer sowohl bezüglich des Abschlusses als auch der Schadenregulierung zu verhandeln hat, nunmehr weggefallen ist, andererseits hat dies seine Ursache darin, daß der Versicherungsnehmer sich mit den meistens in Frage kommenden sehr hohen Versicherungssummen bei einer Mehrzahl ihm bekannter direkter Versicherer mehr geborgen fühlt, als bei einem Versicherer, dessen Rückversicherungsverbindungen er in der Regel nicht kennt, abgesehen von sonstigen geschäftlichen Verhältnissen, die ihm die Beteiligung mehrerer Versicherungsgesellschaften wünschenswert erscheinen lassen können.

An und für sich ließe sich bei der heutigen Entwicklung des Rückversicherungswesens und der infolgedessen bestehenden Möglichkeit, für die Direktversicherer ausreichende Rückversicherung für alle Fälle zu erhalten, eine völlige Ausschaltung der Mitversicherung aus unserem Versicherungsverkehr wohl denken.

Abgesehen nun davon, daß durch die sich im Laufe der zweiten Hälfte des vorigen Jahrhunderts namentlich in Deutschland vollziehende mächtige Entwicklung des Rückversicherungswesens den direkten Gesellschaften die Möglichkeit eröffnet wurde, auf einzelne Risiken Summen zu zeichnen, die ihr Maximum bei weitem überschritten, wurden dieselben auch in die Lage versetzt, durch Verringerung ihres Eigenbehalts bei einzelnen Versicherungsverträgen und Abdeckung der hieraus entstehenden Exzedenten bei ihren Rückversicherern eine vielfache Anzahl von Versicherungen innerhalb eines „Risikos" abzuschließen, ohne das sich selbst auferlegte Maximum zu überschreiten.

Angenommen, für einen aus 200 Häusern mit einem Durchschnittswert von 5000 Mark bestehenden Ort hat der Versicherer als allgemeines oder Ortsmaximum den Betrag von 100 000 Mark festgelegt. Ohne Rückversicherung ist er lediglich in der Lage 20 Grundstücke dieses Ortes in Versicherung zu nehmen. Durch die Rückversicherung ist er imstande, mehr oder auch alle Grundstücke zu versichern, wenn er seinen Selbstbehalt für das einzelne Grundstück entsprechend verringert und das übrige seinen Rückversicherern in Deckung gibt. Sein Eigenbehalt bleibt dann der vorgeschriebene von 100 000 Mark, während die Gefahr statt auf 20, auf mehr oder auf alle Grundstücke verteilt ist. Durch die Rückversicherung ist sonach dem direkten Versicherer die Möglichkeit einer, ich möchte sagen unbeschränkten Tätigkeit unter gleichzeitiger Verteilung der Gefahren gegeben, ohne daß er die unbedingt notwendige Beschränkung der eigenen Haftung außer acht zu lassen braucht. Dazu kommt, daß der Verkehr zwischen Versicherer und Rückversicherer sich in den einfachsten Formen abspielt, so daß Streitigkeiten zwischen Versicherer und Rückversicherer zu den größten Seltenheiten gehören.

Der normale heutzutage gebräuchliche Rückversicherungsvertrag ist der sogenannte obligatorische Exzedentenvertrag, für den ein typisches Beispiel in der Anlage angeführt ist.

In der Regel betreiben unsere deutschen direkten Feuerversicherungsgesellschaften neben dem direkten auch das indirekte Feuerversicherungsgeschäft und erreichen dadurch einen möglichst großen Gefahrenausgleich, in dem sie hierdurch vielfach an Versicherungen beteiligt werden, deren Abschluß ihnen im direkten Geschäft nicht ermöglicht ist [1]).

Bei den öffentlichen Feuerversicherungsanstalten, die mit ihrem Geschäftsbetrieb, wenigstens bisher, auf ein verhältnismäßig beschränktes Gebiet angewiesen sind, kann naturgemäß, insbesondere infolge des bis zu einem gewissen Grade bestehenden Annahmezwanges, von der Durchführung eines Grundsatzes der Verteilung der Gefahr auch nicht entfernt wie bei den privaten Feuerversicherungsunternehmungen die Rede sein. Trotzdem wird von den Leitern der öffentlichen Anstalten, soweit angängig, auch auf die Auseinanderlegung der Gefahren Wert gelegt. Bei den öffentlichen Feuerversicherungsanstalten mit Zwangscharakter entfällt die Möglichkeit der Anwendung dieses Grundsatzes völlig. Ob unter der Herrschaft des preußischen Sozietätengesetzes vom 25. Juli 1910 von den in Preußen arbeitenden Anstalten eine systematische Anwendung und Durchführung dieses Grundsatzes angestrebt werden wird, ist abzuwarten. Mittel und Wege dazu gibt das betreffende Gesetz in seinen §§ 13 und 14 an die Hand.

Für diese Anstalten verblieb sonach in der Hauptsache

[1]) Vgl. hierzu auch Dr. W. Schäfer: Die Feuerrückversicherung, Heidelberg 1900 (Inaugural-Dissertation) und Paul Moldenhauer: Die laufende Versicherung in der Zeitschrift für die gesamte Versicherungswissenschaft Bd. 1 S. 19 ff. und S. 141 ff.

lediglich die Anwendung des Grundsatzes der Teilung der Gefahr durch Rückversicherung, da bisher wenigstens das Überschreiten der örtlichen Betriebsgrenzen und damit eine Teilung der Gefahr durch Mitversicherung ausgeschlossen war.

Teilweise suchten und fanden sie Rückversicherung bei der privaten Feuerversicherung, zum Teil schufen sie sich selbst eine Rückversicherungsgelegenheit durch Gründung einer Rückversicherungsabteilung innerhalb des im Jahre 1872 errichteten Verbandes deutscher öffentlicher Feuerversicherungsanstalten. Diese Rückversicherungs-Abteilung erhielt unter dem 22. Mai 1872 Korporationsrechte verliehen, ist ein auf Gegenseitigkeit beruhender Rückversicherungsverein und gewährt nach der neuen Geschäftsordnung vom 22. Februar 1906, zu der unter dem 19. Oktober und 12. Dezember 1906 Ausführungsbestimmungen erlassen wurden, den zum Verbande gehörigen Anstalten Rückversicherung in erster Linie auf bestimmte Quoten ihres gesamten Versicherungsbestandes und zwar auf sämtliche dazu gehörige Gebäude- und Mobiliarversicherungen. Neben der Quotenrückversicherung ist die Übernahme der Rückversicherung einzelner Risiken sowie von Risikenkomplexen auf Grund besonderer Vereinbarung zulässig.

E. Die Erneuerung und die Veränderung der Versicherung.

Zu den weiteren Betriebsaufgaben des Versicherers gehören die auf die Erneuerung der abgeschlossenen Versicherungen gerichtete Tätigkeit sowie die Prüfung der Verhältnisse bei etwaiger Veränderung der Versicherungen.

Was die erste Tätigkeit anbelangt, so sind die diesbezüglichen Verhältnisse durch das VVG. in entscheidender Weise beeinflußt worden.

Während bis zum Inkrafttreten des VVG. in der Regel mit dem Antragsteller vereinbart wurde, daß die Versicherung sich mangels rechtzeitiger Kündigung auf die ursprüngliche (meistens 5 oder 10 Jahre) Dauer stillschweigend verlängern solle, griff der Gesetzgeber durch den § 8 VVG. in die bisherige Praxis insofern ein, als er eine solche Vereinbarung für nichtig erklärte, insoweit als sich die jedesmalige Verlängerung auf mehr als ein Jahr erstrecken soll. Wird also unter der Herrschaft des VVG. nicht rechtzeitig gekündigt, so verlängert sich der Versicherungsvertrag stillschweigend nur um je ein weiteres Jahr. Die bislang strittige Rechtsfrage über die sogenannte Rückwirkung des § 8 VVG. auf laufende Versicherungsverträge ist inzwischen durch ein Urteil des neunten Zivilsenats des Kgl. Preußischen Kammergerichts vom 28. Oktober 1910 in Sachen der North British and Mercantile Insurance Company gegen Krause im Sinne der Anschauung[1]) des AfP. entschieden worden.

Durch diese gesetzliche Vorschrift sind die in dieser Beziehung an den Versicherer herantretenden Aufgaben nicht unwesentlich erschwert und vermehrt worden, abgesehen von den ihm hieraus zweifellos entstehenden Mehrausgaben. Vor allem wird der Konkurrenzkampf der einzelnen Gesellschaften und Anstalten untereinander in gesteigertem Maße entbrennen, da jede Versicherung, die der Versicherer beim Ablauf der ersten Vertragsperiode nicht durch eine besondere Vereinbarung auf eine gewisse Reihe von Jahren wieder erworben hat, wofür er naturgemäß eine besondere Erwerbsprovision zu zahlen hat, jedes Jahr von neuem den Erwerbsversuchen der Konkurrenz ausgesetzt ist. Wäre auf dem Gebiete der Feuerversicherung der freie Wettbewerb, wie auf anderen kaufmännischen Gebieten, vorhanden, d. h. würden die privaten Feuerversicherer sich in der Festsetzung des Preises und der Bedingungen unterscheiden, dann wäre eine solche gesetzliche Bestimmung aufs freudigste zu begrüßen, weil der Versicherte selbst, wenn er beim Ablauf der Versicherung den Termin zur Kündigung einmal versäumen würde, es dann doch nach Verlauf eines Jahres in der Hand hätte, sich ein besseres Angebot zunutze zu machen.

Wie die Verhältnisse jedoch heute liegen, sieht sich der Versicherte nur den Lockungen der Konkurrenz ausgesetzt und erhält alsdann von der Gesellschaft B. genau dasselbe, was er von der Gesellschaft A. schon hatte, nur daß er vielleicht statt einer niedrigen Prolongationsgebühr die höhere Policegebühr zu zahlen hat.

---

[1]) Vgl. Veröffentlichungen des AfP. Nr. 3 August 1910 Seite 85f.

Bei dieser Sachlage verfehlt einerseits im allgemeinen der § 8 VVG. die vom Gesetzgeber im Interesse der Versicherten beabsichtigte Wirkung, während er andrerseits für die Versicherer, wie oben schon erwähnt, eine erhebliche Erschwerung und Verteuerung des Betriebs bedeutet. Der Versicherer muß infolgedessen vor Ablauf des ersten zulässigen Kündigungstermins bestrebt sein, eine neue auf eine längere Versicherungsperiode abzielende Vereinbarung mit dem Versicherten zu treffen, eine Arbeit, die nahezu der Arbeit des ersten Erwerbs der Versicherung gleichkommt und deshalb wohl auch ungefähr dieselben Kosten verursachen wird.

Die Gründe, die den Gesetzgeber zu jener allgemeinen Bestimmung veranlaßt haben, „daß es eine unbillige Härte sei, den Versicherungsnehmer, lediglich wegen der Versäumung der Kündigungsfrist, an ein Versicherungsverhältnis von solcher Dauer vielleicht unter wesentlich veränderten Umständen aufs neue zu binden", treffen für die Feuerversicherung, wenigstens heute, nicht zu. „Den wesentlich veränderten Umständen" wird ohnehin in der Feuerversicherung auf Grund des Gesetzes Rechnung getragen (Überversicherung § 51, Wegfall des Interesses § 68 Abs. 2, Veräußerung der versicherten Sache § 69). Die zuweilen segensreiche Wirkung dieser Bestimmung für andere Versicherungszweige, in denen der Übergang von der einen zur andern Gesellschaft günstigere Bedingungen und Preise zur Folge hat (Hagelversicherung) oder wo „wesentlich veränderte Umstände" eine ganz andere Rolle spielen als in der Feuerversicherung (Unfall-Haftpflichtversicherung), wird nicht verkannt und würde sich auch bei der Feuerversicherung geltend machen, wenn die Verhältnisse in diesem Versicherungszweig nicht so, wie geschildert, lägen.

Gelingt den Vermittlungsorganen des Versicherers eine neue Vereinbarung mit dem Versicherten und macht sich infolge eingetretener Veränderungen in den Versicherungsverhältnissen der Versicherten nicht die Ausstellung eines neuen Versicherungsscheins notwendig, dann erhält der Versicherte einen Verlängerungsschein.

Geht der Versicherte auf den Vorschlag einer neuen Vereinbarung über die Versicherungsdauer nicht ein, sondern will er den geschlossenen Vortrag stillschweigend von Jahr zu Jahr weiter laufen lassen, so ist, wenn keine wesentlichen Veränderungen in den Versicherungsverhältnissen des Versicherten eingetreten sind, weder die Ausstellung eines neuen Versicherungsscheins, noch die eines Verlängerungsscheins notwendig, wenn der Versicherte nicht ausdrücklich einen solchen wünscht.

Bei Veränderungen in den Versicherungsverhältnissen, wobei in erster Linie eine Translokation der versicherten Gegenstände (§ 3 der Allgemeinen Versicherungsbedingungen) oder eine Erhöhung der Gefahr (§ 23 VVG.) in Frage kommt, hat der Versicherte dem Versicherer unverzüglich schriftlich Anzeige zu erstatten, worauf der Versicherer dem Versicherten behufs Prüfung der neueingetretenen Verhältnisse ein Formular mit Fragen über die neueingetretenen Verhältnisse zur Ausfüllung übermittelt.

Ergibt die Prüfung, daß die Beibehaltung der Versicherung auch unter den veränderten Verhältnissen zulässig ist, so erfolgt die Genehmigung der Veränderung.

Ergibt jedoch die Prüfung, daß die Versicherung unter den veränderten Verhältnissen überhaupt nicht oder nur unter veränderten Bedingungen oder Prämien angängig ist, so bleibt der Gesellschaft nur der Weg der Kündigung der Versicherung oder der Herbeiführung einer neuen Vereinbarung offen.

Im Falle einer solchen Kündigung der Versicherung durch den Versicherer tritt für ihn, falls die Versicherung mit einer Vergünstigung für Vorauszahlung der Prämie abgeschlossen war, eine Prämienrückerstattungspflicht nach § 19 Abs. 2 der Allgemeinen Versicherungsbedingungen ein.

Auch Erhöhungen der bisherigen Versicherungssumme — Nachversicherungen — werden in der Regel durch eine Veränderungsgenehmigung beurkundet.

F. Die Schadenregulierung.

Vor seine wichtigste Betriebsaufgabe sieht sich jedoch der Versicherer gestellt, wenn der Versicherungsfall eingetreten ist, wenn er dem Versicherungsnehmer den durch den Eintritt des Versicherungsfalls verursachten Vermögensschaden zu ersetzen hat. Diese Aufgabe faßt der Versicherer in der Regel mit dem Ausdruck „Schadenregulierung" zusammen. Bevor wir in eine nähere Besprechung der Schadenregulierung eintreten, müssen wir, wie wir dies bei unserer gesamten Darstellung durchgeführt haben, geschichtlich ausholen, um auf die Grundsätze zu kommen, die die Schadenregulierung der heutigen Feuerversicherung beherrschen. Diese geschichtlichen Rückblicke tragen viel zur Beurteilung der gesamten heutigen Verhältnisse bei.

Wie wir gesehen haben, erstreckte sich die Feuerversicherung bis zur Entstehung der privaten Feuerversicherung im wesentlichen nur auf die Immobiliarfeuerversicherung bei den öffentlichen Feuerversicherungsanstalten. Bei diesen letzteren bildete die Versicherungssumme, die auf Grund amtlicher Schätzung durch beeidigte Taxatoren aufgenommen war, die Grundlage bei der Schadenregulierung. Der Umstand, daß man, um den Anreiz zu spekulativen Brandstiftungen hintanzuhalten, die Gebäude häufig unter ihrem Werte taxierte[1]), daß man häufig den Versicherten zwang, eine Quote des Wertes unversichert zu lassen, sonach nur einen Bruchteil des Wertes (z. B. $^3/_4$ oder $^4/_5$) in Versicherung nahm, machte die Versicherung in vielen Fällen sehr minderwertig, was unter anderem mit einen Grund bildete, daß sich der Bestand der öffentlichen Feuerversicherungsanstalten so stark verminderte, soweit und sobald der Versicherungszwang aufgehoben wurde.

Die strenge Taxation hinderte andererseits nicht, den Versicherten häufig im Schadenfalle eine Bereicherung zuzuführen, da die einmal aufgenommenen Taxen Jahrzehnte lang unberichtigt blieben, so daß bei den Schwankungen der Baupreise und Materialienwerte die versicherten Gebäudewerte gar oft recht weit unter die Versicherungssumme herabsanken. Diese Verhältnisse machten sich denn auch in der Schadenhäufigkeit bei den öffentlichen Feuerversicherungsanstalten recht

---

[1]) Siehe S. 341 des Berichts des Generaldirektors der Magdeburger Landfeuersozietät im letzten Hefte der Zeitschrift des Königlichen preußischen Statistischen Bureaus von 1867.

bemerkbar, so daß eine Reihe von Fällen vorliegt, in denen Sozietäten genötigt waren, die auf Taxation beruhenden Versicherungssummen der Gebäude ihres Bezirks um Millionen Mark herabzusetzen. Die Entschädigung wurde nur zum Zwecke des Wiederaufbaues und nachdem er gesichert war, geleistet.

Daß diese Grundsätze der Immobiliarfeuerversicherung (taxierte Police) von der privaten Feuerversicherung, die bei ihrem Entstehen sich vorwiegend der Mobiliarfeuerversicherung zuwenden mußte, nicht lange befolgt werden konnten, liegt auf der Hand. Wie hätte z. B. hier bei der Vielzahl und Verschiedenartigkeit, Wandelbarkeit und Wertschwankung der Mobilien und Waren eine besondere Schätzung zur Grundlage für die künftige Schadenregulierung gemacht werden können? Und gar welch törichten Sinn hätte eine Bedingung wie die der Wiederanschaffung, entsprechend der Wiederaufbaupflicht, ergeben? Die private Feuerversicherung mußte also sowohl für die Versicherungsnahme als auch für die Schadenregulierung neue Grundsätze schaffen.

Während wir in den Verfassungsartikeln der Berlinischen Feuerversicherungsanstalt (1812) noch eine völlige Anlehnung an das Prinzip der öffentlichen Feuerversicherungsanstalten (taxierte Police) finden (Art. 45 ff.), ersehen wir bereits aus den ersten Allgemeinen Versicherungsbedingungen der Aachener Feuerversicherungsgesellschaft vom Jahre 1825 einen gewaltigen Fortschritt dadurch, daß folgende Bestimmungen getroffen waren: § 14. „Bei jeder Feststellung eines Schadens muß ohne irgend eine Ausnahme von dem Grundsatz ausgegangen werden, daß die Versicherung nur Schadenersatz zum Zwecke hat, nicht aber als Mittel zum Gewinn gemißbraucht werden darf."

„Ist der Wert der zur Zeit eines Brandes vorhandenen versicherten Gegenstände geringer, als der Betrag der versicherten Summe, so wird nicht diese letztere, sondern nur der wirkliche Schaden vergütet."

§ 15. „Bei Regulierung einer Rechnung für Brandschaden an Gebäuden wird der nach § 6 (Taxation) ermittelte Bauwert zugrunde gelegt, insofern sich dieser Wert nicht wesentlich seit dem Anfange der Versicherung vermehrt oder vermindert hat. Der Schaden ist von zwei Bausachverständigen speziell zu taxieren und zugleich das Verhältnis desselben zum ganzen Werte des versicherten Gebäudes festzusetzen."

§ 16. „Alle völlig verbrannten oder bei dem Brande verlornen versicherten beweglichen Gegenstände werden nach dem Werte, den dieselben am Tage des Brandes hatten, vergütet. Nach diesem Wertmaßstabe wird ebenfalls die Vergütung wegen der beschädigten versicherten beweglichen Gegenstände festgestellt."

Diese Bestimmungen bedeuten bereits einen vollständigen Bruch mit dem bisherigen Prinzip der „taxierten Police", der im Laufe der Jahre immer deutlicher zum Ausdruck kam und schließlich dahin führte, daß in den Bedingungen ausgesprochen wurde, „daß die Versicherung weder Beweis noch Vermutung für das Vorhandensein und den Wert der versicherten Gegenstände begründe." Der Versicherer überließ hiernach die Bestimmung der Versicherungssumme dem Versicherten selbst, mochte er dieselbe an der Hand der Schätzung eines Bausachverständigen bei der Immobiliarfeuerversicherung festgestellt haben oder mochte er sie, wie bei der Mobiliarfeuerversicherung in der Regel, selbst getroffen haben. Die Versicherungssumme galt alsdann lediglich als die äußerste Grenze der Entschädigungspflicht der Gesellschaft und als Unterlage der zu bezahlenden Prämie. Ihre Angemessenheit stellte sich erst beim eingetretenen Schaden heraus und mußte naturgemäß im Falle einer ungerechtfertigten Höhe insofern zum Nachteile des Versicherten gereichen, als er für die Zeit vor dem Schaden dem Versicherer eine zu hohe Prämie entrichtet hatte, im gegenteiligen Falle jedoch dadurch, daß er bei Angabe eines zu niedrigen Versicherungswertes sich eine verhältnismäßige Kürzung im Schadenfalle gefallen lassen mußte.

Es wurde sonach die volle Verantwortung für die richtige Angabe des Versicherungswertes und der Versicherungsumme auf den Versicherungsnehmer überwälzt. Und das mit Recht! Denn wer anders hätte die Angaben über den Versicherungswert, namentlich in der Mobiliarversicherung, richtiger machen können, als der Versicherte selbst?

Die Schadenregulierung wurde damit Gegenstand geschäftlicher Auseinandersetzung zwischen Versicherer und Versicherten, wobei dem Versicherten die freieste Stellung und alle Mittel der Rechtsverfolgung eingeräumt wurden. Ihm stand vor allem vollständig der Beweis offen, daß die von ihm deklarierte Versicherungssumme zutreffend sei, welchen Schaden er bei dem Brande erlitten habe und was ihm demzufolge an Ersatz gebühre. Die Entschädigung erhielt er alsdann zur völlig freien Verwendung, es sei denn, daß es sich um eine Immobiliarversicherung handelte, bei der vorhandene Hypothekengläubiger geschützt werden mußten.

Diese von den privaten Feuerversicherern schon sehr frühzeitig eingeführte und bis heute beibehaltene Schadenmaxime ist in das VVG. übernommen worden (§§ 50, 53, 55, 57, 59, 87 VVG.) und sie findet ihren deutlichen Ausdruck in dem Abs. 1 des § 13 der Allgemeinen Versicherungsbedingungen. Die Quintessenz dieses gesetzlichen Grundsatzes ist die, daß die Versicherung nicht zu einer Bereicherung des Versicherten führen darf (§ 55 VVG.). Es ist deshalb im VVG. für die Feuerversicherung in Ergänzung des § 52 im § 86 bestimmt, daß bei Haushalts- und sonstigen Gebrauchsgegenständen, bei Arbeitsgerätschaften und Maschinen derjenige Betrag als Versicherungswert gilt, welcher erforderlich ist, um Sachen gleicher Art anzuschaffen unter billiger Berücksichtigung des aus dem Unterschied zwischen alt und neu sich ergebenden Minderwerts. Nicht der gemeine Wert, d. h. der Kaufwert, welchen eine Sache auf dem Markte hat, soll ersetzt werden, da in diesem Falle der Versicherte unter Umständen nicht volle Entschädigung erhalten würde, noch auch der Neuwert soll in Betracht kommen, sondern es ist unter Zugrundelegung des zur Anschaffung neuer Sachen gleicher Art erforderlichen Betrags ein Abzug zu machen, der nach billigem Ermessen unter Berücksichtigung aller Umstände, insbesondere der Verhältnisse des Versicherungsnehmers, das Alter der verbrannten Gegenstände in Betracht zieht.

Dadurch soll einerseits volle Entschädigung des Versicherten herbeigeführt, andrerseits eine Bereicherung desselben vermieden werden.

Die Bestimmung führt allerdings dazu, daß der Versicherungsnehmer infolge eines Brandes häufig zu einer Geldaufwendung genötigt ist, die ihm sonst jedenfalls zurzeit erspart geblieben wäre, sie führt aber nicht, wie so oft fälschlicherweise angenommen wird, dazu, daß der Versicherungsnehmer im Laufe seiner Versicherung wegen der eintretenden Abnutzung seiner versicherten Gegenstände zu einer Zuvielleistung an Prämien veranlaßt wird, der ein Äquivalent im Falle des Schadens nicht gegenübersteht. Denn es ist in der Praxis des täglichen Lebens regelmäßig anzunehmen, daß der Wert der versicherten Gegenstände, insoweit sie im Laufe der Versicherung eine Abnutzung erfahren, durch Neuanschaffungen wieder ersetzt wird, so daß in der Regel der Gesamtwert der versicherten Gegenstände auf der ursprünglichen Höhe bleibt.

Da aber der Grundsatz der früheren Allgemeinen Versicherungsbedingungen, daß alle zur Zeit der Versicherungsnahme vorhandenen sowie nachträglich hinzugekommenen beweglichen Gegenstände derselben Gattung unter die für diese Gattung genommene Versicherung fallen, auch heute noch Geltung hat (§§ 54 und 85 VVG.), so würde sich bei ganz genauer Deklaration der Versicherungssumme im Falle eines Totalschadens auch bei den heutigen Versicherungsbedingungen die Entschädigungsleistung des Versicherers der Versicherungssumme ungefähr entsprechend gestalten, da auch heute der Gesamtwert der versicherten Sachen zur Zeit des Versicherungsfalls der Schadenregulierung zugrunde gelegt wird.

Dieser Erfolg wird heute um so eher erzielt, als die Versicherung des häuslichen Mobiliars nicht mehr gattungsweise, sondern summarisch vorgenommen wird. Hieraus ergibt sich aber, daß der Versicherer mit vollem Recht dieselbe Prämie für die ganze Dauer der Versicherung in Anspruch nimmt.

Wie für Haushalts- und sonstige Gebrauchsgegenstände, Arbeitsgerätschaften und Maschinen, hat der Gesetzgeber auch für Gebäude im § 88 VVG. eine Ergänzung der im § 52 VVG. aufgestellten Regel, wonach bei der Sachversicherung im Zweifel der Wert der Sache als Versicherungswert gilt, vorgenommen.

Hiernach gilt als Versicherungswert bei Gebäuden der ortsübliche Bauwert unter Abzug eines dem Zustande des Gebäudes, insbesondere dem Alter und der Abnutzung entsprechenden Betrags. Die Versicherer haben es mit Rücksicht auf ihre

Erfahrungen für notwendig gehalten, dieser gesetzlichen Bestimmung eine der im früheren Entwurfe des VVG. enthaltenen Vorschrift ähnliche Bestimmung in die Allgemeinen Versicherungsbedingungen (§ 13 Abs. 2 letzter Satz) aufzunehmen, wonach, wenn sich ein geringerer Wert aus dem Umstande, daß das Gebäude vor Eintritt des Versicherungsfalls schon dauernd entwertet war, ergibt, der geringere Wert als Versicherungswert gilt.

Über den Versicherungswert von Rohstoffen, Halb- oder Ganzfabrikaten und Waren enthalten weder das VVG. noch die allgemeinen Versicherungsbedingungen eine besondere den § 52 VVG. ergänzende Bestimmung. Es wird hier vielmehr im einzelnen Fall berücksichtigt einmal der Charakter der Waren (Rohstoffe, Fabrikprodukte, Marktware, nicht kurante Ware) und sodann die Hand, in welcher die Waren versichert sind (Produzent, Fabrikant, Importeur, Händler); je nachdem ist als Wert der Ware der Herstellungspreis, der Selbstkostenpreis, der Einkaufspreis oder der Marktpreis der Regulierung zugrunde zu legen. Als einheitlicher Grundsatz ist in der Regel nur maßgebend, ob für die zu leistende Entschädigung gleichartige Ware zu beschaffen oder herzustellen ist.

Die Feststellung des Versicherungswertes für diese Versicherungsgegenstände ist bei der außerordentlichen Verschiedenheit und Schwierigkeit der Verhältnisse dem sogenannten Sachverständigenverfahren (§ 14 der Allgemeinen Versicherungsbedingungen) überlassen [1]).

Gegen die aus Handelskreisen schon vielfach aufgetauchten Wünsche einer Entschädigung nach dem Verkaufspreis der Waren, d. h. dem Preis, der durch einen vor dem Eintritt des Versicherungsfalls abgeschlossenen Verkauf der Waren bereits

[1]) Vgl. hierzu Dr. Curt Heyne: Die Versicherung gegen Brandschaden und die Brandschadenregulierung, Leipzig 1910.

Dr. jur. Ehrenberg: Versicherungswert und Schadenersatz in der Zeitschrift für die gesamte Versicherungswissenschaft Bd. VI S. 369 ff. und Ernst Hoppe: Der Versicherungswert in der Feuerversicherung in derselben Zeitschrift Bd. VII S. 535 ff.

Dr. Otto Prange: Theorie des Versicherungswertes in der Feuerversicherung. Teil I. Jena 1895, Teil II Jena 1902.

erzielt ist, haben sich die Versicherer bisher stets gesträubt. Nur den Zuckerfabriken ist in dieser Beziehung mit Rücksicht auf die geordneten klaren Verhältnisse dieser Industrie und die durch die Mithilfe des Vereins der deutschen Zuckerindustrie ermöglichte Kontrolle ein Zugeständnis gemacht worden; auch bei Tabakversicherungen für fremde Rechnung ist man seitens der Versicherer den Wünschen der betreffenden Interessenten entgegengekommen. Im übrigen aber verhalten sich die Feuerversicherungsunternehmungen mit Rücksicht auf die durch die Mitversicherung eines entgehenden Gewinns entstehende subjektive Verschlechterung des Risikos solchen Bestrebungen gegenüber, trotz der heute bestehenden gesetzlichen Zulässigkeit einer solchen Versicherung (§ 53 VVG.), ablehnend.

Die erste Aufgabe, die an den Versicherer nach erlangter Kenntnis eines Versicherungsfalls (vgl. § 11 Abs. 1 der allgemeinen Versicherungsbedingungen) herantritt, ist die Ermittlung des eingetretenen Schadens. Wenn auch der Versicherer auf Grund der ihm von seinen Organen erstatteten Brand-Anzeige zu der Überzeugung gelangt, daß ein Anspruch des Versicherten auf Entschädigung gar nicht besteht, so wird er doch, um für alle Fälle gerüstet zu sein, in der Regel alsbald eine Ermittlung des Schadens vornehmen lassen, da eine solche, je später sie vorgenommen wird, desto größeren Schwierigkeiten begegnet, ja in vielen Fällen unmöglich sein wird. Dadurch, daß der Versicherer eine Schadenermittlung vornehmen läßt, erkennt er seine Ersatzpflicht noch keineswegs an. Diese Frage scheidet er bei den Verhandlungen über die Schadenermittlung vielmehr vollständig aus. In der Regel wird der Versicherte — von ganz geringfügigen Schäden abgesehen, zu deren endgültiger Regulierung gewöhnlich die Generalagenten ermächtigt sind — von vornherein darauf aufmerksam gemacht, daß alle Verhandlungen und Abmachungen der Genehmigung der Direktion vorbehalten bleiben, daß die Regulierung lediglich die Ermittlung des materiellen Schadens zum Zwecke habe und daß die gegenseitigen Rechte und Pflichten der Parteien durch die Schadenermittlung nicht beeinträchtigt werden sollen. Ferner wird von dem betreffenden Regulierungsbeamten gewöhnlich ein sogenanntes Informationsprotokoll mit dem Versicherten aufgenommen, welches zur Klarstellung der gesamten Verhältnisse dient.

Die Schadenermittlung selbst erfolgt bei Mobiliarschäden zumeist durch die Aufstellung von Verzeichnissen, die der Versicherer nach § 11 Abs. 4 der Allgemeinen Versicherungsbedingungen zu fordern berechtigt ist, in denen die zur Zeit des Eintritts des Versicherungsfalls vorhanden gewesenen, die vom Schaden betroffenen oder abhanden gekommenen und die beschädigt oder unbeschädigt geretteten Sachen, und zwar unter Angabe der Werte der Sachen zur Zeit des Eintritts des Versicherungsfalls, angegeben sind.

Die Aufstellung der Schadenrechnung (Nachweisung der verbrannten, verlorenen und beschädigten Gegenstände) und die Aufstellung des Geretteten ergeben die Nachweisung des Vorhandengewesenen, so daß der Regulierungsbeamte durch diese drei Verzeichnisse, deren erstes gewissermaßen eine Kontrolle der beiden letzten und umgekehrt darstellt, sich über den Umfang des eingetretenen Schadens hinreichend unterrichten kann. Entstehen zwischen dem Versicherten und dem Versicherer Meinungsverschiedenheiten über die in die Verzeichnisse aufgenommenen Werte, d. h. die Höhe des an den versicherten Sachen entstandenen Schadens, dann kann von beiden Parteien zu dem im § 14 Abs. 2 der Allgemeinen Versicherungsbedingungen festgesetzten Sachverständigenverfahren gegriffen werden.

Von vorneherein wird letzteres Verfahren bei größeren Gebäude- und Maschinenschäden und ferner auch bei Schäden an Gegenständen angewendet, für welche es dem Regulierungsbeamten, wie bei den Gebäude- und Maschinenschäden, an der nötigen Sachkenntnis mangelt (hauptsächlich bei Warenschäden).

Dieses Sachverständigenverfahren, das auf den ersten Blick in seiner Zusammensetzung bezüglich der Garantien für eine unparteiische Regelung der Verhältnisse etwas Bestechendes [1])

---

[1]) Jeder Teil ernennt einen Sachverständigen, die beiden letzteren für den Fall ihrer Nichteinigung einen Obmann, der über die streitig gebliebenen Feststellungen der beiden Sachverständigen innerhalb der Grenzen ihrer Feststellungen befindet. Im Falle der Nichteinigung des Sachverständigen über die Wahl des Obmanns wird dieser von dem für den Schadensort zuständigen Amtsgericht ernannt.

hat, hat in der Praxis doch schon häufig zu Klagen der Versicherten Veranlassung gegeben. Die Versicherer haben nämlich vorzüglich geschulte, praktisch außerordentlich erfahrene, mit den Versicherungsbedingungen genau bekannte Sachverständige zur Verfügung, die auf den verschiedenen Gebieten geradezu Spezialisten sind, während die Versicherten in der Regel auf befreundete Fachgenossen oder auf Sachverständige angewiesen sind, die meistens hinsichtlich ihrer Erfahrungen im Abschätzen von Schäden weit hinter den Experten der Versicherer zurückstehen. Dieses Übergewicht der Gesellschaftsexperten kann auch nicht durch den Obmann, selbst wenn er von einer völlig unbeeinflußten Stelle, nämlich vom Amtsgericht, bestimmt ist, ausgeglichen werden, da dieser ja nur innerhalb der Grenzen der Feststellungen der beiden Sachverständigen zu befinden hat. Da nun die Feststellung der Sachverständigen für beide Teile verbindlich ist, es sei denn, daß sie offenbar von der wirklichen Sachlage erheblich abweicht (§ 64 Abs. 1 VVG.), ein Prozeß aber, der sich auf letztere Behauptung stützt, ein äußerst schwieriger ist, ergeben sich aus diesen Umständen nicht selten Unbilligkeiten, die zu einer nicht unerheblichen und nicht immer unbegründeten Verstimmung der Versicherten führen.

Das im vorstehenden angegebene Verfahren der Schadenermittlung soll naturgemäß nur im allgemeinen die gewöhnlich beobachtete Form darstellen; bei der Mannigfaltigkeit und Verschiedenartigkeit der Schäden lassen sich feste Regeln für eine Regulierung nach keiner, auch nicht nach formaler Richtung hin, aufstellen.

Besondere Schwierigkeiten bereitet die Ermittlung der landwirtschaftlichen Schäden, insbesondere der Schäden an ungedroschenem Getreide, an Körnern, an Stroh und an Futterkräutern. Hier spielen nicht nur die verschiedenartigsten klimatischen und Bodenverhältnisse, sondern auch die subjektiven, die Vermögens- und Bewirtschaftungsverhältnisse eine große Rolle. Zur Beurteilung der hier in Frage kommenden Punkte verweise ich auf die Ausführungen bei Heyne [1]).

---

[1]) Dr. Curt Heyne: Die Versicherung gegen Brandschaden und die Brandschadenregulierung. Leipzig 1910. S. 135 ff.

Ist die Schadenermittlung beendigt und sind die Ansprüche des Beschädigten ziffermäßig festgelegt, dann erfolgt auf Grund dieser Unterlagen im Vergleich mit dem Versicherungsschein die Entschädigungsberechnung.

Dieser Vergleich soll vor allem zu einer Klarstellung darüber führen, ob die Versicherungssummen für die einzelnen Positionen vom Versicherungsnehmer bei der Antragstellung in entsprechender Höhe angegeben worden sind, oder ob wegen nicht entsprechender Versicherung etwa eine sogenannte Selbstversicherung (Unterversicherung) des Versicherungnehmers vorliegt. In diesem Falle tritt eine verhältnismäßige Verringerung der Entschädigungssumme ein (§ 13 Abs. 3 der Allgemeinen Versicherungsbedingungen). War zum Beispiel

die Versicherungssumme	12 000 ℳ,
der Wert der versicherten Gegenstände unmittelbar vor dem Brande	15 000 ℳ,
der Wert der versicherten Gegenstände unmittelbar nach dem Brande	7 000 ℳ,
der Schaden demnach	8 000 ℳ,

dann berechnet sich der Schaden im Verhältnis von

ℳ 15 000 : ℳ 12 000 = ℳ 8000 : x, mithin auf 6400 ℳ.

Über die Festsetzung der Entschädigung wird in der Regel ein Regulierungs- oder Schlußprotokoll aufgenommen.

Mit der Ermittlung des Schadens und der Festsetzung der Entschädigung sind aber die dem Regulierungsbeamten obliegenden Aufgaben keineswegs erschöpft; die Erledigung dieser beiden Aufgaben dient lediglich als rechnerische Grundlage für die Höhe des Entschädigungsanspruchs des Versicherten, wenn die sonstigen Verhältnisse einen solchen Anspruch als gerechtfertigt erscheinen lassen. Die Feststellung, ob dies der Fall ist, gehört mit zu den wichtigsten Aufgaben des Regulierenden. Diesem Zwecke dient unter anderem das auf S. 181 aufgeführte Informationsprotokoll.

In erster Linie hat er sein Augenmerk auf die Feststellung der Brandursache zu richten. Wenn auch der Versicherte nach dem § 11 Abs. 1 der Allgemeinen Versicherungsbedingungen die Verpflichtung hat, der Ortspolizeibehörde unverzüglich (spätestens binnen drei Tagen) von dem Eintritt des

Versicherungsfalls Anzeige zu erstatten, damit ihr die Möglichkeit gegeben ist, nach der Entstehungsursache desselben Nachforschungen anzustellen, so lehrt doch die Erfahrung, daß in vielen Fällen, in denen die Brandursache nicht klar zutage liegt, es dem Regulierungsbeamten möglich ist, zu ihrer Aufklärung beizutragen. Er, der bei der Schadenermittlung mit dem Versicherten in nähere Berührung kommt und seine gesamten Verhältnisse kennen lernt, hat in ganz anderer und weitgehenderer Weise Gelegenheit, das Dunkel, das über so vielen Brandfällen liegt, aufzuhellen, als dies der Polizeibehörde möglich ist.

So geben vielfach Verhältnisse, die dem Beamten bei der Regulierung bekannt werden, Anlaß zu besonderer Nachforschung. Das abgebrannte Gebäude steht z. B. auf gepachtetem Grunde und hätte von dort entfernt werden müssen; die Baubeschaffenheit machte eine größere kostspielige Reparatur erforderlich, zu der keine Mittel vorhanden waren; die Baufälligkeit schloß eine entsprechende Nutzbarmachung aus; ein an einer lebhaften Verkehrsstraße liegendes Gasthaus wird durch die Verlegung der Straße entwertet; bei der Teilung einer Erbschaft fallen einem Erben Gebäude zu, für die er keine oder keine richtige Verwendung hat; Überschwemmungsgefahr und Erdabrutschungen gefährden den Bestand der Gebäude; der Besitzer eines Gebäudes möchte gern auswandern, das Gebäude erweist sich jedoch als schwer verkäuflich (Spekulationsbrände in Elsaß-Lothringen nach dem Kriege 1870/71); bei industriellen Risiken spielen ähnliche Verhältnisse keine kleinere Rolle: Unrentabilität, schlechte Anlagen, notwendig gewordene Reparaturen, notwendige Anschaffung neuer Maschinen, um konkurrenzfähig zu bleiben; veränderte Zollverhältnisse; Ein- und Ausfuhrverbote, Aufstapelung großer Vorräte; Zahlungsverlegenheiten usw., alle diese Umstände muß der Regulierungsbeamte mit in Betracht ziehen und sie geben ihm Veranlassung, seine Aufmerksamkeit zu verdoppeln, um der Brandursache auf die Spur zu kommen. In unendlich vielen Fällen bleibt diese aber trotz aller Mühe unentdeckbar oder mindestens zweifelhaft.

Die sowohl von den privaten Versicherungsunternehmungen, wie von den öffentlichen Feuerversicherungsanstalten alljährlich veröffentlichte Brandursachenstatistik muß daher unter der Rubrik „Unermittelt" einen erheblichen Prozentsatz sämtlicher vorgekommener Brände aufführen.

Daß dem Regulierungsbeamten bei solchen Nachforschungen ein besonderes Maß von Takt, Ruhe, Menschenkenntnis und Intelligenz eigen sein muß und daß die Versicherer gerade bei der Auswahl dieser Beamten besondere Sorgfalt an den Tag legen müssen, ist wohl einleuchtend.

Neben dieser Aufgabe obliegt dem Regulierungsbeamten ferner die Feststellung, ob die Erfordernisse eines begründeten Entschädigungsanspruches gegeben sind. Dazu gehört in erster Linie die Prüfung der Frage, ob der Versicherer nicht etwa wegen nicht rechtzeitiger Zahlung der Prämie von der Verpflichtung zur Leistung frei ist (§§ 38 Abs. 1 und 39 Abs. 1 VVG.) und ob es sich um einen nach § 1 der Allgemeinen Versicherungsbedingungen ersatzpflichtigen Schaden handelt, desgleichen ob der Schaden die versicherte Person oder diejenige, für deren Rechnung versichert worden ist, sowie den versicherten Gegenstand, und zwar in der im Versicherungsschein angegebenen Versicherungslokalität (§ 3 der Allgemeinen Versicherungsbedingungen) betroffen hat. Ferner ist zu prüfen, ob seitens des Versicherten den Erfordernissen der §§ 23 und 27 VVG. bezüglich der Erhöhung der Gefahr und der damit verbundenen Anzeigepflicht entsprochen und ob etwa nicht wegen Verletzung dieser Pflichten eine Befreiung des Versicherers von der Leistungspflicht auf Grund der §§ 25 und 28 VVG. eingetreten ist, ob der Versicherte etwa vorsätzlich oder grobfahrlässig ihm auferlegte Sicherheitsvorschriften verletzt oder deren Verletzung durch einen Dritten gestattet oder geduldet hat (§ 7 der Allgemeinen Versicherungsbedingungen), ob er seiner Anzeigepflicht im Falle einer anderweitigen Versicherung gegen dieselbe Gefahr oder einer Versicherung gegen einen weiteren mittelbaren Schaden oder gegen entgehenden Gewinn gemäß den Bestimmungen des § 9 Abs. 1 und 2 der Allgemeinen Versicherungsbedingungen entsprochen hat, ferner ob er vorsätzlich oder grobfahrlässig seine nach § 11 der Allgemeinen Versicherungsbedingungen bestehende Anzeige-, Rettungs- und Auskunftspflicht verletzt oder gar den

Versicherungsfall vorsätzlich oder grobfahrlässig herbeigeführt oder sich bei der Ermittlung des Schadens einer arglistigen Täuschung schuldig gemacht hat (§ 12 der Allgemeinen Versicherungsbedingungen).

Nach Erfüllung aller hier dargestellten Aufgaben berichtet der Regulierungsbeamte über die gesamten Verhandlungen und Verhältnisse an die zuständige Generalagentur oder an die Direktion, welche sich alsdann durch eine Nachprüfung der Unterlagen über die Anerkennung des Schadens dem Grunde und der Höhe nach schlüssig macht, worauf zutreffendenfalls die Auszahlung der Entschädigung unter Beobachtung etwa bestehender landesgesetzlicher Vorschriften (Anzeige an die Polizeibehörde vor der Auszahlung der Entschädigung) an den Versicherten in der Regel bedingungslos erfolgt.

Eine bemerkenswerte Ausnahme hiervon tritt bei der Gebäudeversicherung nach dem § 97 VVG. ein, nämlich dann, wenn der Versicherer nach den Versicherungsbedingungen nur verpflichtet ist, die Entschädigungssumme zur Wiederherstellung des versicherten Gebäudes zu zahlen. In diesem Falle kann der Versicherungsnehmer die Zahlung erst verlangen, wenn die bestimmungsmäßige Verwendung des Geldes gesichert ist. Eine solche Bestimmung enthält der § 17 der Allgemeinen Versicherungsbedingungen für den Fall, daß versicherte Gebäude vor dem Versicherungsfall mit Hypotheken, Reallasten, Grund- oder Rentenschulden belastet sind. Nur dann erfolgt auch in diesem Falle die alsbaldige Auszahlung der Entschädigungssumme, wenn die vor dem Versicherungsfall eingetragenen Realgläubiger in die unbedingte Zahlung willigen oder selbst zur Empfangnahme der Entschädigung berechtigt sind.

Die oben (Seite 177 f.) dargestellte, von den Privatversicherern eingeführte Schadensmaxime wurde im Laufe der Zeit auch von den öffentlichen Feuerversicherungsanstalten sowohl für die Immobiliar- als auch für die Mobiliarfeuerversicherung übernommen.

Die Schadenermittlung erfolgt hier in der Regel durch eine Kommission, während die Festsetzung des Schadens dem Vorstand der öffentlichen Anstalt zusteht. Während bisher, in Preußen wenigstens, der ordentliche Rechtsweg ausgeschlossen war und den Versicherten gegen die Entscheidungen des Generaldirektors lediglich die Beschwerde an den Direktorialrat oder der Antrag auf schiedsrichterliche Entscheidung des Provinzialausschusses zustand, welch letzterer endgültig entschied, ist nunmehr durch das preußische Gesetz, betreffend die öffentlichen Feuerversicherungsanstalten, vom 25. Juli 1910 ausdrücklich bestimmt, daß für Streitigkeiten, welche das Bestehen des Entschädigungsanspruchs dem Grunde nach betreffen, die Beschreitung des Rechtswegs nicht ausgeschlossen werden darf (§ 23 Abs. 2), während, sofern die Satzung für Streitigkeikeiten über die Höhe des Brandschadens den ordentlichen Rechtsweg ausschließt, sie zu ihrer Entscheidung die Anrufung eines nach den Vorschriften des X. Buches der Zivilprozeßordnung zu bildenden Schiedgerichts zuzulassen hat, dessen Obmann erforderlichenfalls von der Aufsichtsbehörde der beteiligten Anstalt zu ernennen ist (§ 23 Abs. 1).

VI. Kapitel.

Verbände und Statistik.

A. Verbände.

Die vielfachen Schwierigkeiten, welche sich unserem deutschen Versicherungswesen bei seiner Ausdehnung und Ausbildung entgegensetzten und die Erkenntnis, daß ein gemeinsamer Austausch der Erfahrungen für alle von größtem Nutzen sei, gaben schon sehr frühzeitig zu Anregungen eines Zusammenschlusses der deutschen Versicherungsgesellschaften Anlaß.

Der erste Versuch, den wir aus der Geschichte des deutschen Versicherungswesens in dieser Beziehung kennen, ging von E. A. Marius aus, der in seiner „Allgemeinen Versicherungszeitung“ im Jahre 1846 einen „Vorschlag zur Errichtung einer allgemeinen Assekuranzkammer für Deutschland“ machte. Hiernach sollten sich alle Privatversicherungsgesellschaften zur Wahrung gemeinsamer Interessen vereinigen. Dieser Vorschlag blieb jedoch unbeachtet, bis er im Jahre 1852 von Magdeburg aus wieder aufgegriffen wurde. Kein Geringerer als der von uns schon häufig genannte Direktor der „Magdeburger“ Knoblauch war es, der den Gedanken eines Zusammenschlusses neu aufnahm.

Durch eine in Magdeburg ohne Namensangabe herausgegebene Schrift[1]) und durch Entsendung eines seiner Beamten zu den verschiedenen Direktoren von Feuer-, Hagel-, Transport- und Lebensversicherungsgesellschaften suchte Knoblauch seine Gedanken der Verwirklichung entgegenzuführen.

---

[1]) „Der Versicherungsverein. Ein Wort zur Beherzigung für alle deutschen Versicherungsgesellschaften.“ Vgl. auch Meltzing: Geschichte der versicherungs-wissenschaftlichen Organisation in Deutschland. Zeitschrift für die gesamte Versicherungswissenschaft Bd. XI S. 47ff.

Aber die geringe Beteiligung auf einer von ihm gegen den Schluß des Jahres 1852 nach Leipzig einberufenen Versammlung (es leisteten der Einladung nur fünf Direktoren von Feuerversicherungsgesellschaften Folge) ließen Knoblauch erkennen, daß er sein Programm zu weit gefaßt hatte, und so entschloß er sich zu einer Beschränkung der angestrebten Vereinigung auf die ihm am nächsten liegende Feuerversicherung und zwar ohne Unterschied, ob dieselbe von privaten oder öffentlichen Anstalten betrieben wurde. Der Verein sollte die Verbesserung der Gesetzgebung, die Ausfüllung und Abstellung fühlbarer Lücken und Gebrechen, die Beseitigung als drückend und unzweckmäßig erkannter Einrichtungen und in letzter Linie womöglich den Erlaß eines allgemeinen deutschen Versicherungsgesetzes anstreben. Ferner sollte das Einvernehmen zwischen den einzelnen Anstalten gepflegt, die Erfahrungen „ohne Geheimniskrämerei“ ausgetauscht, auf die Fortbildung des Versicherungswesens Bedacht genommen, die Konkurrenz vor Auswüchsen bewahrt und eine Vereinheitlichung der allgemeinen Versicherungsbedingungen angestrebt werden. Auch ein Vereinsblatt sollte geschaffen werden.

Am 6. Mai 1853 trat die konstituierende Generalversammlung, bestehend aus elf Direktoren von Privatversicherungsgesellschaften und drei Leitern öffentlicher Feuerversicherungsanstalten in Berlin zusammen, und trotz der geringen Beteiligung wurde der „Verein deutscher Feuerversicherungsanstalten“ unter dem Vorsitze der „Gothaer Feuerversicherungsbank“ (Hofrat Becker) gegründet. Die Hoffnungen, die Knoblauch an die Wirksamkeit einer derartigen Vereinigung geknüpft hatte, verwirklichten sich jedoch nicht, die Interessen der einzelnen Gruppen (Aktiengesellschaften, Gegenseitigkeits- und öffentliche Anstalten) waren zu verschiedene, und so löste sich der Verein im Jahre 1857 wieder auf, ohne etwas Beachtenswertes geleistet zu haben. An seine Stelle trat noch in demselben Jahre die sogenannte „Koalition der preußischen Versicherungsgesellschaften“, deren Begründung von den Direktoren der „Kolonia“ und „Aachener-Münchener“ ausging und der sich die meisten deutschen Feuerversicherungs-Aktiengesellschaften anschlossen. Hauptsächlich geschäftliche

Interessen der Erwerbsgesellschaften (das Jahr 1856 hatte eine sehr erhebliche Zahl großer Brände gebracht, so daß man einem weiteren Druck auf die Prämien vorbeugen wollte) waren es, die zu einem Zusammengehen der Aktiengesellschaften unter Ausschluß der öffentlichen und privaten Gegenseitigkeitsanstalten führte. Aber auch diese Vereinigung fristete nur ein kurzes Dasein. Bereits im Jahre 1860 löste sie sich wieder auf.

Während der sechziger Jahre des vorigen Jahrhunderts schlossen sich eine Reihe deutscher Feuerversicherungs-Aktiengesellschaften unter der Führung von Brüggemann, des Direktors der „Aachener-Münchener", zwanglos zusammen und hielten von Zeit zu Zeit Konferenzen ab, um einerseits die gemachten Erfahrungen auszutauschen, andererseits Vereinbarungen über Prämien und Bedingungen zu treffen.

Erst im Jahre 1871 traten die deutschen Privatfeuerversicherer zu einem Verbande zusammen, der sie auch heute noch zusammenhält. Am 29. November dieses Jahres wurde der „Verband deutscher Privat-Feuerversicherungsgesellschaften" mit dem Sitze in Berlin gegründet.

Dieser Verband, dem am 25. Dezember 1873 die Rechte einer juristischen Person verliehen wurden, bezweckt „die Vertretung des gesamten Feuerversicherungswesens und die Verfolgung der wissenschaftlichen Zwecke desselben, insbesondere die Herstellung und Benutzung einer Feuerversicherungsstatistik" [1]).

Diesem allgemeinen Verbande folgten im Laufe der Jahre eine Reihe von auf gewisse räumliche Geschäftsgebiete beschränkten Sonderverbänden.

So bildete sich gegen den Schluß des Jahres 1882 (21. Novbr.) aus dem sogenannten Komitee der Versicherer in Elsaß-Lothringen heraus das Syndikat der in Elsaß-Lothringen operierenden Feuerversicherungsgesellschaften. Der Zweck dieser Vereinigung war, „sich über Prämiensätze, besondere Versicherungsbedingungen, Klassifizierung von Risiken, kurz über alles, was zur

---

[1]) Siehe Dr. Otto Ziegler: Denkschrift zum 25jährigen Bestehen des Verbandes deutscher Privat-Feuerversicherungsgesellschaften. Berlin 1897.

Verbesserung des Feuerversicherungsgeschäfts beizutragen vermag, zu einigen“ [1]).

Das Syndikat, das, 1890 auseinandergegangen, sich 1892 wieder zusammenfand, bezeichnet in seinem Statut von 1899 als seinen Zweck: die Interessen des Feuerversicherungswesens in Elsaß-Lothringen und das dabei in Betracht kommende öffentliche Interesse wahrzunehmen und demgemäß dahin zu wirken, daß seitens der Mitglieder des Syndikats die gesetzlichen Vorschriften streng beobachtet, die übernommenen Verbindlichkeiten unbeanstandet erfüllt, Überversicherungen verhütet und andere Mißbräuche abgestellt werden und daß eine nach allen Richtungen loyale Konkurrenz unter gebührender Rücksichtnahme auf die volkswirtschaftliche Aufgabe des Feuerversicherungswesens geführt werde.

Im Jahre 1894 (15. Februar) wurde von 60 in Hamburg, Bremen und Lübeck arbeitenden Privat-Feuerversicherungsgesellschaften die „Tarifvereinigung für die Hansestädte und deren Nachbarorte“ ins Leben gerufen, die sich auf die dem Speichergeschäft dienenden Gebäulichkeiten und seit einiger Zeit auch auf die Versicherung von Warenhäusern erstreckt. Der Zweck dieser Vereinigung ist die Einwirkung auf die Erhöhung der Feuersicherheit der dem Speichergeschäfte dienenden Gebäulichkeiten ihres Bezirkes, um die notorischen Mißstände und Unsicherheiten bei der Lagerung der Waren zu beseitigen, insbesondere die gewerblichen und Fabrikanlagen aus den Lagerhäusern und deren Nähe zu entfernen und die hochgefährlichen Waren von den übrigen zu sondern, sowie angemessene Prämien zu normieren.

Auch für Berlin und Vororte bildete sich in diesem Jahre, allerdings nur für kurze Zeit (15. Mai 1894 bis 15. August 1895), eine Tarifvereinigung.

In demselben Jahre (1. September) wurde von 30 in Bayern und Baden arbeitenden Feuerversicherungsgesellschaften für die Speicher- und Lagerversicherungen in Mannheim und Ludwigshafen a. Rh. eine Tarifgemeinschaft vereinbart, die später zur Tarifvereinigung für die oberrheinischen und Mainhafengebiete erweitert wurde.

---

[1]) Wallmanns Versicherungszeitschrift, Bd. 17 S. 482 ff.

Im folgenden Jahre (1895) wurde die Tarifvereinigung für die Ostseeplätze geschlossen, welche sich auf die Speicherversicherungen in Stettin, Danzig, Neufahrwasser, Königsberg i. Pr., Pillau und Memel bezog, in welche später auch die Speicher von Berlin und Vororten und seit 1898 die in allen größeren Ostseeplätzen einbezogen wurden.

Am 1. Oktober 1900 wurde für alle in den Hansestädten, der Provinz Schleswig-Holstein und den beiden Großherzogtümern Mecklenburg belegenen industriellen Etablissements mit einem Versicherungswert von 100000 Mark und darüber die „Hansa-Industrie-Tarifvereinigung“ gebildet[1]).

Auch die in Deutschland arbeitenden Feuerversicherungsvereine auf Gegenseitigkeit schlossen sich, mit Ausnahme der „Gothaer“, die dem „Verbande deutscher Privat-Feuerversicherungsgesellschaften“ beigetreten war, im Jahre 1896 zu dem „Verbande Deutscher Feuerversicherungsgesellschaften auf Gegenseitigkeit“ zusammen, mit dem Zwecke „der Wahrnehmung und Förderung der Interessen des Feuerversicherungswesens im allgemeinen, derjenigen der auf dem Grundsatze der Gegenseitigkeit beruhenden Anstalten im besonderen“.

Das im Laufe des letzten Dezenniums des verflossenen Jahrhunderts sich immer intensiver gestaltende wirtschaftliche Leben und die Aufmerksamkeit, die ihm von den Regierungen sowie von den gesetzgebenden Körperschaften zugewendet wurde, gab den Anstoß zu einem Zusammengehen sämtlicher in Deutschland arbeitenden Privat-Feuerversicherungsgesellschaften. Zunächst fand dieser Zusammenschluß seit dem Jahre 1894 in gelegentlichen Konferenzen behufs Erörterung und Beschlußfassung über Fragen gemeinsamer Interessen seinen Ausdruck (Konferenzgesellschaften), bis sich in einer im November 1900 in Hannover abgehaltenen Versammlung 40 Gesellschaften zu der „Vereinigung der in Deutschland arbeitenden Privat-Feuerversicherungsgesellschaften“ zusammenschlossen.

Die „Vereinigung“ bezweckt die Förderung und Wahrung der privaten Feuerversicherung in Deutschland, zu welchem Behufe sie insbesondere die gesunde Gestaltung der Grundlagen

[1]) Wallmann, Versicherungszeitschrift 1906 Nr. 93.

des privaten Feuerversicherungsgeschäfts sich zum Ziele steckt und im Hinblick hierauf regelnd in den Wettbewerb der Gesellschaften untereinander eingreift (Nr. 2 der Satzungen der „Vereinigung“).

Der oben erwähnte, im Jahre 1871 errichtete „Verband“ und die „Vereinigung“ stehen bei der vielfachen Gleichheit ihrer Zwecke in engster Beziehung zueinander; so bildet der Ausschuß des „Verbandes“, verstärkt durch mehrere Mitglieder von Vertretern der Vereinigungsgesellschaften, den Ausschuß der „Vereinigung“. Letzterer gehören zurzeit 46 in Deutschland arbeitende Privat-Feuerversicherungsunternehmungen an; nur einige wenige Gesellschaften stehen außerhalb dieser Vereinigung.

In gleicher Weise, wie die privaten Feuerversicherungsgesellschaften schlossen sich auch die öffentlichen Feuerversicherungsanstalten zusammen.

Bereits unter dem 29. September 1868 bildete eine Anzahl öffentlicher Feuerversicherungsanstalten die „Vereinigung öffentlicher Feuerversicherungsanstalten in Deutschland“ zwecks Austausches ihrer Erfahrungen und ihrer Resultate, zur Belebung ihres Eifers für gemeinsame Ziele und zur gemeinsamen Förderung und Vertretung ihrer Interessen.

Im Jahre 1872 wurde sodann der „Verband öffentlicher Feuerversicherungsanstalten in Deutschland“ gegründet, welcher den Zweck hat: die Interessen des öffentlichen Versicherungswesens zu fördern und zu diesem Behufe

1. Das öffentliche Versicherungswesen überhaupt zu beleben, weiter zu entwickeln und zu vertreten, namentlich durch Sammlung und Verwertung der Erfahrungen und Resultate der einzelnen Anstalten, durch Vorschläge zur Verbesserung der bestehenden Einrichtungen, durch Errichtung besonderer Vereine, durch Vermittlung von Beihilfen für vorübergehende Verlegenheiten einzelner Anstalten, sowie durch sonstige geeignete Mittel;

2. in seinen Abteilungen gewisse Geschäftszweige, wie namentlich Kriegsschädenversicherung, Rückversicherung, Vorschußgewährung u. dgl. ins Leben zu rufen und durch seine Organe zu verwalten. Diesem Verbande lehnten sich diejenigen

Anstalten, die der „Vereinigung“ angehörten und nicht gleichzeitig Mitglieder des „Verbandes“ geworden waren, als außerordentliche Mitglieder an[1]).

Neben diesen beiden Zusammenschlüssen besteht noch der 1871 errichtete „Feuerversicherungsverband in Mitteldeutschland“, in welchem eine Anzahl öffentlicher Feuerversicherungsanstalten zum Zwecke der gemeinschaftlichen Tragung der Brandschäden zusammentrat[2])[3]).

In neuester Zeit scheint man wieder auf die Bestrebungen zurückgreifen zu wollen, aus denen auch, wie wir im Anfang dieses Kapitels ausgeführt haben, die „Verbände“ der Feuerversicherung entstanden sind, nämlich durch einen Zusammenschluß der gesamten Versicherungszweige die gemeinsamen wirtschaftlichen Interessen des Versicherungswesens zu wahren und zu fördern.

B. Statiſtik.

„Es ist zweifellos, daß eine gute Statistik außer für viele andere Zwecke für die gedeihliche Entwicklung jeder Versicherungsgemeinschaft von unschätzbarem Nutzen ist.

Der Begriff, das Wesen und die Aufgabe der Statistik beruht darin, Zustände und Vorgänge methodisch zu erforschen, diese zahlenmäßig in gleichgeartete Gruppen zu vereinigen und daraus brauchbare Schlüsse für die wissenschaftliche und praktische Verarbeitung wirklicher Tatsachen zu gewinnen, oder mit anderen Worten, Statistik ist die Forschungsmethode, welche systematisch beobachtet und durch Vergleichung von Zahlenreihen gleichgeartete Gruppenmerkmale zu erheben trachtet. Die Art der Erhebung und Feststellung der Zahlen, ihre Bedeutung und die aus der Vergleichung zu ziehenden

---

[1]) Siehe Protokoll der Hauptversammlung der „Vereinigung“ vom 17. September 1872.

[2]) Näheres siehe: Hugo von Knebel-Doeberitz: Das Feuerversicherungswesen in Preußen. Berlin 1905 S. 21 ff., ferner Jahrbuch für die öffentlichen Feuerversicherungsanstalten in Deutschland, Jahrgang 1906—1910.

[3]) Über die Verbände in der Feuerversicherung siehe auch: Dr. Otto Ziegler: Feuerversicherungsvereinigungen. Berlin 1905.

Schlüsse können durch Worte zum Ausdruck gebracht werden, aber die Grundlage hierfür bilden die Zahlen. Zum Beispiel ist die Bevölkerungsziffer eines Landes wohl eine statistische Angabe, aber erst durch die Vergleichung dieser Zahl mit den Zahlen anderer Länder beginnt die statistische Forschung.

Die Statistik hat die Aufgabe:

1. der Beschaffung des Materials,

2. der Gruppierung und Vergleichung, durch welche die Zustände in einer bestimmten Materie zur Darstellung gebracht werden und ihre Eigentümlichkeit durch Vergleichung zum Ausdruck gelangt, und

3. unter Heranziehung aller einschlägigen Gesichtspunkte den inneren Zusammenhang der Erscheinungen zu verfolgen und klar zu legen.

Neben dem hochbedeutsamen Wert und der Nützlichkeit der Statistik in der gesamten Staatswirtschaft, der Industrie, dem Gewerbe und Handel hat die Statistik in der gesamten Versicherungswissenschaft eine hohe Bedeutung gewonnen. Ohne dieselbe können die zahlreichen und verschiedenartigen Versicherungsunternehmungen nicht gedeihen. In allen diesen Unternehmungen hat die Statistik nicht nur grundlegende, sondern geradezu ausschlaggebende Bedeutung, und alle derartigen Unternehmungen stehen auf tönernen Füßen, wenn sie nicht nach statistischen Erfahrungen entwickelt und gefördert werden" [1]).

Der hohe Wert der Statistik für die Weiterentwicklung eines rationellen Feuerversicherungsbetriebs wurde von einzelnen Gesellschaftsleitern schon frühzeitig erkannt, und es ist hier wiederum der Name Knoblauchs zu erwähnen, der für seine Gesellschaft mit der Einrichtung einer Statistik bahnbrechend vorging [2]).

---

[1]) H. Baermann: Die Bayerische Landesgebäude-Brandversicherungsanstalt mit besonderer Berücksichtigung der industriellen Betriebsanlagen und Statistik. Mitteilungen für die öffentlichen Feuerversicherungsanstalten 1907 S. 134.

[2]) Vgl. R. Berndt: Die Magdeburger Feuerversicherungsgesellschaft im Spiegel einer fünfzigjährigen Vergangenheit. Magdeburg 1894 S. 64 ff. Siehe auch: Dr. Otto Prange: Über Feuerversicherungsstatistik in Ehrenzweigs Assekuranz-Jahrbuch XXI. Teil II S. 170 ff. und in der „Zeitschrift für Sozialwissenschaft" V. Bd. 10. Heft 1902 S. 806 ff.

Diese von einzelnen Gesellschaften geführte Statistik war und ist jedoch lediglich für die Zwecke des eigenen Geschäfts bestimmt und wurde von jeher als ein „Geschäftsgeheimnis“ gehütet. Sie mußte auch unter der immerhin beschränkten Anzahl von Fällen, die einer Gesellschaftsstatistik zugrunde gelegt werden konnten, leiden. Denn eine Statistik hat nur dann volle Beweiskraft, wenn ihr so viele gleichartige Risiken unterliegen, daß das Gesetz der großen Zahlen auch wirklich Geltung erlangt. Bei der großen Anzahl von Feuerversicherungsunternehmungen in Deutschland zersplitterte sich jedoch naturgemäß das in der Gesamtheit vielleicht für die Zwecke einer Statistik ausreichende Material [1]).

Bereits im Jahre 1862 wies einer der besten Kenner unseres deutschen Versicherungswesens, Dr. Emminghaus, auf diesen Mangel in beredten Worten hin: „Es erscheint geradezu unglaublich, daß gerade in diesem Geschäfte das einzige Mittel, um zu erfahren, bis wie weit man der Konkurrenz nachgeben darf, die Statistik nämlich, gänzlich unbenutzt bleibt und daß gerade hier die Versicherungsinstitute nicht auf den fruchtbaren Gedanken kommen, sich zu vereinigen zur Mitteilung ihrer Durchschnittsergebnisse. Zwölf deutsche Feuerversicherungsgesellschaften, welche sich zur Bearbeitung der Klassen- und Brandschädenstatistik nach gleichen Formularen vereinigen und alljährlich von einem hierzu zu erwählenden Ausschusse die Resultate zusammenstellen lassen wollten, würden sich innerhalb eines Dezenniums für jedes ihrer Arbeitsgebiete Normaltarife verschaffen können, wie sie alle Empiriker, und wenn sie ihre irrationellen Erfahrungen aus einem ganzen Methusalemalter zusammenstellten, nicht bearbeiten könnten [2]).“

Erst als die Feuerversicherungsanstalten sich in Deutschland auch aus sonstigen geschäftlichen Interessen zu Verbänden

---

[1]) Dr. Otto Prange: Ist durch das Feuerversicherungskartell die freie Konkurrenz ausgeschlossen? Ist die Statistik der privaten Feuerversicherungsgesellschaften brauchbar? Zwei Zeit- und Streitfragen. Berlin 1908.

[2]) Dr. Emminghaus: Das Gesetz von der Konkurrenz. Deutscher Assekuranz-Kalender von F. Grunzke Landsberg a. W. 1862. Vgl. auch: Franz Fischer: Eine Studie über Feuerversicherungsstatistik. Ehrenzweigs Assekuranz-Jahrbuch 1882 S. 165ff.

zusammenschlossen, wurde die Herstellung und Benutzung einer gemeinsamen Statistik mit auf das Programm der Zwecke der verschiedenen Verbände gesetzt. Sowohl der „Verband deutscher Privat-Feuerversicherungsgesellschaften" als auch die „Vereinigung der öffentlichen Feuerversicherungsanstalten in Deutschland" nahmen alsbald nach ihrer Gründung die Aufmachung einer „Brandursachenstatistik" in Angriff[1]). Die verschiedenfachen Bestrebungen, die Statistik der privaten und öffentlichen Feuerversicherungsanstalten zu vereinigen, sind bis jetzt leider immer wieder gescheitert. Die Veröffentlichung dieser Brandursachenstatistik erfolgt alljährlich in der „Zeitschrift für Versicherungswesen" und in den „Mitteilungen für die öffentlichen Feuerversicherungs-Anstalten".

Seit Gründung der „Vereinigung der in Deutschland arbeitenden Privat-Feuerversicherungsgesellschaften" wurde diese „Brandursachenstatistik" von ihr übernommen und dadurch auf eine breitere Grundlage gestellt. Neben dieser Statistik, welche die Kenntnis von den Entstehungsarten der Brände und von den den einzelnen Risikengattungen beizumessenden Gefahrsmomenten zu fördern bestimmt ist, nahm die „Vereinigung", und zwar beginnend mit dem Tage des Inkrafttretens des Minimaltarifs Nr. 1 (1. Juni 1900) an, noch die Ausarbeitung einer „Tarifkontrollstatistik" über die unter Minimaltarife gestellten Industrien auf, um hierdurch für die künftige Prämienbemessung, für die Weiterbildung der Tarife positivere Unterlagen zu schaffen. Diese Statistik bezieht sich auf die einzelnen Hauptbetriebsarten, soweit diese einen Prämienkomplex für sich bilden. Sie zergliedert die Risiken nach Komplexen (einen Prämienkomplex bilden alle Gebäude, zwischen denen nach den Nachbarschaftsregeln nicht mindestens eine schwache Trennung besteht) und gibt Aufschluß über Bauart, Prämie, Versicherungssumme, Löschrabatt, etwaigen Zuschlag infolge gefahrerhöhender Benachbarung, sowie über Ort, Zeit und Umfang der Brandschäden, die Entschädigungsbeträge, ihre Verteilung auf die einzelnen Prämienkomplexe und noch eine Reihe

---

[1]) Über die nähere Ausgestaltung dieser Statistik siehe: Dr. Otto Ziegler: Denkschrift S. 274 ff.

weiterer Punkte. Die Statistik wird auf 44 Konten geführt. Die Sammlung und Bearbeitung derselben erfolgt durch die Zentralstelle in Kassel.

Seit dem 1. Januar 1903 wird von der „Vereinigung“ auf 33 Konten (nach dem System der deutschen Gewerbestatistik) auch eine Statistik für nicht dem Tarif unterliegende oder noch nicht tarifierte industrielle Anlagen geführt. Ferner führt die „Vereinigung“ eine besondere Statistik über die Schäden infolge von Spiritusglühlichtbeleuchtung und der „Verband“ eine solche über Schäden durch elektrische Anlagen.

Auch die Sondertarifvereinigungen gingen dazu über, ihre geschäftlichen Maßnahmen mit Hilfe der Statistik zu beleuchten und zu verbessern.

So stellte das Syndikat der in Elsaß-Lothringen operierenden Feuerversicherungsgesellschaften eine Statistik über die Ergebnisse der Versicherungen der Textilindustrie in Elsaß-Lothringen für die Jahre 1890—1899 auf, welche einen Verlust der Syndikatsgesellschaften von $3^3/_4$ Millionen und sonach die dringende Notwendigkeit ergab, Maßregeln zu treffen, um weiteren Verlusten vorzubeugen.

Ebenso führte eine von den in Hamburg arbeitenden Privat-Feuerversicherungsgesellschaften über die Lagerhausversicherungen im Hamburger Freihafengebiet in den Jahren 1888—1892 aufgemachte Statistik zu dem Ergebnis, daß die Gesellschaften in diesen Jahren 7,6 Millionen Mark Schäden zu tragen hatten, denen eine Prämieneinnahme von nur 1,8 Millionen Mark gegenüberstand. Die Folge dieser Statistik war der Zusammenschluß der in den Hansestädten arbeitenden Gesellschaften zu der „Tarifvereinigung für die Hansestädte und deren Nachbarorte“.

Neben der von den einzelnen Gesellschaften und Verbänden geführten Statistik haben wir in den einzelnen Bundesstaaten noch eine amtliche Brandursachenstatistik. So werden in Preußen, Bayern, Sachsen, Württemberg, Baden, Hessen, den thüringischen Staaten, Oldenburg, Braunschweig, Sachsen-Meiningen, Anhalt, Lübeck und Bremen amtliche Erhebungen über die Schadenbrände gemacht.

Diese Statistiken sind nicht nur von erheblicher Bedeutung

für die Wahrnehmung der staatlichen Baupolizei, sondern auch für die Beurteilung des gesamten Versicherungsgeschäfts in den einzelnen Bundesstaaten.

Als bedeutender Förderer dieser statistischen Aufgaben muß hier der Präsident des Kgl. Preußischen Statistischen Bureaus E. Blenck erwähnt werden, dessen Bestrebungen, diese Statistik auf eine internationale Grundlage zu stellen, nicht hoch genug veranschlagt werden können [1]).

Mit der reichsrechtlichen Regelung des privaten Versicherungswesens sind insbesondere durch die über das private Versicherungswesen hinausgreifenden Vorschriften der §§ 118, 119 VAG. dem AfP. auf dem Gebiete der Statistik eine Fülle volkswirtschaftlich wichtiger Aufgaben zugefallen, deren Durchführung eine wesentliche Förderung der Versicherungswissenschaft wie der Versicherungspraxis bedeuten wird.

Zurzeit wird auf dem Gebiete der Feuerversicherung vom AfP. auf Grund der von ihm erlassenen Rechnungsvorschriften für die seiner Aufsicht unterstehenden Feuerversicherungsunternehmungen eine Statistik insoweit hergestellt, als Zahl und Höhe sowohl der Versicherungen wie auch der Schäden für selbst abgeschlossene und für in Rückdeckung übernommene Versicherungen und als der Betrag der Prämien, alles getrennt nach inländischem und ausländischem Geschäft, angegeben, und ferner Übersichten über die Betriebsrechnung und die Bilanz zusammengestellt werden. Eine Erweiterung der bisher von diesem Amte gegebenen Nachweise, insbesondere insofern als sich dieselben in Zukunft auch auf die dem AfP. nicht unterstehenden Vereine und Gesellschaften sowie auch auf die öffentlichen Feuerversicherungsanstalten erstrecken werden, darf wohl in Bälde auf Grund der §§ 118 und 119 VAG. erwartet werden. Damit dürfte ein weiterer wichtiger Schritt auf dem überaus bedeutungsvollen Gebiete der Feuerversicherungsstatistik gemacht werden.

Wie sehr in neuerer Zeit die Bedeutung der Statistik für das Versicherungswesen überhaupt und insbesondere auch für das

---

[1]) Siehe hierzu: E. Blenck: Über Bedeutung und Aufgaben der Brandstatistik. Zeitschrift des Kgl. Preußischen Statistischen Bureaus, 1903 S. 287ff.

Feuerversicherungswesen von den maßgebenden Interessenten erkannt und gewürdigt wird, mag daraus ersehen werden, daß einen der Programmpunkte des VI. Internationalen Kongresses für Versicherungswissenschaft in Wien die Frage bildete: „Nach welchen Prinzipien und Bearbeitungsmethoden ist die Statistik der Feuerversicherung auszugestalten [1]?"

Bei den sechs Bearbeitungen, welche dieselbe gefunden hat, wurde mit Recht als vornehmlicher Zweck der Feuerversicherungsstatistik die Verwendung derselben zur Grundlage für den Aufbau rationeller Tarife angesehen und von den Verfassern der Abhandlungen eine Reihe von Gesichtspunkten bezeichnet, von welchen aus die Bearbeitung der Materie zu beurteilen wäre, sowie diejenigen Grundzüge und Einzelheiten angegeben, nach welchen bei der Anlage der Statistik vorzugehen sei und die in derselben Berücksichtigung zu finden hätten [2].

[1]) Vgl. Gutachten, Denkschriften und Verhandlungen des VI. Internationalen Kongresses für Versicherungswissenschaft. Wien 1909 Bd. II S. 257 ff.

[2]) Karl Schima: Statistik der Feuerversicherung. Österreichische Revue 1910 Nr. 25 sowie Ehrenzweigs Assekuranz-Jahrbuch 1911 II. Teil.

Anlage.

Deutscher obligatorischer Exzedentenvertrag

(mit Schadenmaximaltabelle).

Zwischen der A einerseits und der B anderseits ist folgender Rückversicherungsvertrag abgeschlossen worden:

§ 1.

Die A verpflichtet sich, die B an den von ihr im Deutschen Reiche direkt abgeschlossenen Versicherungen gegen Feuer-, Blitz- und Explosionsgefahr mit $^1/_5$ des Exzedenten zu beteiligen, insolange diese Beteiligung das Doppelte des Selbstbehaltes der A nicht übersteigt und ist die B ihrerseits verpflichtet, diese Überweisungen nach Maßgabe des gegenwärtigen Vertrags obligatorisch zu übernehmen.

Beträge, welche die A der B auf Grund vorstehender Bestimmungen obligatorisch zu überweisen nicht in der Lage ist, können der B fakultativ zur Rückdeckung angeboten werden. Dieselben sind jedoch stets als fakultative zu bezeichnen und hat eine eventuelle Ablehnung solcher Anerbietungen seitens der B innerhalb einer Frist von 24 Stunden nach Empfang (Sonn- und gesetzliche Feiertage ausgenommen) auf brieflichem Wege zu geschehen, andernfalls dieselben als akzeptiert gelten.

§ 2.

Die Rückversicherungen werden der B entweder durch vorläufige Anmeldungen oder definitive Aufgaben nach den beigefügten Formularen überwiesen. Die Überweisungen an die B erfolgen spätestens innerhalb drei Tagen (Sonn- und gesetzliche Feiertage ausgenommen), nachdem die A von dem Abschluß der Versicherung Kenntnis erhalten hat.

Die vorläufigen Rückversicherungsanmeldungen müssen seitens der A innerhalb Monatsfrist durch definitive Aufgaben ersetzt werden.

Die A ist verpflichtet, bei Aufgaben, welche mit früheren Überweisungen ein gemeinschaftliches Risiko bilden, stets den letzten auf das gemeinschaftliche Risiko Bezug habenden Posten ersichtlich zu machen und jedes gemeinschaftliche Risiko mit derselben Quote bei der B rückzudecken.

Die Rückversicherungsaufgaben werden mit fortlaufender Nummer versehen; eine etwaige Unterbrechung in der Nummernfolge der Überweisungen ist der A sofort anzuzeigen. Die A hat binnen 24 Stunden nach erhaltener Anzeige Berichtigung vorzunehmen und die etwa in Verlust geratenen Rückversicherungsaufgaben alsbald nachzuliefern. Für etwa in Verlust geratene Rückversicherungsaufgaben haftet die B auf Grund der Bücher und Akten der A.

§ 3.

Die Haftbarkeit der B für die ihr überwiesenen Rückversicherungen beginnt:

1. bei neuen Versicherungen mit Beginn der Versicherung;

2. bei alten Versicherungen, wenn dieselben infolge Hinzutritts einer neuen Versicherung, einer Nachversicherung oder einer Gemeinschaftlichkeit zur Rückversicherung gelangen, mit Beginn der Versicherung, welche die Veranlassung zur Rückversicherung gegeben hat.

Die A hat das Recht, so lange das betreffende Risiko nicht präjudiziert ist, die Höhe ihres Eigenbehalts zu bestimmen.

Wird der A jedoch innerhalb einer Frist von drei Tagen ein Brandschaden bekannt, ehe sie die erforderliche Rückversicherung geordnet und die bezügliche Anmeldung zur Post gegeben hat, so sind für die Bemessung des Selbstbehalts die Höchstbeträge und Bestimmungen in den diesem Vertrage angehefteten Maximaltabellen maßgebend. Falls ein von Schaden betroffenes Risiko in den beigefügten Maximaltabellen nicht aufgeführt sein sollte, so finden auf dieses das Maximum und die Bestimmungen der in den Tabellen vorgesehenen gleichartigen oder ähnlichen Risikogattungen Anwendung. Diese

Tabellen sollen einen integrierenden Teil des Rückversicherungsvertrags bilden und beide Parteien binden. Die A kann die darin verzeichneten Beträge und Bestimmungen zwar jederzeit abändern, solche Abänderungen treten jedoch, wenn nichts anderes vereinbart worden ist, erst zwei Wochen nach dem Tage in Kraft, an welchem die A die Abänderung der B durch eingeschriebenen Brief angezeigt hat.

Für Prolongationen, welche der A verspätet zur Kenntnis gelangt sind und über welche die B noch keine Rückversicherungsaufgabe erhalten hat, bleibt letztere für die bisherige Summe noch vier Wochen nach Ablauf der letzten Aufgabe verpflichtet.

§ 4.

Die Rückversicherung gilt auf Grund derjenigen Prämiensätze und allgemeinen sowie besonderen Bedingungen, zu welchem die betreffende Versicherung von der A übernommen wurde.

Die allgemeinen Versicherungsbedingungen sind hier angeheftet; etwaige Änderungen unterliegen der Genehmigung der B.

§ 5.

Einzelne Teile eines Risikos dürfen von der Rückversicherung nicht ausgeschlossen werden. Letztere soll sich vielmehr im gleichen Verhältnis auf die Gesamtheit der zu einem und demselben Risiko gehörenden Versicherungsobjekte erstrecken.

§ 6.

Annullationen und Reduktionen sowie alle sonstigen Veränderungen im objektiven Charakter des Risikos sind, soweit solche anzeigepflichtig sind und von der A gutgeheißen werden, auch für die B verbindlich und erfolgt deren Aufgabe allmonatlich nach anliegenden Formularen.

Verminderungen der Versicherungssummen wirken pro rata auch vermindernd auf die Rückversicherungssummen. Dagegen sind Erhöhungen rückversicherter Summen neuen Posten gleichzuachten und als solche zu behandeln.

§ 7.

Die für die Rückversicherungen auf mehrjährige Versicherungen mit jährlicher Prämienzahlung entfallenden Jahresprämienraten werden in den definitiven Rückversicherungsaufgaben gleich für die ganze Versicherungsdauer ausgeworfen und gibt die A der B am Schlusse eines jeden Jahres eine summarische Zusammenstellung der auf das folgende Jahr entfallenden Prämien, welche alsdann quartaliter in vier gleichen Teilen verrechnet werden.

§ 8.

Die B vergütet der A von allen aus deren Überweisungen nach Kürzung von Storni und Rückvergütungen verbleibenden Versicherungsprämien eine Provision von . . . %.

§ 9.

Nach Schluß der einzelnen Quartale gibt die A innerhalb der nächsten vier Wochen der B Abrechnung über die in den betreffenden Quartalen zur Aufgabe gelangten Prämien, Provisionen und Schäden. Die Prüfung und Bestätigung dieser Abrechnung von seiten der B hat innerhalb weiterer acht Tage zu erfolgen, wonach der Saldo binnen drei Tagen ausgeglichen wird.

§ 10.

Allwöchentlich erhält die B nach beiliegendem Formular Anzeige derjenigen Brandschäden, welche rückversicherte Risiken betreffen; Schäden, welche für den Anteil der B voraussichtlich M . . . übersteigen, müssen derselben sofort angezeigt werden. Die A bewirkt die Regulierung selbständig, doch steht es der B frei, einen Delegierten, welcher der Regulierung mit beratender Stimme beiwohnen kann, auf ihre Kosten abzuordnen. Nach beendeter Regulierung ist A verpflichtet, der B auf Verlangen Abschrift der Brandschadenquittung zu übersenden, sowie ihr Einsicht in die Originalschadenakten zu gewähren.

§ 11.

Die B trägt ihren Anteil nicht nur an der Entschädigungssumme, sondern auch an allen durch die Feststellung des

Schadens entstehenden Kosten einschließlich etwaiger durch den Schaden veranlaßter Gratifikationen. Dagegen gehen die Gehaltsanteile der Regulierungsbeamten nicht zu Lasten der B.

In keinem Falle und unter keinem Vorwande kann die B sich weigern, ihren Anteil an einem Schaden zu bezahlen; die Anerkennung der Entschädigung sowie jede andere Entscheidung in Schadensachen, insbesondere auch die Bewilligung im Falle sogenannter Liberalitätsansprüche seitens der A sind auch für die B verbindlich.

Die Vergütung des auf die B fallenden Schadenanteils an die A erfolgt im allgemeinen durch Gutschrift im Kontokorrent und erhält die B quartalsweise eine Zusammenstellung der bezahlten Schäden nach beiliegendem Formular. Beträgt jedoch der Anteil der B an der zu leistenden Entschädigung für einen Schaden mehr als M . . . so ist die A berechtigt. diesen Anteil binnen acht Tagen nach erfolgter Regulierung von der B zur sofortigen Zahlung einzufordern.

In diesem Falle hat die A eine Abschrift der Entschädigungsquittung sofort nach Eingang derselben an die B einzuliefern.

An Rückvergütungen, welche der A infolge von Regreßansprüchen oder aus einem anderen Grunde zufließen, hat die B ratierlichen Anteil.

§ 12.

Alle aus diesem Vertrage entstehenden Streitigkeiten sollen vor den zuständigen ordentlichen Gerichten zum Austrag gebracht werden.

§ 13.

Die Statuten der kontrahierenden Gesellschaften sind diesem Vertrage beigefügt und beide Gesellschaften übernehmen die Verpflichtung, sich gegenseitig von etwaigen Abänderungen ihrer Statuten zu unterrichten.

§ 14.

Dieser Rückversicherungsvertrag tritt am . . . . in Kraft und ist vorläufig bis 31. Dezember . . . abgeschlossen worden. Will eine der kontrahierenden Gesellschaften den Vertrag über diesen Zeitpunkt hinaus nicht fortsetzen, so muß sie die Kündigung spätestens drei volle Monate zuvor, also spätestens bis .... mittels eingeschriebenen Briefes dem anderen Teile aussprechen.

Erfolgt keine Kündigung, so verlängert sich das Vertragsverhältnis von Kalenderjahr zu Kalenderjahr.

Die während der Dauer dieses Vertrages von der B gedeckten Rückversicherungen behalten auch über diese Dauer hinaus volle Gültigkeit.

Vorstehender Vertrag ist in zwei gleichlautenden Exemplaren ausgefertigt und von beiden Kontrahenten unterschrieben worden.

Sachregister.

Die Zahlen verweisen auf die Seiten.

Druck von C. Schulze & Co., G. m. b. H., Gräfenhainichen.

Kolibri 360 GmbH
Ferdinand-Jühlke-Straße 7
99095 Erfurt, Deutschland
produktsicherheit@kolibri360.de